国家出版基金项目
NATIONAL PUBLICATION FOUNDATION

"十三五"国家重点图书出版规划项目
建设现代化经济体系丛书

推动形成
全面开放新格局

TUIDONG XINGCHENG
QUANMIAN KAIFANG XINGEJU

迟福林 张飞 郭达◎著

SPM
南方出版传媒
广东经济出版社
·广州·

图书在版编目（CIP）数据

推动形成全面开放新格局 / 迟福林，张飞，郭达著. —广州：广东经济出版社，2020.3
（建设现代化经济体系丛书）
ISBN 978-7-5454-6736-9

Ⅰ.①推… Ⅱ.①迟… ②张… ③郭… Ⅲ.①改革开放—研究—中国 Ⅳ.①D61

中国版本图书馆CIP数据核字（2019）第120397号

责任编辑：韩文君　宋昱莹
责任技编：陆俊帆

推动形成全面开放新格局
TUIDONG XINGCHENG QUANMIAN KAIFANG XINGEJU

出版人	李　鹏
出　版 发　行	广东经济出版社（广州市环市东路水荫路11号11~12楼）
经　销	全国新华书店
印　刷	广东海洋印刷有限公司 （佛山市南海区里水镇和桂工业园A区和安南路1号F栋1~2楼）
开　本	787毫米×1092毫米　1/16
印　张	23.25　2插页
字　数	321千字
版　次	2020年3月第1版
印　次	2020年3月第1次
书　号	ISBN 978-7-5454-6736-9
定　价	68.00元

图书营销中心地址：广州市环市东路水荫路11号11楼
电话：（020）87393830　邮政编码：510075
如发现印装质量问题，影响阅读，请与本社联系
广东经济出版社常年法律顾问：胡志海律师

建设现代化经济体系丛书

编 | 委 | 会

总　序

呈现在读者面前的，是一套以“建设现代化经济体系”为主题的学术丛书。

从党的十九大根据我国社会主要矛盾以及经济发展阶段发生的重大变化作出建设现代化经济体系的战略部署，到党的十九届四中全会从制度建设意义上赋予建设现代化经济体系推动经济高质量发展的制度保障新内涵，在中国，围绕建设现代化经济体系的理论和实践探索一直在持续。

建设现代化经济体系不仅是跨越转变发展方式、优化经济结构、转换增长动力等关口的迫切要求，而且是关乎我国发展的战略目标。作为推动经济高质量发展的制度保障，建设现代化经济体系不仅是推动经济高质量发展的基础性和支撑性要素，而且在其制度体系中居于“四梁八柱”地位。

现代化经济体系，是由社会经济活动各个环节、各个层面、各个领域的相互关系和内在联系构成的一个有机整体。这一体系所覆盖的内容相当广泛，既包括创新引领、协同发展的产业体系，也包括统一开放、竞争有序的市场体系；既包括体现效率、促进公平的收入分配体系，也包括彰显优势、协调联动的城乡区域发展体系；既包括资源节约、环境友好的绿色发展体系，也包括多元平衡、安全高效的全面开放体系；等等。因而，围绕现代化经济体系的建设，是一项复杂的系统工程，牵涉领域广，影响范围大，亟须站在历史新的更高起点上，对建设现代化经济体系所涉及的一系列重大理论和实践问题展开深入而系统的研究。以此为基础，为建设现代化经济体系提供学理支撑和方法论支持。此乃本套丛书的立意与宗旨。

本套学术丛书的编辑出版设想，可追溯至2017年末。当时党的十九大闭幕不久，广东经济出版社的领导和几位编辑就专程赴京，邀请张卓元教授和高培勇教授担任主编，并安排《经济研究》编辑部具体负责，计划组织、编辑一套建设现代化经济体系丛书。认识到建设现代化经济体系的极端重要性，主编和编辑部随即组织研究了编辑出版方案。初步确定本套丛书由七本构成，包括一本总论和六本分论（根据党的十九大报告第五部分《贯彻新发展理念，建设现代化经济体系》的六个小标题而定），并请对这一问题有深厚研究基础的专家执笔撰写。

2018年2月4日，丛书编辑委员会在北京举行了论证会议。出席会议的委员共有8人，分别是（按姓氏汉语拼音排序）：迟福林、高培勇、郝寿义、黄群慧、王一鸣、袁富华、张晓山、张卓元。会议由张卓元教授和高培勇教授主持，就如下一些重要问题达成了高度共识：

第一，关于丛书的意义与定位。委员们高度认可丛书的编辑出版工作，认为这是一项直面新时代中国重大经济问题的出版工程，对于推动经济高质量发展具有重大理论和实践意义。

第二，关于丛书的主要内容。委员们认可丛书的内容体系。除总论之外，其余六本的内容方向分别为：深化供给侧结构性改革、加快建设创新型国家、实施乡村振兴战略、实施区域协调发展战略、加快完善社会主义市场经济体制、推动形成全面开放新格局。

第三，关于丛书的特色。委员们认为，要厘清理论依据、理论体系，同时，要处理好丛书各分册选题所代表的各相关领域之间以及各相关领域同现代化经济体系之间的逻辑关系。既注重用理论解释现实，又力求对实践经验作出理论概括。

第四，关于丛书的主编和作者。本套丛书由张卓元和高培勇主编，各分册的书名和作者分别为：

《建设现代化经济体系论纲》，王一鸣。

《深化供给侧结构性改革》，张平、袁富华。

《创新发展理念与创新型国家建设》，黄群慧、贺俊、杨超。

《乡村振兴战略》，张晓山。

《区域协调发展战略》，郝寿义、倪鹏飞。

《加快完善社会主义市场经济体制》，高培勇、常欣、杨新铭。

《推动形成全面开放新格局》，迟福林、张飞、郭达。

第五，关于丛书的文风。委员们主张，丛书应具有较强的理论性、学术性和可读性，坚持文笔流畅、深入浅出、朴实无华、简洁生动。

理论来源于实践，理论又具有前瞻性。现在看来，当初编辑出版建设现代化经济体系丛书，确是一件颇具眼光的事情。

广东经济出版社的领导和编辑，《经济研究》编辑部的张永山、王红梅等同志为本套丛书做了大量组稿、审稿、校对、联络等出版工作，在此一并致谢！

时光荏苒。从2018年2月算起，这套丛书的组织编写已历时两年，这套丛书凝聚了各位作者和编者的汗水与心血。我们自知，正如中国史诗般改革与发展的伟大进程一样，经济理论也处于深刻的演进变革之中。由于建设现代化经济体系刚刚起步，积累的经验尚不丰富，加上写作时间仓促，水平所限，书中不足之处和错误在所难免，敬请广大读者批评指正！

建设现代化经济体系丛书编辑委员会

2020年2月

前 言

2018年，是贯彻党的十九大精神的开局之年，是改革开放40周年，是决胜全面建成小康社会、实施“十三五”规划承上启下的关键一年。站在新的历史起点，思考总结改革开放40年的宝贵经验，对新时代继续把改革开放的大旗一扛到底具有重要的现实意义。正如习近平总书记所言，“今天，我们回顾历史，不是为了从成功中寻求慰藉，更不是为了躺在功劳簿上、为回避今天面临的困难和问题寻找借口，而是为了总结历史经验、把握历史规律，增强开拓前进的勇气和力量”。

改革开放创造了世界发展史的奇迹。例如，从1978年至2017年，我国GDP总量由3678.7亿元人民币增长到82.7万亿元人民币，增长约225倍，年均增速达到9.5%；人均GDP由385元增长到59660元，增长约155倍，成功进入中上等收入国家行列；城乡居民收入实现较快增长，7亿多人成功脱贫，成为全球首个实现联合国制定的贫困人口比例减半目标的国家。改革开放的实践表明，“改革开放是决定当代中国命运的关键一招，也是决定实现‘两个一百年’奋斗目标、实现中华民族伟大复兴的关键一招”。

40多年来，我国从“引进来”到“走出去”，从加入世贸组织到共建“一带一路”，成功实现从封闭半封闭到全方位开放的伟大转折。这“不仅深刻改变了中国，也深刻影响了世界”。40多年来，我国坚持扩大开放与深化改革相互促进，走出了一条以扩大开放倒逼改革、以深化改革促进扩大开放的发展道路。目前，中国已成为世界第二大经济体、第一大工业国、第一大货物贸易国、第一大外汇储备国，并连续多年对世界经济增长贡献率超过30%。40多年来，我国经济总量占全球经济总量的比重由1.8%提升到15%；对外贸易额由206.4亿美元增长到4.1万亿美元，年均增速为14.5%。

改革开放只有进行时，没有完成时。党的十九大报告强调："开放带来进步，封闭必然落后。中国开放的大门不会关闭，只会越开越大。""促进贸易和投资自由化、便利化，推动经济全球化朝着更加开放、包容、普惠、平衡、共赢的方向发展。"习近平总书记提出，"过去40年中国经济发展是在开放条件下取得的，未来中国经济实现高质量发展也必须在更加开放条件下进行"。目前，一方面我国面临着的外部环境发生明显变化；另一方面，我国经济转型升级正处于历史关节点。在这个大背景下，推动形成全面开放新格局，加快实现以服务贸易为重点的开放转型，不仅将为经济转型升级和供给侧结构性改革注入强大动力，而且将给全球自由贸易和经济全球化带来重要影响。

基于上述思考，依据党的十九大报告、习近平总书记在博鳌亚洲论坛2018年年会开幕式上的主旨演讲和在庆祝海南建省办经济特区30周年大会上的讲话精神，在以往研究的基础上，我们撰写了这本《推动形成全面开放新格局》。在此，感谢我的同事何冬妮、刘铁奇对本书写作给予的帮助！感谢广东经济出版社对本书出版给予的大力支持！

迟福林

2019年3月1日

目录

绪　论

从封闭半封闭到全方位开放的伟大转折

改革开放以来，我国在坚持独立自主、自力更生发展道路的同时，始终坚持对外开放的基本国策，打开国门搞建设，从“引进来”到“走出去”，从加入世界贸易组织到共建“一带一路”，成功实现从封闭半封闭到全方位开放的伟大转折。实践表明，改革开放是中国和世界共同发展进步的伟大历程。习近平总书记一再强调，“中国开放的大门不会关闭，只会越开越大”。站在新的历史起点，实现“两个一百年”奋斗目标，就是要按照习近平总书记的要求，以更大的力度、更实的措施全面深化改革、扩大对外开放，推动形成更高层次改革开放新格局。

一、对外开放不仅深刻改变中国，也深刻影响世界

习近平主席在博鳌亚洲论坛2018年年会开幕式上的主旨演讲中强调，“改革开放这场中国的第二次革命，不仅深刻改变了中国，也深刻影响了世界！”我们要充分认识改革开放的伟大历史贡献，深刻总结改革开放的伟大历程和历史性成就。

1. 对外开放是探索建立开放型经济新体制的过程

总的来看，伴随社会主义市场经济体制的建立与逐步完善，我国不断扩大开放，“把门打开”，在引进发达国家资金、先进技术和管理经验的过程中，逐步探索建立开放型经济体制，并由此走出一条以扩大开放倒逼改革、以深化改革促进扩大开放的路子。

（1）始终坚持对外开放的基本国策。改革开放之初，在综合研判经济全球化大趋势与自身经济发展条件约束的前提下，我国以对外开放为基本国策，主动融入全球市场，不断提升发展的内外联动性。从20世纪80年代设立经济特区到开放14个沿海城市、上海浦东，再到内陆沿边开放；从2001年加入WTO到2013年提出共建“一带一路”倡议；从设立上海第一个国内自由贸易试验区到党中央决定支持海南全岛建设自由贸易试验区，支持海南逐步探索、稳步推进中国特色自由贸易港建设，分步骤、分阶段建立自由贸易港政策和制度体系。

（2）以扩大开放积极应对经济全球化新变局。当前，在全球化逆潮日益增强的背景下，我国进一步提出要“发展更高层次的开放型经济”“推动形成全面开放新格局”“坚持‘引进来’与‘走出去’并重”“大幅放宽市场准入”“创造更有吸引力的投资环境”“加强知识产权保护”“主动扩大进口”等一系列扩大开放、助推经济全球化的重大举措。

2. 对外开放取得历史性成就

改革开放40多年，是我国发生翻天覆地变化的40多年，也是中国走向世界、世界走向中国的40多年。40多年的对外开放，对促进我国资本积累、加快产业升级、推动经济起飞并实现可持续发展起到了历史性的重大作用。无论是经济总量还是人均收入，无论是贸易规模还是贸易结构，我国都实现了历史性跨越。

（1）我国成为世界第二大经济体，综合国力显著增强。1978—2017年，我国GDP总量由3678.7亿元人民币增长到82.7万亿元人民币，增长225倍，年均增长9.5%（见图1）；人均GDP由385元人民币增长到59660元人民币，增长155倍。

（2）我国成为全球制造业第一大国，实现从工业化初期到工业化后期的历史性跨越。据统计，2010年我国制造业产出占世界的比重为19.8%，超过美国成为全球制造业第一大国。

（3）我国成为世界第一大货物贸易国。1978—2017年，我国货物

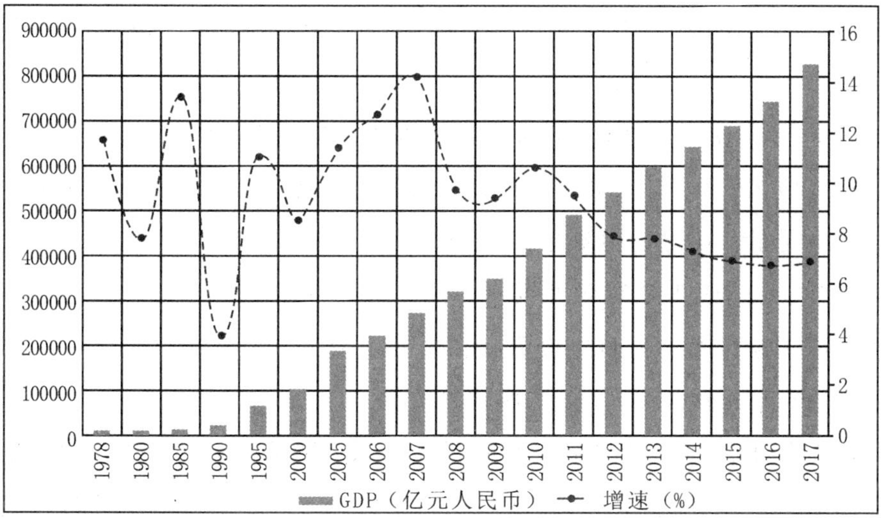

数据来源：《中国统计摘要2018》。

图1　1978—2017年我国GDP总量及增速情况

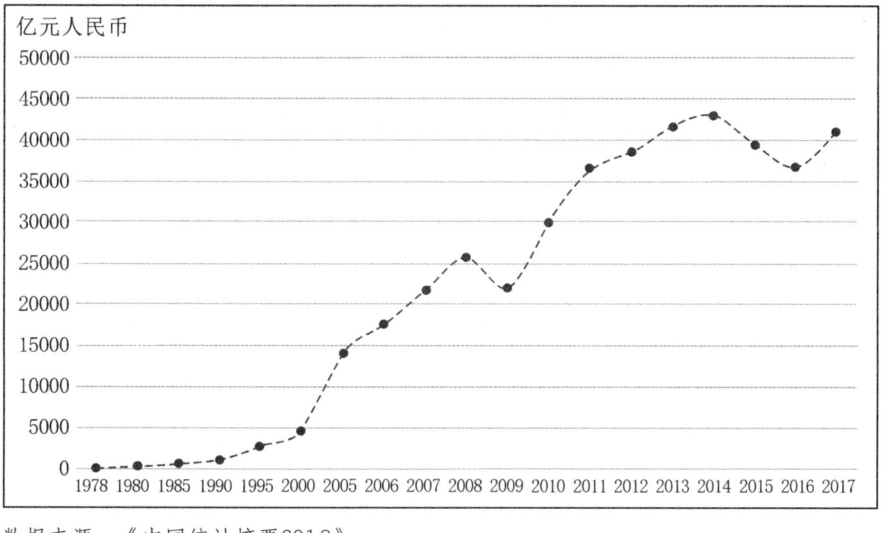

数据来源：《中国统计摘要2018》。

图2　1978—2017年我国货物贸易总额增长情况

贸易总额由206.4亿美元增长到4.1万亿美元（见图2），年均增长14.5%，占全球货物贸易的比重由0.8%提高到11.8%。据世界贸易组织统计数据，

2013年，我国超越美国成为货物贸易第一大国，进出口总额比美国高出2500亿美元。

（4）我国成为吸引外资最多的发展中国家。1983—2017年，我国外商直接投资由9.2亿美元增长到1310.4亿美元，既是吸引外资最多的发展中国家，也是继美国之后全球第二大外资流入国。

（5）我国成为全球对外投资大国。2017年，我国对外投资达1250亿美元，成为全球第三大对外投资国和发展中国家中最大的对外投资国。

3. 对外开放深刻影响世界经济发展

40多年来，我国始终坚持对外开放的基本国策，成功把握经济全球化浪潮所带来的历史机遇，不仅实现了自身的较快发展，而且为全球经济可持续发展作出了重大贡献。

（1）我国成为世界经济增长的主要稳定器和动力源。2008年的国际金融危机以来，在全球经济艰难复苏的情况下，我国经济持续保持中高速增长，2013—2016年，我国经济实现了年均7.2%的增长速度，远高于同期美国、欧元区和日本三大发达经济体2.1%、1.2%和1.1%的年均增速，有力推动了世界经济增长。据世界银行测算，2013—2017年，我国对世界经济增长的平均贡献率超过30%，超过美国、欧元区和日本贡献率的总和。

（2）我国最终消费对世界消费增长的年均贡献率世界第一。国家统计局数据显示，2013—2016年，我国最终消费对世界消费增长的年均贡献率为23.4%，同期美国、欧元区和日本的年均贡献率分别为23%、7.9%和2.1%，我国已经成为仅次于美国的全球第二大消费市场。

（3）推动构建人类命运共同体。在全球自由贸易面临单边主义和贸易保护主义多重挑战的新形势下，我国仍然坚持扛起多边主义的大旗，促进全球贸易和投资自由化、便利化，推动经济全球化朝着开放、包容、普惠、平衡、共赢的方向发展。我们看到，习近平总书记提出推动“一带一路”与“构建人类命运共同体”的倡议，得到越来越多国家和人民的欢迎和认同，并被写进了联合国重要文件。

二、对外开放在建立开放型经济体制上实现重大突破

40多年来，我国坚持扩大开放与深化改革相互促进。什么时候开放的步伐快一些，什么时候改革就越快，发展速度就越快。以开放倒逼改革，以改革促进开放，成为40多年来我国建立开放型经济体制的一条基本经验。

1. 从给予外资“超国民待遇”到实施“准入前国民待遇加负面清单”的管理模式

改革开放40多年来，扩大开放、吸引外资成为我国经济体制改革的重要组成部分。

（1）利用外资既是为了满足当时经济发展的资金需求，同时也能够通过引进外资来学习国外先进技术和管理经验。在这个背景下，党中央先后决定兴办深圳、珠海、汕头、厦门、海南5个经济特区。经济特区作为我国对外开放的重要窗口，成为吸引外资的重要载体。

（2）从“超国民待遇”到内外资平等。改革开放之初，为缓解资金短缺的压力，我国对经济特区吸引外资给予“超国民待遇”，例如，对外商投资收入按15%征收所得税，低于香港17%的水平。与此同时，我国在1995年首次颁布《外商投资产业指导目录》，并先后经历了7次修订，不断拓展外商投资领域。随着社会主义市场经济体制的逐步完善，外资企业在税收政策上享受的“超国民待遇”在我国2010年实行统一内外资企业城市维护建设税和教育费附加制度后终结。

（3）对外资实施“准入前国民待遇加负面清单”的管理模式。2013年，我国在上海设立第一个国内自由贸易试验区，对外资实行“准入前国民待遇加负面清单”的管理体制。截至目前，自贸试验区对外资的负面清单由最初的190项下降到45项，突出反映了我国高水平开放的姿态和实际行动。

2. 从吸引投资到参与全球自由贸易进程

如果说最初设立经济特区是为了吸引国外资金、技术和先进管理经验，那么2001年正式加入WTO，就表明我国开始主动融入全球市场，按照国际规则参与全球自由贸易进程，并坚定不移地开放市场。

（1）通过利用外资，发展“三来一补”，推动我国外贸快速发展。随着市场开放和外贸体制改革的深入推进，我国与世界经济的联系与互动日益增强，不仅吸引了大量外资进入，而且推动了我国对外贸易的快速发展。据统计，2001—2017年，我国货物贸易额由5096.5亿美元增长到4.12万亿美元，年均增长14%。

（2）落实入世承诺，扩大制造业与服务业开放。到2017年底，在制造业179个中类和609个小类中，对外资完全开放的已有167个中类和585个小类，分别占93.3%和96.1%。在世界贸易组织定义的160个服务贸易行业中，我国入世时承诺开放100个，现已开放了120个，占服务贸易行业总数的75%。

（3）推动外贸体制改革，逐步形成多元化的对外贸易网络。目前，我国已成为超过130个国家和地区的最大贸易伙伴。与此同时，我国不断扩大双边、多边自由贸易网络，截至2018年6月，我国已经与24个国家和地区签署了16个自贸协定。

3. “一带一路”倡议成为经济全球化的新主角

在经济全球化逆潮涌动、贸易保护主义和单边主义兴起的新挑战下，习近平主席于2013年提出的“一带一路”倡议，秉承共商、共建、共享原则，成为新阶段反对贸易保护主义、推动全球经济治理变革的新引擎，成为引领包容性经济全球化的新主角。到2018年，我国已经同多个国家和国际组织签署了合作协议，联合国大会、安理会、亚太经合组织、大湄公河次区域经济合作等相关决议和文件都纳入或体现了“一带一路”建设内容。从这5年的实践看：

（1）在全球贸易缓慢复苏的背景下，“一带一路”建设推进了全球自由贸易进程。据统计，2017年，我国与“一带一路”沿线国家和地区贸易额达到7.4万亿元人民币（约合1.1万亿美元），比2016年增长17.8%，远高于同期全球贸易4.3%的平均增速。

（2）“一带一路”建设优化了我国区域开放布局，为中西部地区扩大开放带来了重要历史机遇。2013—2017年，我国中西部地区对外贸易总额占全国的比重由14%上升至16%。

（3）以“一带一路”为重点，坚持“引进来”与“走出去”并重。一方面，在推动企业“走出去”上步伐明显加快，2017年，我国对“一带一路”沿线国家承包工程业务完成额760亿美元，占对外承包工程业务完成营业额比重的47.7%；另一方面，吸引“一带一路”沿线国家和地区外资快速增长，2017年，“一带一路”沿线国家和地区对华直接投资新设立企业3857家，高于同期全国平均水平5个百分点。

三、推动形成以服务贸易为重点的全面开放新格局

在当前经济全球化面临严峻挑战的背景下，我国仍将继续扩大开放、加强合作，始终坚持互利共赢的开放战略，加快推进以服务贸易为主线的开放转型，不仅会打开一个对外开放全新的局面，而且将以实际行动推动经济全球化，造福世界各国人民。正如习近平总书记所强调的，“过去40年中国经济发展是在开放条件下取得的，未来中国经济实现高质量发展也必须在更加开放条件下进行。这是中国基于发展需要作出的战略抉择。同时也是在以实际行动推动经济全球化造福世界各国人民”。

1. 服务贸易较快发展成为经济全球化的一个基本趋势

（1）经济服务化驱动全球服务贸易较快发展。全球进入服务型经济主导时代，服务业占世界经济的比重达到70%左右，主要发达经济体的服务业比重更是达到80%左右，中等收入国家服务业占比也由2012年的54%上升至2016年的57%（见图3），全球服务贸易需求不断增加。2012—2016年，全球服务贸易总额由9.0万亿美元增长到9.7万亿美元，在全球货物贸易额下降3.6%的情况下，服务贸易额增长7.9%。

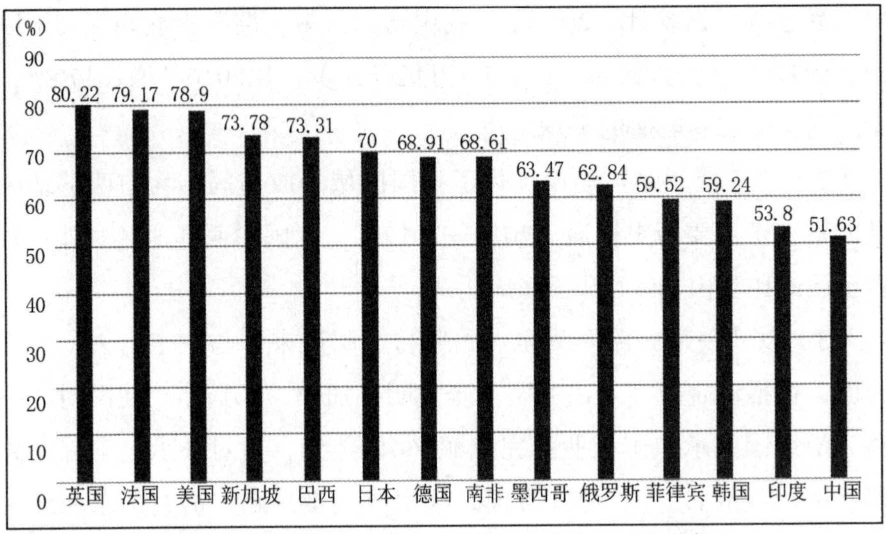

数据来源：《中国统计年鉴2017》，其中，美国、日本为2015年数据。

图3　2016年部分国家服务业增加值占GDP比重情况

（2）全球服务贸易发展潜力巨大。与服务经济占全球经济总量70%的比重相比，服务贸易占全球贸易的比重明显偏低，还有巨大提升空间。2012—2016年，全球服务贸易占比由20%上升至近24%。如果按附加值计算，服务贸易占全球贸易额的比重已经达到50%左右。尤其是新兴经济体的经济服务化进程加快，将进一步释放服务贸易增长的潜力。

（3）服务贸易成为多边、双边贸易投资协定的焦点。全球贸易投资规则的重心正加快从货物贸易领域转向服务贸易领域。可以说，服务贸易自由化、便利化水平将在越来越大的程度上影响和决定全球和区域自由贸易的进程和格局。目前，已有48个国家加入了国际服务贸易协定谈判（TISA），覆盖全球70%的服务贸易。无论是区域全面经济合作伙伴关系（RCEP）、中日韩自贸区等多边自贸区谈判，还是中欧等双边投资协定谈判，相当一部分内容都涉及服务贸易，矛盾与分歧也大都集中在服务贸易。

2. 服务贸易发展成为我国开放转型的重点

（1）我国经济转型升级蕴藏着巨大的服务贸易需求。当前，全球服务贸易发展与我国服务型消费需求增长相交汇，由此将释放我国巨大的服务贸易增长潜力。这一潜力的释放，不仅将促进我国服务贸易持续较快发展，而且将推进新一轮经济全球化进程。从我国的实际情况看，无论是消费结构升级还是产业结构升级，都蕴藏着对服务贸易的巨大需求。估计到2020年，我国城镇居民服务型消费占比将提高至50%左右，服务业增加值占GDP的比重将提高到60%左右。

（2）我国将成为全球最大的服务贸易市场。党的十八大以来，我国服务贸易实现了较快发展。据统计，2012—2017年，我国服务贸易额年均增长10%，2017年服务进出口总额为46991.1亿元人民币，同比增长6.8%，有望连续4年保持全球第二位。估计到2020年，我国服务贸易总额将达到1万亿美元，占全球服务贸易的比重将由2016年的7%提升到10%左右。据汇丰银行（中国）有限公司2016年发布的《全球贸易展望》调查报告预计，到2030年，我国将成为全球最大的服务进口国，占全球服务进口总额的13.4%，领先于美国（7.7%）和德国（5.8%）。

（3）我国服务贸易发展将成为推动全球自由贸易进程的重要力量。第一，我国服务贸易增速明显快于全球水平。2012—2017年，我国服务贸易年均增长7.7%，是全球服务贸易增速的2.5倍。第二，未来5—10年，中国服务贸易的较快发展将直接带动国内服务业市场开放，由此成为促进全球经济再平衡的重要动力。第三，中国服务贸易的较快发展是促进全球和区域自由贸易进程的重要条件，并将对全球经济治理产生重要影响。

3. 以服务贸易为重点推动形成全面开放新格局

（1）以扩大服务业对外开放为重点推进服务贸易强国进程。党的十九大报告明确提出“推进贸易强国建设”。在服务贸易与服务业市场开放直接融合的新形势下，建设贸易强国的重点、难点和焦点大都在服务贸易以及服务业对外开放程度上。从多方面情况看，形成全面开放新格局，关键是扩大服务业对外开放，拓宽自由贸易空间，形成以服务贸易为重点的开放型经济新格局。2017年，我国服务贸易占对外贸易总额的比重仅为14.5%，比2016年下降了0.6个百分点，比2016年全球平均水平低近10个百分点。在这个背景下，需要抓住新一轮服务贸易自由化的历史机遇，加快服务业市场开放，争取到2020年我国服务贸易占对外贸易的比重达到20%以上。

（2）推进"一带一路"产能合作与服务贸易开放融合的进程。党的十九大报告指出："积极促进'一带一路'国际合作，努力实现政策沟通、设施联通、贸易畅通、资金融通、民心相通，打造国际合作新平台，增添共同发展新动力。"客观地看，"一带一路"建设要以基础设施为依托，以产能合作和服务贸易为重点，以建立多层次、多种形式的自由贸易区网络为目标。从趋势看，"一带一路"沿线国家和地区的经济互补性较强，尽管有些产能在我国富余，但是对发展中国家仍具有一定竞争力，所以我国绝不是简单的产能输出，而是输出一些有质量的、有发展前景的产能，并将产能合作逐步扩大到服务贸易领域。从过去几年的情况看，金融业"走出去"不仅滞后于实体经济"走出去"的进程，也不适应"一带一路"产能合作对金融的实际需求。2016年，我国与"一带一路"沿线国家和地区服务贸易额占其贸易总额的比重仅为11.4%。与发达国家发展服务贸易合作相比，我国与"一带一路"沿线国家和地区开展服务贸易合作具有相对优势。在深化产能合作的同时，要以服务贸易为重点，加大金融、科技、信息、文物保护、旅游、跨境电子商务、医疗等领域的合作，深挖服务贸易合作空间。为此，在发挥好亚洲基础设施投资银行和丝路基金作用的同时，需要进一步推进金融领域的国际合作，以形成更多共建"一带一路"的融资机制。

（3）以优化区域开放布局为重点的全方位开放新格局。改革开放40多年的实践证明，区域开放与区域发展直接相关。区域开放是促进区域发展的重要动力之一。开放程度高的区域，其发展水平一般都比较高；反之，则发展水平低。目前，我国在推动形成全方位对外开放新格局的趋势下，优化区域开放布局，提升区域发展水平和质量，发挥不同区域在开放中的不同角色，既是我国扩大开放的现实需求，又是推动区域协调发展的内在要求。为此应采取下列措施：一是以西部大开放带动西部大开发；二是以坚定开放加快东北等老工业基地振兴；三是以扩大开放推动中部地区崛起；四是以深化开放实现东部地区优化发展。

（4）以服务贸易为重点加快国内自贸试验区转型。党的十九大报告明确提出，“赋予自由贸易试验区更大改革自主权”。适应经济全球化新形势，国内自贸试验区需要在服务贸易发展和服务业市场开放上发挥先行先试的重要作用。例如，在大幅缩减负面清单数量的同时，加快提高负面清单的透明度，争取尽快与国际负面清单接轨。

（5）探索开展服务业产业项下的自由贸易政策。按照党的十九大报告要求，“实行高水平的贸易和投资自由化便利化政策”，需要从不同地区的特定优势出发，支持具备条件的地区率先实行旅游、健康、医疗、文化、职业教育等产业项下的自由贸易政策，走出一条开放转型的新路子。如果服务贸易产业项下的自由贸易政策能尽快在一些地区落地，其对服务贸易创新的影响和带动效应将相当可观。

（6）加快推进粤港澳服务贸易自由化。党的十九大报告明确提出，“要支持香港、澳门融入国家发展大局，以粤港澳大湾区建设、粤港澳合作、泛珠三角区域合作等为重点，全面推进内地同香港、澳门互利合作”。2018年5月，国务院发布了《进一步深化中国（广东）自由贸易试验区改革开放方案》。其中明确提出要“深入推进粤港澳服务贸易自由化”。总的来看，粤港澳大湾区是一个大战略，目标是实现粤港澳大湾区一体化。加快推进粤港澳服务贸易自由化进程是当前粤港澳大湾区建设的务实选择，不仅能为港澳融入国家发展大局提供重要抓手，也为将粤港澳大湾区打造成国际一流湾区和世界级城市群提供重要动力，更能在我国对外开放新格局中扮演重要角色。从现实情况看，体制壁垒成为制约粤港澳服务贸易自由化的突出障碍。例如，广东服务业尚未对港澳完全开放，人员在内地、香港、澳门三地难以自由流动，粤港澳服务业标准不统一，等等。为此，需要尽快实现粤港澳服务贸易自由化体制机制的实质性突破：一是率先实现广东服务业对港澳的全面开放；二是在管住货物的前提下全面放开粤港澳人文交流；三是推进粤港澳服务业行业标准与管理规则的对接；四是加强顶层设计和顶层推动。

（7）尽快形成海南自由贸易港服务贸易新高地。习近平总书记在庆祝海南建省办经济特区30周年大会上的讲话中强调：“海南发展不能以转口贸易和加工制造为重点，而要以发展旅游业、现代服务业、高新技术产业为主导，更加注重通过人的全面发展充分激发发展活力和创造力。”建设自由贸易试验区和中国特色自由贸易港，不仅是推动海南实现跨越式发展的重大举措，而且是党中央着眼于国际国内发展大局，深入研究、统筹考虑、科学谋划作出的重大决策，是彰显我国扩大开放、积极推动经济全球化决心的重大举措。为此，海南要利用建设自由贸易港的契机，从国家对外开放的全局出发，加快推动服务业的全面开放，大力发展文化、教育、旅游、互联网、医疗健康、金融、航运、会展等现代服务业，加快服务贸易创新发展，尽快形成以服务业为主体的经济结构，以在推动我国服务贸易开放方面发挥示范引领作用。

第一章

新时代推动形成全面开放新趋势

党的十九大报告强调，“主动参与和推动经济全球化进程，发展更高层次的开放型经济，不断壮大我国经济实力和综合国力”。未来5～10年，推动形成以自由贸易为主线的全面开放新趋势，不仅可以为我国建设社会主义现代化强国注入强大动力，而且将为推动经济全球化注入强大动力，从而为推动构建人类命运共同体贡献中国能量。

第一节 贸易保护主义的新挑战

2017年，是经济全球化转折年。经济全球化逆潮涌动，一些国家贸易保护主义、单边主义、孤立主义倾向加剧，冲击国际经济政治秩序，经济全球化面临许多新的挑战。

一、贸易保护主义势头增强

近年来全球范围的贸易保护主义、民粹主义和单边主义思潮抬头，演变为经济全球化逆潮。尤其是特朗普当选美国总统以来，推行“美国优先”战略，采取贸易保护主义与单边主义措施，给经济全球化带来新的严峻挑战。

1. 贸易保护主义不断升温

（1）全球范围的贸易保护措施明显增加。以G20为例，其经济总量占到全球的85%。2009—2017年，G20中8个发达国家实施的贸易保护主义措施达3946项，平均每个经济体为493.3项；E11（G20中11个新兴经济体）实施的贸易保护主义措施总计达3893项，平均每个经济体为353.9项[①]。

（2）新兴产业成为贸易保护“重灾区”。信息技术、生物技术、节能环保、新能源等新兴产业的发展被各国看作是占领未来产业发展的制高点，使得新兴产业成为贸易保护主义的重灾区。比如，土耳其对中国进口的光伏产品发起反倾销调查，印度对华彩涂板发起反倾销调查。2016年12月，欧盟委员会公布对中国光伏产品反倾销反补贴的日落复审和期中复审调查结果，拟继续对中国光伏产品采取反倾销反补贴措施。

（3）新型措施成为贸易保护的主要方式。总的来看，贸易保护措施由经济政策代替传统意义上的关税等限制措施成为一个基本趋势，传统的贸易保护主义措施占比已不足20%（见图1.1）。经济审查、贸易救济等新

① 闫纍，孙韶华，吴茂辉，等.新兴经济体增长势头良好　博鳌论坛呼吁协作抵御保护主义[N].经济参考报，2018-04-09.

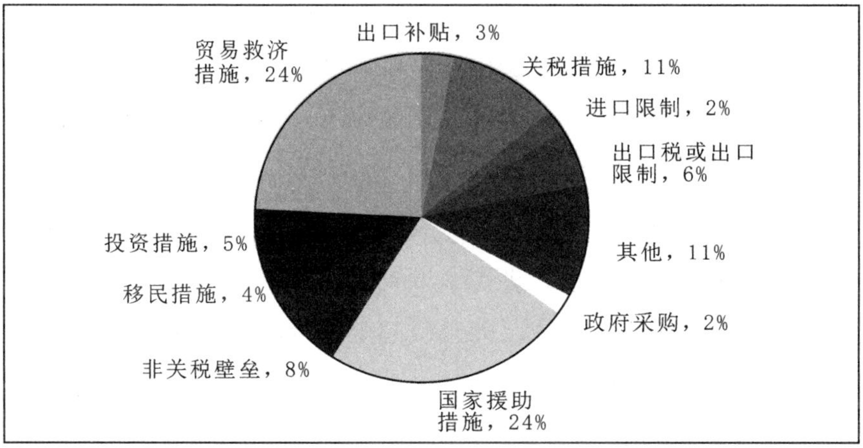

数据来源：倪月菊. 金融危机以来的贸易保护新趋势[R]. 北京：中国社科院世界经济与政治研究所，2013-08-26.

图1.1　国际金融危机以来各类贸易保护措施占比

型措施成为当前贸易保护的主要方式。

2. 美国转向贸易保护主义和单边主义

（1）美国新增贸易保护主义措施居全球首位。根据全球贸易预警数据库统计资料，2009—2017年美国实施的贸易保护主义措施高达1378项，居世界首位，平均每年出台153项贸易保护主义措施；2017年，美国新增贸易保护主义措施143项，居各国之首。

（2）美国单边主义渐行渐远。特朗普上台以来，在“美国优先”的战略下先后宣布退出了跨太平洋伙伴关系协定（2017年1月23日）、巴黎气候协定（2017年6月1日）、联合国教科文组织（2017年10月12日）、伊核协议（2018年5月8日）、联合国人权理事会（2018年6月19日）等多个国际组织和协议。此外，特朗普总统下令就1994年美国与墨西哥和加拿大签署的北美自由贸易协定（NAFTA）进行重新谈判，并中止和欧盟在2013年启动的跨大西洋贸易与投资伙伴关系协定（TTIP）谈判，与贸易伙伴国一一谈判以争取自身最大利益，并且单方面地采取了增加钢铁、铝关税的措施，贸易伙伴需要获得豁免才能免于被增加关税。

（3）美国采取贸易保护和单边主义措施威胁多边贸易体制。2008年的国际金融危机以来，美国社会贫富差距和经济发展不平衡的矛盾凸显，贸易保护主义、民粹主义和单边主义思潮抬头。例如，特朗普对欧盟、加拿大、墨西哥抡起关税大棒，与英国、法国、德国、加拿大发生激烈争吵，对华经贸屡次发难。总的来看，美国正成为世界经济最大的不稳定因素。作为全球第一大经济体，美国采取贸易保护主义和单边主义措施，不仅给经济全球化带来重大挑战，而且引起全球市场的普遍担忧，降低了世界各国对全球经济增长的信心。

专栏 1.1

贸易保护主义无法根本解决美国就业问题和贫富差距

1929年10月美国股市崩盘之后，美国经济陷入衰退，失业率不断上升。1930年，为应对危机，胡佛总统签署了《斯姆特-霍利关税法》，将2000多种进口商品关税提升至历史最高水平，试图让更多工作回归国内，创造更多就业机会；同时“强迫”美国消费者只能购买美国生产的产品，希望能够借此提升对国内产品的需求，产生更多政府税收。

许多国家在面对美国的高关税时“别无选择”，只能对美国采取报复性关税。结果造成美国进出口额双双骤降50%以上。美国的失业率因此在1930年后继续上升，到1933年时达到25%，此后十年间美国的失业率一直保持在两位数，直到“二战”爆发。在此期间，全球范围内报复性关税盛行，降低了全球总需求和贸易量。据美国政府的统计数据显示，美国从欧洲进口的商品总额从1929年高位的13.34亿美元降至1932年的3.90亿美元，同时美国出口至欧洲的商品总额则从1929年的23.41亿美元降至1932年的7.84亿美元。1929—1934年，世界贸易规模萎缩了约66%。

根据美国彼得森国际经济研究所的估计，贸易战将使美国承受巨大的新增失业压力。美国在历史上多次对别国实施单边制裁、加征关税等贸易保护主义措施，但收效甚微。以20世纪70年代初美日之间的贸易战为例，美国贸易状况并未由此得到提振，相反使得美元剧烈波动，对世界经济造成严重冲击，甚至导致经济危机，让全球经济陷入动荡。与此同时，美国对东亚的逆差仍然巨大，最终使美国成为全球货物贸易逆差最大的国家。

资料来源：华尔街见闻所.特朗普贸易政策的真面目：让TPP等贸易协定为美国“重生”[EB/OL].http://www.myzaker.com/article/583d2d1e1bc8e0546c000036. 2016-11-29.

3. 贸易保护主义措施聚焦中国

（1）我国成为全球贸易救济调查最大目标国。随着我国融入全球经济的程度不断加深，我国面对来自发展中国家和发达国家双重竞争的压力不断增强，尤其是在全球经济复苏乏力的背景下，我国日益成为贸易保护主义措施的主要施行对象。2017年，我国产品共遭遇来自21个国家和地区发起的75起贸易救济调查（见表1.1），其中反倾销55起、反补贴13起、保障措施7起，涉案金额总计110亿美元。与2016年相比，虽然案件的数量和金额分别下降了37%和23%，但我国仍然是全球贸易救济调查的最大目标国。

表1.1　近年来中国遭遇的贸易救济调查案件

贸易救济调查数	2013年	2014年	2015年	2016年	2017年
反倾销（起）	75	57	71	91	55
反补贴（起）	14	14	2	19	13
保障措施（起）	19	24	14	9	7
总计（起）	108	95	87	119	75
涉及国家数量（个）	21	24	22	27	21

数据来源：联合国贸易和发展会议. 世界投资报告2018[R].日内瓦：联合国贸易和发展组织，2018.

（2）美国贸易保护主义聚焦中国。特朗普自上台以来，在中国问题上政策立场强硬，将美国现在的困境归咎于中国的崛起，并将中国视为美国“战略上的竞争对手”。在经济贸易层面突出表现在，以缓解贸易逆差为借口，对“中国制造2025”等高新技术产业进行遏制。从贸易措施数量来看，奥巴马第一任期出台的贸易保护措施中针对中国的占49%，第二任期上升至59.3%。2017年，特朗普政府出台的贸易保护措施中针对中国的占到了59.4%。2018年第1季度，特朗普政府采取了37项贸易保护举措，其中针对中国的达到25项，占比为67.6%。①

二、全球经济一体化进程受到严重冲击

全球经济增长动能不足，贸易保护主义抬头，对全球经济格局带来严重冲击。2017年以来，这类冲击的数量明显增加，严重影响了全球经济一体化进程。从趋势看，未来几年贸易保护主义冲击仍有可能进一步加剧。

1. 英国脱欧重创欧盟一体化进程

作为欧盟的重要成员国，英国退出欧盟，重创了欧盟一体化进程，打破了人们对于区域经济一体化只会前进不会倒退的预期。英国脱欧的冲击，已逐步扩散到整个经济社会领域。值得注意的是，英国脱欧以及特朗普当选，其背后的共性是两国民粹主义和排他主义的兴起，反映了全球面临的深层次矛盾。2017年12月8日，英国脱欧第一阶段谈判会议已经顺利完成，会议取得了多方面的积极成就，包括英国与爱尔兰边境管控，“分手协议”以及欧盟人员在英国的定居权利等三大方面。此外，英国首相已经同意接受450亿～550亿欧元“分手费”，并保障在英国工作、生活的300万欧盟人员的权利。

2. 全球经济治理碎片化日益明显

2001年11月，世贸组织第四次部长级会议在卡塔尔首都多哈举行，

① 张宇燕，冯维江.如何理解中美贸易摩擦[N]. 光明日报，2018-04-24.

开启新一轮多边贸易谈判。然而，这场谈判至今未能达成协议，美国甚至公开呼吁放弃多哈回合贸易谈判。此外，国际货币基金组织（IMF）和世界银行（WB）需要进行调整和改革，世界贸易组织（WTO）面临停摆，在这种情况下，区域性自由贸易协定逐步增多，并成为一种新趋势。截至2017年6月20日，向WTO通报审议的区域贸易安排数量达到659个，生效的达到445个。与GATT时期（1948—1994年）相比，高出535个。① 区域贸易协定本质上是歧视性的和排他的，相比于全球性自贸安排，区域性自贸安排是一个次优选择。客观地看，区域主义导致的碎片化问题，已经成为各国共同面对的挑战。

3. 全球宏观政策进一步分化

2008年的国际金融危机以来，各国宏观政策迅速趋同于宽松。但随着不同国家经济复苏程度呈现差异，各国宏观政策开始出现分化。以货币政策为例。一方面，在美国与英国经济复苏好于预期、通胀压力不断增大的背景下，美联储和英格兰银行通过加息实行紧缩性货币政策。据中国证券网2018年8月公布的消息，2015年12月美联储就打开加息窗口，截至2018年6月14日，美联储已经连续七次提高联邦基金利率共175个基点，将联邦基金利率从0～0.25%提升至1.75%～2%。2017年11月英格兰银行宣布，提高中央银行基准利率25个基点，从0.25%提高到0.5%，此为2007年以来英格兰银行首次加息。另一方面，在经济复苏相对缓慢的国家或地区，如欧洲中央银行和日本中央银行不仅通过连续降息实行扩张性货币政策，而且分别于2014年和2016年在量化宽松货币政策（QE）基础上，相继推出了“负利率”政策。在经济全球化面临严峻挑战的背景下，亟需加大全球宏观经济政策的协调力度，但各国“自扫门前雪”的态势明显，使得各国的宏观经济政策分化进一步加剧。

---

① 桑百川，王伟.全球经济治理体系变革与碎片化风险防范[J].国际贸易，2017（12）：4—8.

三、世界经济风险和不确定性明显增强

从趋势看，经济全球化逆潮还有增强的势头。这股逆潮不仅给多边贸易体制与全球贸易规则带来严峻挑战，也给正在复苏增长的世界经济带来巨大风险，导致“黑天鹅”和“灰犀牛”事件频发，冲击“二战”以来形成的世界经济秩序，冲击和平发展大趋势。遏制这股逆潮，需要全球携手应对，需要大国担当责任。

1. 多边贸易体制受到严峻挑战

目前，以WTO为代表的全球多边自由贸易体系面临严峻挑战。例如，2017年3月1日，美国贸易代表办公室发布美国2017年《年度贸易政策日程表》，宣称美国不会再受制于WTO的规章制度，将优先维护美国的贸易利益。WTO多哈回合谈判停滞不前，特朗普提出要退出多哈回合谈判，甚至威胁退出WTO，这有可能对经济全球化带来严重的冲击。

2. 国际贸易规则受到严峻挑战

《世界贸易组织法》作为国际贸易公法，是全球最重要的国际贸易规则，也是调整成员间宏观经贸关系的条约。WTO要求各成员方不得采用不公正的贸易手段扭曲国际贸易竞争，尤其不能采取倾销和补贴的方式在他国销售产品。当国家因此受到利益损害时，缔约国采取必要的反制措施是合法的。但近年来，在全球经济下滑的趋势下，一些国家采取限制竞争、提高贸易壁垒的策略，使自由贸易陷入“囚徒困境”——以牺牲他国利益为代价保护本国产业，其他国家“以牙还牙”的相应举措使得国际贸易规则受到严峻挑战。例如，美国作为国际贸易规则的主要缔造者之一，却多次使用《1974年贸易法》（简称“301条款”）等国内法处理国际贸易问题，使得全球贸易规则受到严重践踏。从中美贸易矛盾来看，中国并未采取倾销或补贴的方式在美国销售商品，美国因此也没有理由对中国商品加征关税，美国此举明显有违WTO规则。

3. 全球经济复苏缓慢

世界贸易组织有报告指出，过去较长时间内，全球商品贸易增长率

通常为GDP增长率的1.5倍左右，在20世纪90年代这一比例高达2倍以上，2016年这一比例下降至0.6：1，同时2016年全球贸易增长率为1.3%，是2009年以来的历史最低点[①]。2017年全球贸易增长4.7%，但仍未回到危机前的水平。在不确定性日益加大的背景下，世界大型企业研究会在纽约发布最新世界经济展望报告，发达国家2018年到2022年间的年经济平均增速预计将下滑至1.9%。[②]

4. 贸易保护主义严重挑战全球经济秩序

（1）重视保护本国产业而忽视结构性改革。推进结构性改革，对经济全球化的可持续发展有重要作用。但在贸易保护的短期诱惑下，不少经济体把注意力放在对国内市场的保护上，对结构性改革重视不足，在应当推动结构性改革的时候却举措不力甚至出现反复和倒退。

（2）贸易保护引发地缘经济冲突。在贸易保护主义抬头的情况下，全球性的经济问题很难得到有效解决，经济摩擦与冲突很有可能蔓延到政治和军事领域。为了转移国内注意力，不排除极端政客挑起国际政治争端，并触发全球系统性风险。

---

① 中国（海南）改革发展研究院课题组.全球化要改变旧模式开创新局面[N].上海证券报，2017-03-10.

② 李铭，潘丽君.世界大型企业研究会下调今年世界经济增长预期[EB/OL].新华网，2018-06-12.

第二节　经济全球化的新理念

习近平主席在博鳌亚洲论坛2018年年会开幕式上的主旨演讲中强调，“综合研判世界发展大势，经济全球化是不可逆转的时代潮流”。面对经济全球化格局的深刻复杂变化，坚定推进自由贸易战略，增强自由贸易制度安排的开放性、包容性、共享性，既是对经济全球化持续发展的重要推动，也是我国经济转型升级的内在需求。

一、经济全球化需要转变模式

经济全球化仍然是总体趋势，但在全球需求持续放缓的形势下，全球经济治理滞后，难以适应世界经济新变化，由此引发贸易保护主义、民粹主义、孤立主义和单边主义，使经济全球化进入了低迷期和徘徊期。新一轮经济全球化的根本出路在于转变模式。

1. 全球需求的持续萎缩为逆全球化思潮提供温床

世界经济增长的突出矛盾是需求不足。由需求不足导致的经济增长放缓，使得被经济增长所掩盖的矛盾和问题凸显出来，尤其是中低收入者在就业压力加大和收入增长放缓上受到的冲击更加明显。由此，导致逆全球化的声音高涨，贸易保护主义演化成孤立主义、单边主义政策的风险加大。为此，一方面，需要重振全球需求，重振贸易和投资，促进经济复苏增长；另一方面，需要有效调节收入分配，完善经济全球化红利的共享机制，使更多人从经济全球化中受益。

2. 传统经济全球化模式中包容性制度安排不足

（1）包容性不足加剧不平等。经济全球化在促进全球经济贸易增长的同时，包容性不足的矛盾也十分突出。

——发达国家与发展中国家的发展差距仍然很大。1990—2016年的26

年间，高收入国家的人均GDP增长了21731美元，中等收入国家的人均GDP增长了3894美元，中低收入国家的人均GDP增长3498美元（见表1.2）。

——仍有不少国家和群体被排除在经济全球化之外。1990—2016年，低收入国家的人均GDP仅增长317美元，重要原因之一在于许多低收入国家还未能进入全球自由贸易体系。

——全球范围内的贫富差距进一步扩大。2016年，世界基尼系数已经达到0.7左右[①]，超过了公认的0.6“危险线”。数据显示，8%的人得到了全球50%的收入，其中最富有的1%得到了15%。不平等的问题反过来加剧全球需求萎缩，为经济全球化埋下隐患。

表1.2　1990—2016年全球不同发展水平国家的人均GDP

单位：美元

年份	1990	2000	2005	2010	2015	2016
世界	4273	5483	7271	9505	10143	10164
高收入国家	18947	25756	33921	39310	40078	40678
中等收入国家	904	1266	1963	3913	4849	4798
中低收入国家	854	1266	1808	3577	4405	4352
低收入国家	298	1266	327	518	626	615

数据来源：国家统计局．国际统计年鉴2017[M]．北京：中国统计出版社，2018．

（2）“重市场开放，轻开放共赢。”WTO多哈回合谈判的长期停滞，体现了全球化缺少共识，其背后反映出了发达国家和发展中国家之间、发达国家内部、发展中国家内部的利益分歧。发达国家主导经济全球化规则制定，更强调高水平的市场开放，但发展中国家更需要渐进开放和发展合作。

① 马玉洁，习近平：世界基尼系数超“危险线”必须引起高度关注[EB/OL].中国网财经，2016-09-04.

3. 推动经济全球化朝着更加开放、包容、普惠、平衡、共赢的方向发展

（1）构建包容共享的贸易投资制度安排。经济全球化在一些国家遭到挑战，重要原因之一在于经济全球化的发展红利并未被公平共享。经济全球化需要转向更加包容的新模式。从全球经济可持续增长的目标出发，构建包容性全球化的制度保障，需要把共商共建共享贯彻到全球化和区域化制度安排中，使更多的国家、地区和群体能够参与到经济全球化进程中并公平分享红利。

（2）支持灵活多样、差别待遇、标准适度的市场开放。经济全球化的重要基础是自由贸易和市场开放，但市场开放不是一步到位，市场开放的标准也不能“一刀切”。发达国家与新兴经济体、发展中国家参与经济全球化和全球竞争的能力不同，应对市场风险和外部冲击的能力和承受力也不同。与发达国家相比，发展中国家更需要低标准、开放式、普惠性的自由贸易制度安排，而不是高标准、排他式的自由贸易制度安排。为此，需要给予经济全球化不同参与者合理、必要的政策空间，使各国可以根据自身情况参与灵活多样、差别待遇、标准适度的自由贸易协定。

（3）构建更深、更广的发展合作框架。在推进包容的市场开放的同时，经济全球化需要把基础设施互联互通、创新合作、能力建设、中小企业等方面的发展合作作为促进各国互联互通的重要内容和制度安排。比如，通过签署交通便利化协议等功能性的安排，促进基础设施建设互联互通，降低发展中国家参与自由贸易进程的门槛和成本。

二、推进开放、包容、普惠、平衡、共赢的经济全球化进程

加快推进开放、包容、普惠、平衡、共赢的经济全球化进程，减少和消除现行贸易秩序中不公平、不合理的因素，完善自由贸易的制度安排，

以此形成自由贸易和经济一体化的新动力。

1. *以开放、包容、普惠、平衡、共赢为方向和目标*

（1）创造市场而非分割市场。推进开放、包容、共享的自由贸易战略，目的不在进一步分割既有市场，而是通过推进非排他的自由贸易和市场一体化进程，推进我国近14亿人的大市场与世界市场深度融合，创造新的市场和新的需求，引导资源在更大范围内优化配置，进一步做大全球市场蛋糕。

（2）双向开放而非对等开放。为了保护本国产业，一些国家提出以“公平贸易”原则取代自由贸易原则，即主张一旦双边贸易失衡，盈余方应节制出口，赤字方可采取保护主义措施直至恢复贸易平衡。发达国家同新兴经济体、发展中国家不在同一起跑线上，后者应对外部冲击和抗风险的能力比前者弱，对等开放意味着更多的风险及不确定性。在市场双向开放的前提下，需要给发展水平低于本国的国家和地区更多自主开放的时间和空间。

（3）构建包容性产业链、价值链而非排他性产业链、价值链。推进开放、包容、共享的自由贸易战略，目的在于推动包容性增长和包容性全球化。通过带动和支持广大新兴经济体和发展中国家的更多人口进入全球产业链、供应链和价值链，使发展中国家和最不发达国家能平等参与和分享经济全球化的红利，在这一过程中促进全球价值链调整升级，并不断提升本国产业的地位和作用。

2. *以完善开放、包容、普惠、平衡、共赢的自由贸易制度为保障*

（1）与2030年可持续发展目标保持一致。以促进全球经济可持续增长为目标，以公平可持续为导向，深化发展自由贸易规则中的可持续发展议题，推进全球贸易投资规则重构，建设以规则为基础的开放、公平的全球贸易体系。

（2）以互利共赢为基本理念。完善开放、包容、共享的多边贸易体制，推动自由贸易制度向着更加公平合理的方向发展，推动形成开放包容、互利共赢的经济治理新规则，加强自由贸易的制度保障。

（3）坚持和发展WTO针对发展中国家和最不发达国家的优惠待遇原则。主动在多边和双边贸易协定中引入技术合作、中小企业、环境保护、劳动者保护、基础设施建设等发展议题，积极维护新兴经济体和发展中国家的总体利益。

3. 以推进双边、多边自由贸易区建设为主体

（1）把开放、非排他的双边、多边自贸区作为引领全球化新进程的重要载体。坚定把WTO多边贸易协定谈判作为全球贸易规则制定的主渠道，把开放包容的区域自贸协定作为WTO多边自贸体系的有益补充。

（2）推进开放、透明、包容、共享的经济一体化进程。秉持开放的区域主义，通过双边、多边贸易投资协定对WTO谈判中难以突破的领域进行先行试验，对自由贸易进程中的新议题进行先行探索，为推进包容共享的经济一体化奠定基础。

（3）推进大国间自由贸易进程。新一轮经济全球化，关键在大国间的自由贸易与经济合作。2016年，全球10大货物贸易国的货物贸易额合计占全球货物贸易总额的比重超过50%，中国、美国、德国货物贸易额合计占比约为30.4%；2016年，全球10大服务贸易国的服务贸易额合计超过全球服务贸易总额的50%，美国、中国、英国、德国、法国服务贸易额合计占比达36.2%。通过共建开放包容的双边、多边自贸区，加强大国的经贸合作，以此带动新一轮自由贸易和经济全球化进程，是推进自由贸易战略的重要任务。

4. 以发展服务贸易为重点

（1）以服务贸易为重点推进经济全球化。把握服务贸易成为新一轮全球化重要动力的客观趋势，把服务贸易作为实施自由贸易战略的重点。服务贸易的一种重要形式是商业存在，它不仅关系贸易自由化和便利化的制度安排，也直接涉及投资自由化和便利化的制度安排。

（2）把开放、包容、普惠、平衡、共赢的理念贯彻到服务贸易规则

制定中。在全球尚未形成统一的服务贸易制度的背景下，发达国家把服务贸易作为主导贸易规则制定的制高点。从推进经济全球化健康持续发展出发，我国应积极参与和引领建设开放、包容、共享的区域性和全球性服务贸易协定，带动新兴经济体和发展中国家平等参与区域和全球服务贸易体系，释放全球服务贸易需求潜力。

（3）以服务贸易为重点加快双边、多边自贸区建设进程。适应服务贸易成为双边、多边自贸区谈判焦点的趋势，主动把促进服务贸易自由化、便利化作为双边、多边、区域贸易投资协定的重要目标，提高与主要贸易伙伴之间的服务贸易比重，以服务贸易开放合作带动区域与全球经济一体化进程。

三、坚定推进自由贸易战略

坚定推进自由贸易战略，是我国以主动开放赢得双向开放、以主动开放促进区域开放、以主动开放引领经济全球化的重大战略选择。

1. 以自由贸易战略有效应对逆全球化挑战

（1）自由贸易是世界经济持续增长的重要引擎。经济发展史表明：无论从优化资源配置和提高生产效率看，从推动技术外溢和技术进步看，还是从创造就业和反贫困看，自由贸易都是经济增长的重要动力。诺贝尔经济学奖获得者迈克尔·斯宾塞（Michael Spence）与罗伯特·梭罗（Robert Solow）的研究表明，“二战”后年经济增长率达到7%或者更高水平，并且维持25年或更长时间增长的经济体，一个共同的特征就是开放。

专栏 1.2

自由贸易给世界带来了什么？

贸易消除贫困。在过去的25年里，全球有10亿人口脱离了贫困。削减贫困的黄金时期是1980年后的全球化市场时期，在这一段时期，贫困水平令人吃惊地降低了20%。特别是大规模的转变出现在中国和印度，因为这两个国家实施了企业资本化改造，并降低了关税。但即使拉丁美洲和非洲的一些未实施改革的国家，也从2000年开始出现了贫困率下降的趋势。

贸易创造就业。《新闻周刊》的罗伯特·塞缪尔森注意到了一个让人吃惊的统计数据："每3个月，就有700万～800万美国人失去工作，但同时，又有同样的或者更多的工作机会被创造出来。"

贸易创造财富。彼得森国际经济研究所的加里·赫夫鲍尔认为："美国每年要从全球贸易中获得1万亿美元的财富。"这些财富占到美国GDP的10%，或者说是相当于每个家庭获得1万美元的财富。

资料来源：[美]戴维·斯密克.世界是弯的：全球经济潜在的危机[M].陈勇，译.北京：中信出版社，2009.

（2）自由贸易是经济全球化的重要引擎。经济全球化是市场机制内在作用的结果，自由贸易的本质是市场机制在跨境、跨区域及更大地理范围内发挥配置资源的作用。自由贸易带来市场竞争，市场竞争导致优胜劣汰，这是"破坏性创造"的过程——伴随着经济总体效率的提高，旧的行业、部门、业态和就业岗位被淘汰，新的行业、部门、业态和就业岗位出现；旧的生产和消费模式被新的生产和消费模式所替代。

（3）以自由贸易战略应对单边主义挑战。

——突破贸易保护主义和单边主义的围堵。近年来，随着我国成为世界第一大货物贸易国，在贸易保护主义影响下，我国已经成为受到贸易保护措施限制最多的国家，在加入WTO18年后，美国、欧盟、日本等经济体至今仍拒绝承认我国市场经济地位。在这样的背景下，通过坚定实施自由贸易战略，积极与主要贸易伙伴、新兴经济体和发展中国家共建双边、多边自由贸易区，有助于我国突破贸易保护主义和孤立主义的围堵。

——为企业在全球配置资源和进行产业布局提供制度保障。把握企业“走出去”的区域布局变化趋势，通过实施自由贸易战略，在我国企业对外贸易和投资的重点区域和新兴市场，加快建立双边、多边自贸区，为企业全球配置资源与进行产业布局提供制度保障。

——塑造有利于我国发展的地缘政治经济新格局。加快实施自由贸易战略，尽快完成立足周边、辐射“一带一路”、面向全球的自贸区战略布局，以经济贸易合作带动与周边、沿线国家和地区的多方面合作。

——提升我国参与全球经济治理的水平和能力。实施开放、包容、共享的自由贸易战略，将明显增强我国推进全球性和区域性自由贸易进程的能力，明显增强我国带动新兴经济体和发展中国家参与新一轮全球化的能力。

（4）加强自由贸易制度的包容性和共享性。自由贸易是大势所趋，然而全球化进程中也出现了自由贸易所带来的竞争压力主要由中低收入群体承担的问题。尤其在经济增长疲软的情形下，由于缺少有效的收入分配调节和贸易补偿的制度安排，一些国家失业问题突出，中产阶层收入增长放缓，引发了相应的矛盾甚至危机。为此，需要推进形成更具包容性、共享性的自由贸易规则和制度，减少和消除经济全球化中不公平、不合理的成分。

2. 以自由贸易战略推进全球经济一体化

（1）经济一体化进程明显放缓。例如，亚洲区域内贸易依存度从2012年的59.49%降至2016年的50.74%，贸易、生产和金融等一体化面临挑战。作为亚洲地区经济一体化的代表，我国已基本实现了商品的自由贸易，但服务贸易仍受制于各种隐形壁垒，资本的自由流动尚未完全实现。俄罗斯主导的欧亚经济联盟一体化进程在2016年前也不如预期，2015年、2016年成员国相互贸易分别同比下降25.8%和6.7%；2017年出现了回暖，增长近27%。欧盟内部增长分化仍然明显，“多速欧洲”能否提振一体化信心仍面临很多不确定性。北美经济一体化前景不明，作为主导者的美国成为贸易保护主义推手的可能性上升。

（2）经济一体化动力严重不足。一是由于外部需求持续萎缩，一些发达国家和新兴经济体出现贸易和投资内卷化倾向，推进经济一体化的贸易和投资动力不足；二是国际市场竞争更趋激烈，贸易摩擦明显增多，爆发贸易战的可能性大大增加；三是在失业人数增加和收入放缓的压力下，政府推进自由贸易和经济一体化的制度和政策面临更大阻力。

（3）增强经济一体化的开放性和包容性。经济一体化成员间的经济互补性越大，自由贸易的收益越大。一些区域贸易协定具有明显的封闭性和排他性，不仅使区域外国家面临贸易转移和资本流失的风险，也限制了区域内成员的市场空间。着眼于形成经济一体化的持续动力，需要以建设非排他的、开放的多边自由贸易协定为重点，整合碎片化的区域合作机制，吸收新成员、培育新市场、释放新需求，不断拓展区域合作空间和市场空间。

3. *以自由贸易战略推动全球贸易投资规则重构*

（1）WTO多边贸易体系面临挑战，使得发展中国家和最不发达国家融入全球经济一体化的主要通道受阻。多哈回合谈判遭遇重大挫折，WTO多边贸易体系发展停滞不前。近年来，许多国家通过加快双边、多边自贸区进程来开拓市场。截至2018年3月5日，向WTO通报的区域贸易协定有670个，其中已经生效的区域贸易协定有456个。过多的区域贸易协定使贸易治理碎片化，提高了全球贸易投资规则重构的成本。

（2）发达国家主导贸易投资规则制定的开放性和包容性不足。发达国家推动双边、多边贸易协定谈判，旨在巩固自身在全球贸易投资治理中的主导权。在美国退出跨太平洋伙伴关系协定（TPP）、跨大西洋贸易与投资伙伴协议（TTIP）谈判后，日本主导建立全面与进步跨太平洋伙伴关系协定（CPTPP）。问题在于，一些区域自贸协定具有明显的排他性、小圈子的特征，不仅难以适应信息全球化和技术革命对加快市场一体化的需求，而且从长期看会加剧全球化“赢家”和“输家”之间的鸿沟，导致一些新兴经济体和发展中国家被锁定在全球产业链和供应链低端，扩大全球、区域和各国内部的收入分配差距，加大全球化和经济一体化的阻力。

专栏 1.3

日本替代美国主导建立CPTPP

2017年11月，在越南岘港亚太经合组织领导人非正式会议期间，新加坡、日本、澳大利亚、文莱、加拿大、智利、马来西亚、墨西哥、新西兰、秘鲁和越南共11国达成协议，在美国退出的情况下，继续落实跨太平洋伙伴关系协定（TPP），并决定改名为“全面与进步跨太平洋伙伴关系协定”（CPTPP）。

CPTPP暂停了TPP的20个项目，其中4个涉及劳工标准和文化保护等方面的项目则有待商榷。不过，新版协定依然保留了TPP超过95%的内容。

有专家认为，CPTPP启动了日本主导的环太平洋自贸区。2018年3月8日，参与“全面与进步跨太平洋伙伴关系协定”（CPTPP）谈判的11国代表在智利首都圣地亚哥举行协定签字仪式。

资料来源：新华社.智利等11国签署全面与进步跨太平洋伙伴关系协定[EB/OL]. 新华网，2018-03-10.

（3）增强贸易投资规则制定的开放性与包容性。促进全球化的可持续发展，需要提升新兴经济体和发展中国家的代表性和话语权，带动和支持新兴经济体和发展中国家平等参与全球贸易投资规则重构，使更多发展中国家成为全球贸易投资新秩序的参与者、贡献者和受益者。

4. 以自由贸易战略赢得经济转型升级的主动

（1）通过实施自由贸易战略，推动服务型消费需求的释放与升级。向贸易伙伴降低旅游、养老、医疗、健康等生活性服务业和信息通信、会计审计、电子商务、商贸物流等生产性服务业的贸易壁垒，放宽存在严重“消费外流”现象的服务业领域（比如教育、医疗等领域）的外资准入限制，以此促进城乡居民消费结构升级。

（2）通过实施自由贸易战略，推动服务业主导的产业结构升级。以服务贸易为重点加快建立双边、多边自贸区，推进服务贸易自由化和便利化，有利于引进我国产业转型升级亟需的咨询、研发、技术专利等生产性服务业，不仅能促进服务业自身结构调整，而且将推动制造业转型升级。

（3）通过实施自由贸易战略，提升“中国制造”的国际竞争力。通过实施自由贸易战略，将引进产品与服务的标准和国内标准创新相结合，推动我国标准体系与国际一流标准体系对接，提高“中国制造”的质量和国际竞争力。

四、加快双边、多边自由贸易进程

以亚太自贸区为重点，加快推进双边、多边自由贸易进程，形成开放、包容、共享的自由贸易制度安排，是实施自由贸易战略的重大任务。

1. 力推亚太自贸区建设

（1）推进以包容共享为导向的亚太自贸区进程。APEC囊括了人均GDP从不足3000美元到超过50000美元的国家和地区（见表1.3），21位成员在发展阶段、增长水平、市场容量、市场经济发育等方面都存在明显差别。在这种情况下，建立亚太自贸区，需要把实现包容共享的增长作为目标。通过成员间的平等协商，形成亚太自贸区的制度框架和参与机制，确保参与的国家和地区都能公平地享有自由贸易与经济一体化的收益，努力塑造互利共赢的伙伴关系。

表1.3　2016年APEC成员GDP及人均GDP

国家/地区	人均GDP（美元）	总GDP（10亿美元）	国家/地区	人均GDP（美元）	总GDP（10亿美元）
澳大利亚	49755.32	1204.62	日本	38900.57	4940.15
文莱	26939.42	11.40	韩国	27538.81	1411.24
加拿大	42183.30	1529.76	马来西亚	9508.24	296.53
智利	13792.93	247.03	墨西哥	8208.56	1046.92
中国	8123.18	11199.15	秘鲁	6049.23	192.21
中国香港	43740.99	320.91	新西兰	39412.16	184.97
中国台北	22499.74	529.64	新加坡	52962.49	296.98
俄罗斯	8748.37	1283.16	菲律宾	2951.07	304.91
泰国	5910.62	407.03	越南	2170.65	205.28
印度尼西亚	3570.29	932.26	美国	57638.16	18624.48
巴布亚新几内亚	2500.09	20.21			

数据来源：世界银行公布的数据及《中国统计年鉴2017》。

（2）建立低门槛、非排他的亚太自由贸易区。

——在发展水平差异大的情况下，实现包容共享的增长目标，亚太自贸区需要采取低门槛、非排他的办法，以照顾不同成员尤其是落后国家和地区的发展诉求。

——劳工标准、环境标准、知识产权保护、竞争政策等严格的“边境内规则”，以及一些要求让渡国家主权的条款，对于发展中国家而言标准过高。建立亚太自贸区，可以参照WTO制度框架，先建立门槛较低、标准较低的统一制度，形成成员共同遵守的统一制度。

——依据成员的经济发展情况，设定自贸区建设远期目标和阶段性目标。在较长的时间内逐步提升贸易投资开放水平，逐步增加开放内容、提高开放标准。

（3）以区域全面经济伙伴关系（RCEP）为优先选择。RCEP能否尽快实现突破，关系到亚太自贸区建设的整体进程能否进一步发展。

——保持RCEP的开放性。充分考虑成员的共同利益和差别，不设定“一刀切”的标准。同时，对TPP等高标准自贸协定的内容采取开放态度，逐步将TPP等高标准自贸协定中的内容纳入RCEP谈判，比如数字经济、可持续发展、环境标准、劳工标准等。

——保持RCEP的包容性。针对不同发展水平的成员国，实施差别化的过渡性安排。采取对发展中国家和最不发达国家的优惠原则，允许这些国家的敏感产业和部门有较长的过渡期，给予发展中国家平等融入区域价值链的权利和机会。

专栏 1.4

RCEP的共同利益和分歧

RCEP由东盟10国领导人在3年前的第21届东盟峰会上提出，并随后得到了中国、日本、韩国、印度、澳大利亚和新西兰6个国家的积极响应，因此，RCEP也称作“10＋6”。RCEP涵盖约35亿人口，GDP总和达23万亿美元，建成之后，将成为世界最大自由贸易区。

RCEP各成员国在追求本国整体利益最大化的同时，还十分关注各自的敏感领域，如印度制造业能力弱，而且平均关税在RCEP各国中最高，自然担心RCEP会使其相关产业受到冲击；韩国和日本则要求对农业和粮食生产者提供特殊待遇；中国的服务业开放程度相对较低，会提出渐次开放的条件和具体范围等。这些核心问题的纠结，都将放缓RCEP的讨论进程。特别值得指出的是，在目前参与RCEP谈判的16个国家中，印度与东盟FTA的开放率最低，免税产品占全部贸易商品的比例只有78.8%，若以RCEP的95%产品免税的目标为标准，印度的谈判难度或许是最高的。

资料来源：张锐.RCEP谈判“临门一脚”卡在了哪里[N]. 上海证券报，2015-11-20.

2. 力推双边、多边自贸区建设

（1）以构建开放、包容、普惠、平衡、共赢的全球自贸区网络为目标。双边、多边自贸区是实施自由贸易战略的重要载体。为此，我国应加快双边、多边自贸区建设，主动做大、做精自由贸易“朋友圈”。例如，通过与贸易伙伴的平等协商，以实现包容性的经济一体化为目标，把技术合作、产能合作、基础设施互联互通等纳入自贸协定谈判内容，加强共同应对全球化风险的机制建设，建立收益越大的国家为经济一体化提供越多公共产品的制度与机制。

（2）推进自贸区的全球和区域布局。按照国家“十三五”规划和国务院《关于加快实施自由贸易区战略的若干意见》中构建“立足周边、辐射‘一带一路’、面向全球的高标准的自贸区网络”的目标要求，把握我国全球自贸网络中的关键国家和地区，由点到线、由线带面，有序推进自贸区的战略布局。与“一带一路”建设支点国家和地区共建灵活多样的双边、多边自贸区。加快推进中日韩自由贸易区进程，在继续打造“10＋1”自贸区升级版的基础上，提升我国与周边贸易伙伴之间的贸易水平，深化与欧盟等发达国家和地区的贸易投资合作。

（3）以服务贸易为重点推进双边、多边自贸区进程。随着我国城乡居民服务型消费需求的快速释放，我国服务贸易进口有望超过美国，成为全球最大的服务贸易进口国。近14亿人的服务贸易大市场成为我国推进双边、多边自贸区建设的一张“王牌”。以服务贸易开放为重点升级现有的双边、多边自贸协定。加快与贸易伙伴的服务贸易开放合作，显著提高我国与自贸伙伴的服务贸易占比，显著提高我国与全球服务贸易大国的服务贸易占比。

3. 力推自由贸易制度安排

（1）进一步提升双边、多边自贸区的贸易投资自由化和便利化水平。

——进一步降低贸易壁垒。尽快将关税水平降低到全球平均水平；在不具有竞争优势的领域，做出不实施新的贸易保护主义措施的承诺，在加强开放风险防范中加快与自贸伙伴的双向市场开放。

——显著提升贸易便利化水平。争取在3～5年内，将货物贸易通关时间和成本降低一半以上；加快与自贸伙伴的电子通关工程建设；实施原产地企业自主申报制，严格事后监管，加快与自贸伙伴建立原产地电子数据交换系统；显著提高与贸易相关尤其是服务贸易的人员往来的便利化水平，减少签证程序、环节和等待时间。

专栏 1.5

自由贸易制度的发展

从自由贸易制度的发展演进看，目前主要有两种分类。

（1）联合国亚太经社理事会（UNESCAP）分类法。该方法将协定内容分为6大领域，即货物贸易、服务贸易、投资贸易、贸易便利化、原产地规则及其他领域，并在6大领域下划分58个子目录（见表1.4）。该种分类法仅囊括主权国家间的自由贸易安排，未涵盖例如中国内地与香港和澳门签订的CEPA、中国台湾与新加坡、中国香港与智利等自贸协定，同时优惠贸易安排也不属于此分类之中。

表1.4 UNESCAP分类法分类方式

类别	内容
货物贸易	关税，原产地规则，反倾销，反补贴，保障措施，标准措施
服务贸易	承诺减让表，跨境交付，境外消费，商业存在，自然人存在，金融服务，电信，劳工和环境标准，专业服务，最惠国待遇，国民待遇，市场准入，国内规则，补贴，拒绝利益，其他
投资贸易	投资承诺表，投资的定义，最惠国待遇，最惠国例外条款，国民待遇，准入前国民待遇，公平与公正待遇，征收和补偿条款，说明性文本，董事会及高管人员，投资者-东道国仲裁，拒绝利益
贸易便利化	海关程序，海关估价，透明度，利用信息和通信技术，商务人士流动，过境自由，运输物流，自然人流动
原产地规则	累计规则，加工工序标准，税目改变标准，微量条款，最低含量标准，退税条款，对公平公正待遇的明确规定
其他领域	政府采购，投资，竞争政策，知识产权，争端解决，劳动力流动，贸易融资，技术合作，制度机制

（2）世界贸易组织HMS分类法。该方法将FTA条款区分为“WTO+”（第一代）贸易议题和“WTO—X”（第二代）贸易议题。这两种贸易议题分类也被称为“传统FTA”和“21世纪FTA”，前者主要为边界规则，致力于从市场准入角度实现自由贸易；后者主要为边界内规则，通过对国内制度政策的规范化、国际化，实现全面自由贸易发展（见表1.5）。

表1.5　两代贸易规则对比

	内容	主要措施
“第一代”（WTO＋）边界规则	工业品，农产品，海关程序、出口税，卫生与动植物检疫，技术性贸易壁垒，反倾销，反补贴	关税减让，消除非关税壁垒，贸易便利化，服务贸易开放，国民待遇
“第二代”（WTO－X）边界规则	1.WTO多哈回合在谈但尚未达成的议题； 2.未在WTO谈判与磋商框架内，而只在双边或区域贸易协定中达成条款或正在谈判议题	知识产权、竞争政策，投资、环保法规，劳动力市场管制，消费者保护，资本流动、财政支持，税收等38个议题

资料来源：联合国亚太经济与社会理事会.亚太贸易与投资报告[J].世界经济，2010，33（11）：1565—1588.

（2）全面推行投资准入的负面清单模式。最大限度地减少和取消保护主义和贸易扭曲性措施，以服务业市场开放为重点放宽市场准入；在我国经济转型和产业升级亟须破题的服务领域、与贸易伙伴优势互补的服务领域，加快贸易开放和降低市场准入；有序推进金融、教育、文化、医疗等重点领域开放。

（3）推进与贸易伙伴的规制合作。更深层次的自由贸易制度在于规制合作。与自贸伙伴间加强贸易规制合作，将进一步提升我国开放水平和开放治理能力。加强边境内措施与制度的对接与协调，积极推动与自贸伙伴的贸易投资管理体制和制度的对接与合作，加快推行准入前国民待遇和负面清单模式，缩小负面清单的限制范围，推进政府监管制度的协同与合作。

（4）推动自由贸易规则变革。2017年，我国为世界经济增长贡献了三分之一，成为100多个国家（这些国家占世界经济GDP的80%）的重要贸易伙伴，同时也已成为全球供应链的中心，有条件影响自由贸易制度的走向和内容。首先，我国应根据转型发展需要，主动提出自由贸易的新议题，积极参与新议题谈判，创新自贸协定的内容，提升自贸协定的水平，在自由贸易新规则的形成过程中，积极发挥引领作用。其次，推动形成多边服务贸易制度安排，以建成开放、包容的多边服务贸易体系为目标，努力推进WTO框架下《国际服务贸易协定》（TISA）谈判早日完成。再次，应积极参与建立开放、包容的数字贸易规则，积极与其他数字贸易大国形成数字贸易项下的自由贸易政策安排。最后，在有优势的服务领域形成自由贸易制度安排，抓住我国跨境电子商务大发展的机遇，引领形成电子商务领域的国际贸易投资规则。

第三节　推动构建人类命运共同体的新目标

自2013年习近平主席提出构建人类命运共同体的倡议以来，这一倡议得到越来越多国家和人民的欢迎和认同，并被写入联合国重要文件。推动构建人类命运共同体，是促进世界和平发展的中国智慧和中国方案，也是中国为促进实现人类共同美好未来的大国担当。

专栏 1.6

“人类命运共同体”倡议的提出与发展

2013年3月，习近平主席在莫斯科国际关系学院发表演讲，第一次向世界提出“命运共同体”理念。“推动构建人类命运共同体”成为习近平新时代中国特色社会主义思想的重要组成部分。

——政治上，要相互尊重、平等协商，坚决摒弃冷战思维和强权政治，走对话而不对抗、结伴而不结盟的国与国交往新路。

——安全上，要坚持以对话解决争端、以协商化解分歧，统筹应对传统和非传统安全威胁，反对一切形式的恐怖主义。

——经济上，要同舟共济，促进贸易和投资自由化、便利化，推动经济全球化朝着更加开放、包容、普惠、平衡、共赢的方向发展。

——文化上，要尊重世界文明多样性，以文明交流超越文明隔阂、文明互鉴超越文明冲突、文明共存超越文明优越。

——生态上，要坚持环境友好，合作应对气候变化，保护好人类赖以生存的地球家园。

资料来源：杨洁篪. 推动构建人类命运共同体[N]. 人民日报，2017-11-19.

一、构建人类命运共同体需要维护经济全球化大局

习近平主席在世界经济论坛2017年年会开幕式上的主旨演讲中提出："经济全球化确实带来了新问题，但我们不能就此把经济全球化一棍子打死，而是要适应和引导好经济全球化，消解经济全球化的负面影响，让它更好惠及每个国家、每个民族。"尽管经济全球化的逆流涌动，但经济全球化仍然是经济持续增长的内在要求和推动力，也是加快构建人类命运共同体的重要载体。

1. 顺应经济全球化大趋势

（1）推动商品和要素的全球流动与配置。从贸易看，1960—2014年间，我国货物和服务进出口规模年均增长达到6.33%，占GDP的比重依然保持上升趋势；从资金流动来看，自1970年以来对外直接投资（FDI）的上升趋势没有发生根本性改变，1970—2015年FDI流入规模年均增长12.9%；从科技合作看，2014年技术合作捐助规模比1960年增长超过82倍，年均增长8.5%；从人口流动来看，2015年人口流动规模高达2.4亿人，与1960年相比增长超过3倍。中国将把握大势，进一步推动商品和要素的全球自由流动与优化配置。

（2）推动各国经济深度融合。积极促进货物、服务、资金、人员的全球流动，推动资源要素在全球范围内有效配置。积极促进各国经济融合，全球各国的产业链、供应链、价值链密切联系在一起，呈现共生共荣的关系。以包容联动发展应对全球化困境。坚持"共同但有区别"的原则，考虑差别与适度性，通过包容和联动发展将更多发展中国家及低收入国家人群纳入全球分工体系，破解经济增长的不均衡和不平等问题。在缩小各国经济差距的同时，使各国市场不断扩大，进而为世界经济增长注入强劲动力。

2. 树立开放、包容、共享的新全球化观

（1）坚定开放的理念。以市场开放应对全球化逆潮。市场封闭不仅严重冲击全球经济增长，还引发失业等问题，进而激化社会矛盾。适应新

一轮经济全球化的大趋势，坚定支持市场双向开放，打破制约生产要素自由流动的体制壁垒、区域壁垒，促进全球更大范围的开放。在市场双向开放中“做大蛋糕”，确保各国都能分享全球化红利，实现共赢。例如，东盟虽然在区域内开放了市场，但区域内贸易投资比例增长仍然缓慢，根源就在于在开放进程中缺乏深度合作机制 。为此，在自身比较优势的基础上，各国还需要在合作发展机制建设上做出更大的努力。

（2）树立包容性全球化观。建设包容发展的“百花园”，而不是风景独好的“后花园”。包容性全球化就是包容不同市场、不同体制、不同国度、不同群体，求同存异，推动全球化分工体系面向全球开放，让更多国家和企业参与到全球化分工体系中。

（3）形成普惠共享的价值追求。2016年，G20杭州峰会明确提出，“我们将确保经济增长的成果普惠共享，满足各国和全体人民尤其是妇女、青年和弱势群体的需要，创造更多高质量就业机会，消除贫困，解决经济发展中的不平等现象，不让任何国家、任何人掉队”。2017年G20汉堡峰会也提出，“我们决心应对国际社会面临的共同挑战，包括恐怖主义、流离失所、贫困、饥饿和卫生威胁、创造就业、气候变化、能源安全和包括性别不平等在内的不平等现象，为可持续发展和稳定打下基础……我们将在追求经济增长和创造就业的过程中提升包容性、公平性和平等”。应对和防范全球化逆潮，关键是在追求效率的同时，树立公平发展和共享发展的全球化理念。这样才能铲除贸易保护主义、民粹主义、单边主义、孤立主义的土壤，形成推进经济全球化的社会环境。世界各国特别是主要大国要坚持以全人类的整体利益为中心，努力使所有国家平等参与和公平享受经济全球化带来的益处，不因文化、宗教、制度、政策、实力、意识形态的差异而受到排斥。

3. 在共建“一带一路”中推动全球共享

共享是“一带一路”倡议的基本特征之一。可以说，“一带一路”倡议来自中国，成效惠及世界。未来，按照党的十九大报告提出的“努力实现政策沟通、设施联通、贸易畅通、资金融通、民心相通，打造国际合作新平台，增添共同发展新动力”的要求，采取先易后难、循序渐进的方式，通过“早期收获计划”、框架协议、双边投资协定等多种形式，与“一带一路”沿线各国和地区携手构建广泛的利益共同体，促进全球共享发展。

二、以更大开放让世界分享中国发展成果和机遇

面对世界经济大变革大调整，中国将“以更宽广的视野、更高的目标要求、更有力的举措推动全面开放”，推动建设相互尊重、公平正义、合作共赢的新型国际关系，推动经济全球化向更加开放、包容、普惠、平衡、共赢的方向发展，推动构建人类利益共同体、责任共同体和命运共同体。

1. 以更大开放更深融入全球市场

（1）推动全球贸易投资自由化和便利化。目前，我国已经成为全球第一大货物贸易国，第二大服务贸易国，也是世界多数国家的主要贸易和投资伙伴。我国不仅是经济全球化的受益者，也是全球贸易投资自由化的坚定推动者。在全球化逆潮背景下，中国作为一个负责任的大国，倡导开放、包容、普惠、平衡、共赢的自由贸易战略，着力形成双边、多边、区域性、全球性自由贸易的制度安排，推动全球贸易投资自由化、便利化，将为全球自由贸易发展做出重要贡献。

（2）促进市场双向开放。开放的全球化意味着多种区域合作机制的共存。这就需要充分照顾所有国家的实际情况，确保各国都能分享全球化红利，实现共赢。为此，在自身比较优势的基础上，中国将在倡导和实施新的合作发展机制建设上做出更大的努力。

2. 以更大开放释放全球增长动力

（1）形成近14亿人的消费大市场。有数据显示，2017年，我国社会消费品零售总额达36.6万亿元，连续14年保持两位数增长，消费品市场规

模稳居世界第二；最终消费支出对GDP增长的贡献率达到58.8%，比2012年提高3.9个百分点，连续4年成为经济增长的主引擎。随着我国进入消费新时代，近14亿人的消费大市场将成为全球经济可持续发展的突出亮点。初步测算，到2020年，我国消费总规模将达到48万亿～50万亿元。如果考虑到消费引致的投资需求，我国内需规模在2020年将至少达到百万亿元。我国将成为全球最大的消费市场之一，这不仅对我国，而且对世界都是一个巨大贡献。

（2）为世界经济增长贡献中国动力。2013—2016年，我国GDP年均增长率为7.2%，同期全球经济增长率均值为2.5%，在世界主要发达经济体和发展中国家中，增速排名第一，远超美国的2.1%、日本的1.0%、欧元区的1.3%；据世界银行测算，2013—2017年，我国对世界经济增长的平均贡献率超过30%，超过美国、欧元区和日本贡献率的总和。如果我国经济转型能顺利推进，未来5～10年我国的经济增长仍是世界增长的重要推动力量，对世界经济增长的贡献率将保持在30%左右。

（3）创造更多收入和就业。研究表明，如果将2008年之后所有的保护措施移除，全球经济规模将新增4230亿美元，带来新增就业岗位近900万个。短期看，国际竞争有可能引起结构性失业，但贸易保护阻碍了产业结构调整，更不利于中长期的就业增长和就业结构调整。中国通过更大开放，积极引领推动全球自由贸易，将为全球市场贡献更大增长动力与就业机会。

3. 以更大开放推进世界经济再平衡

（1）推进我国从生产大国向消费大国转变。目前，我国已经成为仅次于美国的全球第二大消费市场，对全球经济增长做出了重大贡献。我国推动形成全面开放新格局，重在为全球提供有效供给，催生新的需求，实现世界经济再平衡。未来5～10年，如果我国通过服务业市场开放，推动自身从生产大国走向消费大国，将改变“生产—消费—能源”的传统世界格局，为全球提供巨大的市场，成为促进全球经济再平衡的重要动力。

（2）实现南北发展再平衡。过去全球化并没有明显改善世界发展不平衡，尤其是“南北失衡”问题仍然突出。从全球来看，1990—2016年，发达国家和发展中国家的经济总量之比已由4.5倍下降到1.5倍，但是经济总量差距缩小并没有改变南北经济发展水平差距。2016年，发达国家的人均GDP达到42063美元，相当于发展中国家平均水平的8.5倍，远高于总量差距。[①]我国在“二次开放”中倡导“一带一路”建设，以“政策沟通、设施联通、贸易畅通、资金融通、民心相通”为重点，将有利于《联合国2030年可持续发展议程》的落地实施，推进南北发展平衡。

（3）改善发展中国家的发展环境。开放是发展的必然选择，但仅仅开放并不能解决经济发展的所有问题，市场开放需要渐进的、有差别的制度安排。对发展中国家而言，开放有利于吸引外资，但吸引外资也需要综合发展环境的持续改善。发展环境不仅包括基础设施等硬条件，而且包括市场机制、法治化营商环境等软环境，应持续改善发展环境，以提升全球化合作水平与便利化程度。

三、以“一带一路”为重点打造构建人类命运共同体的典范工程

在经济全球化新的十字路口，“一带一路”倡议开始成为反对贸易保护主义，推动开放、包容、普惠、平衡、共享的经济全球化的新主角，成为各国共同构建人类命运共同体的探索创新与重要实践。

1. “一带一路”成为构建人类命运共同体的典范工程

（1）“一带一路”倡议赢得国际广泛共识。

——“黑天鹅”事件难阻“一带一路”进程。2008年国际金融危机以来，全球范围内贸易保护主义抬头，多边贸易体制受到冲击。比如，英国决定“脱欧”、意大利公投修宪失败、美国从TPP“退圈”以及法国等欧

---

① 数据来源：根据世界银行数据库相关数据计算得出。

盟国家的极右翼势力迅速上升等“黑天鹅”事件，对现存的国际格局造成了一定冲击。在这个大背景下，“一带一路”倡议高举经济全球化大旗，旨在打通生产要素全球流通渠道，以互联互通和产能合作助推经济全球化进程。

——推动多边、双边自由贸易进程。截至2017年11月，我国已与“一带一路”沿线12个国家签署了自贸协定。[①]立足周边、辐射“一带一路”沿线国家、面向全球的高标准自由贸易区网络正在形成。

——区域贸易和投资逆势上扬。2017年，我国与“一带一路”沿线国家与地区的贸易额为7.4万亿元人民币，同比增长17.8%；我国企业对沿线国家直接投资144亿美元，与沿线国家新签承包工程合同额1443亿美元，同比增长14.5%[②]；对“一带一路”沿线国家完成营业额855亿美元，增长12.6%，占对外承包工程业务完成营业额的比重为50.7%；“一带一路”沿线国家新设立对华直接投资企业3857家，同比增长32.8%，对华直接投资金额374亿元人民币（折56亿美元）[③]。“一带一路”倡议实施以来，区域内贸易和投资年均增速比全球平均水平高了近1倍。[④]数据显示，2013—2017年，我国与“一带一路”沿线国家货物贸易额累计超过5万亿美元，对外直接投资超过700亿美元。[⑤]

（2）促进全球经济增长。

——为全球经济增长注入新动力。破解经济全球化困境，首要的是为全球经济增长注入新动力，破解经济增长的不平衡问题。“一带一路”建

① 孙韶华.中国已签16个自贸协定 明年自贸区或迎成果：“丰收年”[N]]. 经济参考报，2017-12-27.

② 胡永平.2017年我国“一带一路”贸易额7.4万亿元 增长17.8%[EB/OL]. 中国网，2018-01-25.

③ 国家统计局.中华人民共和国2017年国民经济和社会发展统计公报[EB/OL]. 国家统计局网站，2018-02-28.

④ 王毅.“一带一路”贸易投资年均增速高于全球平均近一倍[N]. 环球时报，2016-08-03.

⑤ 林丽鹂.中国与“一带一路”沿线国家五年货物贸易额超五万亿美元[N]. 人民日报，2018-04-13.

设将带来巨大的投资和消费需求。1990—2013年，“一带一路”区域整体GDP年均增长速度达5.1%，相当于同期世界经济增速的2倍。①根据模型测算显示，未来10年“一带一路”沿线65国GDP实际年均增速将达到4.7%，显著高于全球2.8%的年均增速②。

——为世界经济走出阴霾带来希望。新亚欧大陆桥、中蒙俄经济走廊和中国-中亚-西亚经济走廊把最具经济活力的东亚地区与发达的欧洲经济圈联系在一起，打通了波斯湾和地中海，为亚欧大陆腹地各国发展提供了广阔的空间；中巴经济走廊、中国-中南半岛经济走廊和孟中印缅经济走廊，大大提升了欧亚走廊的经济辐射效应，使其惠及南亚、东南亚和印度洋等地区，发展潜力巨大。根据麦肯锡预计，如果硬件和软件的基础设施建设成功完成，到2050年，“一带一路”沿线区域将为全球带来80%的GDP增量和30亿人口规模的中产阶层。③正是“一带一路”蕴含的巨大发展潜力，提振了我国与各国共同应对复杂严峻国际经济形势的信心。

（3）扩大经济全球化的“朋友圈”。“一带一路”这条世界上跨度最长、最具潜力的合作带，凝聚了沿线国家与地区渴望发展的最大共识，契合了各经济体经济升级的最迫切意愿。“一带一路”倡议正在成为各国推动经济全球化深入发展的一个新平台。截至2018年，“一带一路”倡议已经得到全球100多个国家和国际组织的响应和支持，以及约100份“一带一路”框架下的合作协议④，联合国大会、安理会、亚太经合组织、大湄公河次区域经济合作等相关决议和文件都纳入或体现了“一带一路”倡议的内容。

2.“一带一路”引领开放、包容、普惠、平衡、共赢的经济全球化

（1）以开放为导向，强调发展战略对接。“一带一路”倡议以开放

① 张茉楠.“一带一路”重构全球经济增长格局[J].发展研究，2015（05）:14—19.
② 张茉楠.“一带一路”倡议愿景与战略重点[N].上海证券报，2017-07-20.
③ 李光宇.“一带一路”沿线国家经济总量约39万亿美元[N].中国保险报，2015-08-17.
④ 公丕萍，卢伟，曹忠祥.“一带一路”建设最新进展、形势变化与2018年推进策略[J].大陆桥视野，2018（01）:28—33.

为导向，强调沿线国家发展战略对接，防止治理机制封闭化和规则碎片化，从而寻找利益契合点。近年来，通过各层次的双边、多边合作机制，以“六大经济走廊”为载体，“一带一路”倡议与沿线多国的发展战略实现对接，为地区和跨地区发展规划奠定基础，也吸引了越来越多的国家和国际组织参与“一带一路”建设。例如，通过中欧陆海联运快线建设，推动与欧盟的“容克计划”对接；通过中哈公路、铁路、机场、能源、物流中心等基础设施的建造，实现与哈萨克斯坦“光明大道”对接；通过中越铁路、公路等基础设施建设与产能合作，与越南“两廊一圈”战略对接迈出重要步伐。2016年，“一带一路”还实现了与沙特阿拉伯的“2030愿景”、埃及的“振兴计划”、伊朗的四大走廊及跨境走廊对接，并积极推动“一带一路”同捷克、波兰、乌兹别克斯坦、文莱等国及欧亚经济联盟的发展战略对接。

（2）以包容为原则，寻求发展的最大公约数。“一带一路”建设坚持和谐包容原则，不是要谋求势力范围，而是要支持各国共同发展的“大合唱”，欢迎不同发展水平的国家和地区平等参与，开展更大范围、更高水平、更深层次的区域合作，共同打造开放、包容、普惠、平衡、共赢的区域合作架构。截至2018年4月，我国企业在沿线国家建设了75个经贸合作区，上缴东道国的税费达到22亿美元，创造就业岗位21万多个[①]。

（3）以共享为目标，突出互利共赢。“一带一路”沿线国家与地区发展水平参差不齐，既有发达经济体，也有落后的发展中国家（见表1.6、表1.7）。“一带一路”倡议以共享为目标，强调所有参与者的互利互惠。例如，由于“一带一路”沿线国家与地区基础设施普遍落后，改善基础设施是其最大需求，但又面临巨大融资缺口。根据亚洲开发银行预测，未来10年，亚洲基础设施投资需要8.22万亿美元，即每年需要新增投入8200亿美元基础设施资金。根据世界银行统计，中低收入国家每年用于基础设施

① 林丽鹂.中国与“一带一路”沿线国家五年货物贸易额超五万亿美元[N]. 人民日报，2018-04-13.

投资方面的资金仅为4000亿美元左右。①亚投行的成立就是要主动给世界提供重要公共产品，使更多国家共享全球化红利。仅在正式成立的2016年，亚投行就批准9个项目，发放贷款17亿美元②，项目全部集中在亚洲，大都投向“一带一路”沿线国家，大部分为能源交通基建项目③。这些项目不仅能促进商贸和就业，而且有助于消除贫困、改善基础交通的质量和效率、促进包容性增长。

表1.6 “一带一路”地区人均GDP分布情况

人均GDP分组（美元）	国家数（个）	人均GDP（美元）	总人口		GDP	
			万人	份额（%）	亿美元	份额（%）
＞20000（美元）	10	35470	6426	0.90	22793	3.04
10000～20000（美元）	12	13178	33649	4.72	44342	5.92
＜10000（美元）	35	3862	394788	55.34	152482	20.36
计算包含的“一带一路”国家数	57	5050	434862	60.96	219617	29.32
世界		10500	713333	100.00	749000	100.00

数据来源：隆国强.扎实推进“一带一路”合作[J].国家行政学院学报，2016（01）：19—22，29.

① 张茉楠. 亚洲基础设施多元化投融资时代来临[N]. 中国经营报， 2014-12-05.

② 潘旭涛，李灏，高搏扬.亚投行展现分享与开放[N]. 人民日报海外版，2017-01-15.

③ 李敦球.亚投行一周年成绩斐然[N]. 人民日报海外版，2017-01-14.

表1.7 “一带一路”（其中57个国家）与世界总体比较

时期	GDP			贸易年均增长率（%）		利用FDI年均增长率（%）	
	世界年均增长率（%）	丝绸之路地区		世界	丝绸之路地区	世界	丝绸之路地区
		年均增长率（%）	GDP占世界之比（%）				
1990—2000	2.8	3.7	17.8	21.0	17.4	6.4	11.3
2000—2010	2.6	6.7	44.3	1.5	18.9	9.0	14.8
2010—2013	2.4	4.7	41.3	2.8	6.2	9.3	13.9
1990—2013	2.7	5.1	33.7	9.7	16.5	7.8	13.1

注：GDP以2005年美元不变价计，贸易和投资以现价美元计。

数据来源：隆国强．扎实推进“一带一路”合作[J].国家行政学院学报，2016（01）：19—22，29.

（4）以均衡为基础，打造繁荣发展的命运共同体。当前，随着全球经济发展新态势和治理格局的新变局，均衡已经成为新一轮全球化发展的要义。“一带一路”建设有利于打通亚欧沿海地区和大陆贫困腹地，撬动欧亚非大陆腹地的发展潜力，带动不发达地区的经济增长，从而提升沿线国家和地区相邻区域发展水平。以均衡发展为基础，打造沿线国家和地区互利共赢的利益共同体和共同繁荣的命运共同体，不仅有利于区域平衡发展，也有利于全球经济再平衡。

3.“一带一路”打造“经济全球化3.0版”

全球化经历了两个历程。即以欧亚大陆为载体的“古丝绸之路”带来的“全球化1.0版”和以海洋为载体、以西方国家为中心的“经济全球化2.0版”。[①]未来10～20年，以开放包容共享为目标的“一带一路”将打造

① 王义桅.“一带一路”开创“全球化3.0时代”[EB/OL]. 新华网，2016-12-27.

“经济全球化3.0版”。

（1）推动全球经济再平衡。“一带一路”本质上是通过提高有效供给来催生新的需求，实现世界经济再平衡。例如，推动我国优势产能和高端装备制造“走出去”，与“一带一路”沿线国家和地区的工业化需求形成互补，不仅有利于增加有效供给，满足消费需求，还能带动发展中国家的技术进步，将有力推进联合国《2030年可持续发展议程》，从而实现发展再平衡。

（2）重塑全球经济治理的制度性话语权。国际金融危机以来，传统的以发达国家为主导的全球经济治理机制的作用在减弱，而中国发起设立的亚投行、丝路基金在推动全球经济治理变革中的作用不断提升，使新兴经济体和发展中国家有更多机会参与全球经济治理。随着G20、金砖机制、上合组织、亚投行、丝路基金、新开发银行等新型国际机制和制度的发展，“一带一路”倡议不仅是对现有全球经济治理规则的补充与完善，而且有利于增强新兴国家和发展中国家的话语权，更为重塑全球经济治理新格局注入动力。美国《国家利益》认为，“一带一路”不仅是一个宏大的经济计划，它还是全球关系与治理的一个典范，中国正引导全人类建设一个统一、和谐与繁荣的世界。①

（3）重构全球价值链。随着我国经济转型升级，制造业迈向中高端，部分劳动密集型产业和资本密集型产业正加快向“一带一路”沿线国家和地区转移，使处于工业化初期的发展中国家有机会搭上新一轮经济全球化的列车，参与到世界经济分工中来，提高工业化水平。以纺织业为例，由于劳动力成本上升等因素，我国纺织业正加快向孟加拉国、塔吉克斯坦等国转移。孟加拉国已经发展成为仅次于我国的全球第二大服装出口国。

① 刘莉莉，张伟.舞动的双翼　丰硕的成果——“一带一路”建设回眸与愿景[EB/OL].新华网，2017-01-03.

四、以促进全球结构性改革为重点推动全球经济治理变革

在世界多极化、经济全球化、社会信息化、文化多样化深入发展的今天，全球治理体系和国际秩序变革加速推进，各国相互联系和促进日益加深。世界正处于大发展、大变革、大调整时期，经济全球化在曲折中前进，恐怖主义、网络安全、重大传染性疾病、气候变化等各类挑战频发，人类社会比以往任何时候都需要携手合作，促进全球结构性改革，推动全球治理变革，化解全球结构性失衡。

1. 以全球结构性改革化解全球结构性失衡

（1）全球结构性失衡主要源于各国结构性改革滞后。2008年国际金融危机之前，全球化的分工分别由消费国、生产国、资源国构成。国际金融危机之后，作为消费国的欧美国家，消费增速下降，导致原有的再平衡模式被打破。欧美经济体作为消费国板块复苏缓慢，在很大程度上制约了新兴经济体的经济增长与复苏。作为国际金融危机发源地的欧美发达国家，自身存在比较严重的结构性矛盾。这些矛盾在国际金融危机中集中暴露出来，至今仍未得到解决。

（2）形成全球结构性改革共识的具体行动。2016年G20杭州峰会的主题是“构建创新、活力、联动、包容的世界经济”，旨在适应新一轮全球化趋势，促进全球自由贸易，推动全球结构性改革。建设开放型世界经济，继续推动贸易投资自由化和便利化，需要各国主动将G20杭州峰会结构性改革共识转化为实际行动。我国提出了自身的行动方案，并积极推动“一带一路”建设与落实G20峰会成果接轨，在推动包容和联动式发展上发挥了表率作用。我国以亚洲基础设施投资银行为抓手，着力构建互利合作网络、新型合作模式、多元合作平台，加快同“一带一路”沿线国家和地区发展战略、发展优势、发展区位的对接，不仅有利于自身的结构性改革，而且有望为合作伙伴的结构性改革创造良好的条件。

专栏 1.7

杭州峰会的五大共识和九大结构性改革优先领域

1．五大共识

——我们决心为世界经济指明方向，规划路径；

——我们决心创新增长方式，为世界经济注入新动力；

——我们决心完善全球经济金融治理，提高世界经济抗风险能力；

——我们决心重振国际贸易和投资这两大引擎的作用，构建开放型世界经济；

——我们决心推动包容和联动式发展，让二十国集团合作成果惠及全球。

2．九大结构性改革优先领域

——促进贸易和投资开放；

——推进劳动力市场改革及获取教育与技能；

——鼓励创新；

——改善基础设施；

——促进财政改革；

——促进竞争并改善商业环境；

——改善并强化金融体系；

——增强环境可持续性；

——促进包容性增长。

资料来源：新华社.二十国集团领导人杭州峰会公报[EB/OL]. 新华网， 2016-09-06.

（3）建立促进各国结构性改革的落实机制。缺少共同行动指导和有效评估，是各成员国结构性改革进展不理想的重要原因。为此，G20杭州峰会制定了由一套指标体系组成的量化框架，囊括了劳动生产率、就业率、基尼系数等12个指标，用来监测评估各国结构性改革的进展。以此为起点，还需要进一步探索有效的执行机制，督促各国有效落实结构性改革共识。

2. 推动全球经济治理变革

（1）发展中国家和新兴经济体面临全球经济治理不合理的挑战。这有多方面原因，包括发达国家“再工业化”和发展中国家同质化竞争加剧的“双重挤压”，但也与全球经济治理体系转型滞后直接相关。例如，现行治理体系下，发达国家可以通过多种途径转嫁危机，但新兴经济体却因此承受国际资本频繁流动、汇率大幅波动、贸易环境恶化等风险。新兴经济体基础设施投资需求巨大，但目前多边治理机制中缺乏服务于新兴经济体基础设施投融资的专门机制。此外，新兴经济体尚未取得与其经济地位与贡献相匹配的话语权。

专栏 1.8

新兴经济体成为新一轮经济全球化的重要推动力量

新兴经济体在全球化中的参与度越来越高，并成为新一轮全球化的重要推动力量。近几年来，新兴11国占全球经济的比重不断上升，从2013年的29.0%上升到2017年的30.4%（见图1.2），对全球经济增长的贡献度为53.1%，远高于G7国家的21.8%和欧盟国家的12.8%。未来5—10年，新兴经济体将在新一轮全球化和全球可持续增长中扮演更为重要的角色。

新兴经济体在全球治理体系中的话语权与影响力严重不足。“二战”后形成的全球治理体系在很大程度上是以发达国家为主导，这已经不能适应世界经济格局的变化趋势，尤其是不适应新兴经济体发展壮大

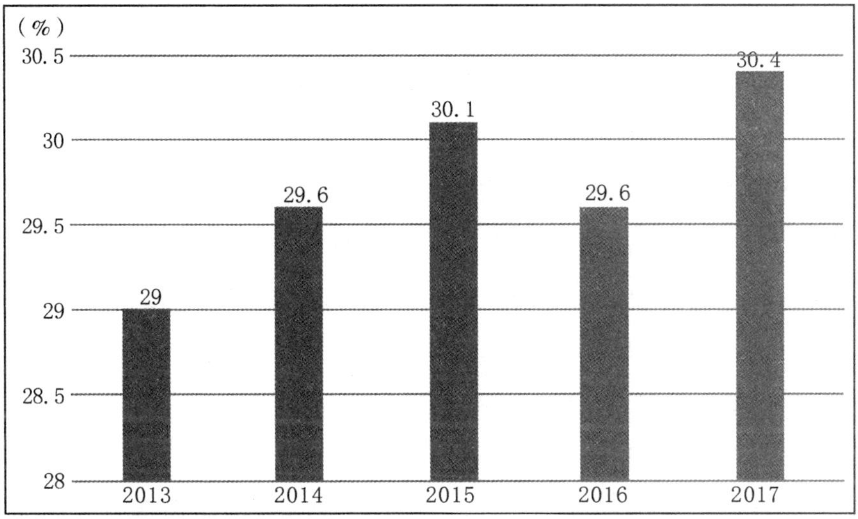

数据来源：《博鳌亚洲论坛新兴经济体发展2016年度报告》《博鳌亚洲论坛新兴经济体发展2017年度报告》《博鳌亚洲论坛新兴经济体发展2018年度报告》。

图1.2　2013—2017年E11经济总量占全球经济总量的比重

的趋势。2016年初，IMF改革方案正式生效，IMF的约6%的份额向新兴市场和发展中国家转移，我国份额占比从3.996%升至6.394%。但这与美国16.5%的投票权份额和否决权相比，仍显不足。

资料来源：

①中国社会科学院世界经济与政治研究所.博鳌亚洲论坛新兴经济体发展2018年度报告[R]. 2018-04-08.

②傅苏颖.IMF份额改革正式生效　中国投票权升至第三[N]. 证券日报，2016-01-29.

（2）全球治理变革迫切需要发挥新兴经济体作用。当前，全球经济治理体系正处在改革调整的历史关口，推动全球经济治理结构变革，需要扩大新兴经济体的参与。第一，当前的贸易保护主义集中在发达经济体，推动自由贸易新进程，无论是共识的形成，还是行动实践，都需要新兴经济体的广泛参与。第二，无论是全球治理传统机制的改变，还是新机制的形成，核心是提升新兴经济体的制度性话语权。第三，在全球治理失序的特定背景下，以中国为代表的新兴经济体成为全球治理变革的重要推动力量。“一带一路”、金砖国家新开发银行、亚投行等新机制，都将在构建更加开放、包容、共享的全球治理新格局上扮演重要角色。

（3）为全球经济治理变革提供“中国方案”。党的十八大以来，我国全面参与全球经济治理。例如，G20杭州峰会达成共识，坚持继续支持多边贸易体制，共同反对贸易保护主义，推动包容和联动式发展。在形成全球共识后，需要的是务实行动。我国不仅以自身的发展推动世界经济发展，而且为构建开放、包容、共享的世界经济提供了“中国方案”。作为世界第二大经济体，我国以自由贸易战略、“一带一路”倡议、服务贸易战略为重点的“二次开放”务实行动，促进全球经济治理变革，不仅有助于我国经济可持续发展，而且将对全球经济增长和经济治理格局的改善起到重要的促进作用。

（4）创新新兴经济体和发展中国家平等参与的新机制。近年来，我国和其他新兴经济体通过构建新的多边机制积极参与全球及区域经济治理。我国倡导成立的亚洲基础设施投资银行、金砖国家新开发银行等多边开发性金融机构，以基础设施为重点投资领域，具有较强资金实力，有利于提升新兴经济体参与全球金融秩序重构的影响力和话语权。从趋势来看，新兴经济体应继续在创新全球性、区域性治理新机制上扮演积极角色，为完善全球经济治理体系创造更加有利的条件。

3. 加快G20机制化

（1）通过强化G20发挥新兴经济体作用。全球经济再平衡和经济秩序重构越来越依赖于G20，G20逐步走向全球化舞台的中央，成为当今世界最大、最有权威的多边对话和治理机制之一。G20在全球治理格局中的地位作用凸显，主要在于其顺应了时代潮流，扩大了新兴经济体的参与，使得全球经济治理由“富国俱乐部”走向共同治理。适应新兴经济体发展壮大的趋势，需要进一步加快国际货币基金组织、世界银行的治理结构改革，不断提高新兴经济体国家的投票权等；同时把G20这个平台的作用运用好、发挥好。

专栏 1.9

G20：由“富国俱乐部”走向共同治理

G20与G7有很大的区别：G7是一个经济强国的俱乐部，在20世纪90年代以前，G7是世界经济游戏规制的制定者，因为它们的经济总量占世界经济总量的60%以上。国际金融危机使中国等新兴经济体迅速崛起，改变了以G7为主导的世界经济格局。

G20国家占世界人口的三分之二，占世界经济的85%，占世界贸易的80%。与G7相比，G20的另一个特点是它的包容性和代表性：发达国家和发展中国家并举，欧洲有7个，亚洲有6个，美洲有5个，大洋洲有1个，非洲有1个。

因此，G20覆盖了世界的绝大部分，是一个很有包容性和代表性的多边组织，也是当今世界最大、最有权威的多边对话和治理机制。

资料来源：

①陈建奇.中国改革开放下半场 倡导全球经济治理的中国方案[N].经济参考报，2017-09-28.

②李洁，江宇娟，郑启航，等.全球调查结果公布“歪果仁”原来是这样看待G20的[EB/OL].新华网，2016-08-30.

（2）把G20打造成具有决策力、执行力、协调力的全球经济治理机制。落实G20杭州峰会结构性改革共识，对推动G20从危机管理走向全球治理有重要意义。G20不仅是应对国际金融危机的产物，更反映了全球经济治理变革的新趋势，在全球深入推进结构性改革的今天，G20应该常态化、机制化。

——在G20范畴加强包括发达和新兴经济体在内的主要经济体的宏观经济政策协调，给予中国等新兴经济体在制定国际经济规则方面更多的话语权。

——推进“一带一路”、亚投行等新兴治理机构与联合国、国际货币基金组织、世界银行等现有治理机制共同合作，全面提升全球经济治理的有效性。

——充分利用G20平台推进绿色转型与可持续发展。

——以亚投行、丝路基金为起点，推动国际金融体系改革的新突破。

——在G20平台上讨论并实施联合国千年发展目标。

（3）形成G20机制化的务实行动。当前，重在务实探讨如何进一步落实G20的治理机制。

——广泛征集各方对G20未来组织架构及议题设置的方案建议，并形成总体建设方案。

——召集G20部长级会议，对征集的方案展开论证，提交G20领导人峰会确定。

——G20成员共同讨论设置秘书处等常设机构，负责日常活动的组织管理，为会议做好筹备、后勤保障等工作。

——建立G20决策机制，遵循协商一致原则，切实增强G20的执行力和有效性。

第二章
我国对外开放进入新阶段

党的十九大报告强调，“拓展对外贸易，培育贸易新业态新模式，推进贸易强国建设”。当前，经济全球化面临多方面的严峻挑战。从短期看，自由贸易和经济全球化进程将经历一个重大调整；从中长期看，自由贸易大趋势难以逆转。适应经济全球化的新变局，推进以货物贸易为主的“一次开放”转向以服务贸易为重点的“二次开放”，不仅将为我国经济转型升级注入强大动力，而且将给全球自由贸易和经济全球化带来重要影响，推动我国由贸易大国走向贸易强国。

第一节　从“一次开放”走向“二次开放”

改革开放以来，我国把对外开放作为基本国策，在开放中学习、吸收、借鉴，在开放中应对挑战。当前，在适应经济全球化新情况与我国经济转型升级大趋势下，我国要想以开放赢得国内发展和国际竞争的主动，关键在于加快开放转型，实现从“一次开放”向“二次开放”的跨越。

一、把握主动重在推进开放转型

改革开放40多年来，我国“把门打开”，积极发展对外贸易，在实现货物贸易由小变大的过程中，推动了我国经济的高速发展，实现了由工业化初期向工业化后期的历史跨越。在新的历史起点上，面对内外形势的深刻复杂变化，开放转型的需求明显增强。

1.　“一次开放”的历史贡献

（1）打破外贸垄断体制，推动货物贸易快速发展。改革开放之前，我国外贸体制高度垄断，外贸发展的定位是“互通有无、调剂余缺”，外贸方式主要依靠国家计划下达，外贸主体以对外贸易部所属的各总公司和口岸对外贸易机构为主，严重束缚了外贸发展。因此，改革开放后，为了更好发展对外贸易，首要任务是打破垄断的外贸体制。随即我国推出了下放外贸经营权、建立和完善外贸承办经营责任制、逐步取消外贸指令性计划、实行并完善出口退税制度等一系列外贸体制改革的重大举措。尤其是加入WTO以来，我国以落实国际承诺为重点，进一步推进外贸体制纵深发展。例如，推动我国内外贸体制一体化改革、全面放开外贸经营权、不断扩大制造业市场的开放程度等。一系列外贸体制领域的重大改革为我国货物贸易高速发展提供了重要的制度保障。从改革开放40多年的实践看，外贸体制改革与制造业市场的不断开放，极大激发了我国外贸发展活力，促进了货物贸易的高速发展。以美元计算，1978—2017年，我国货物贸易总额由206.4亿美元增长至41071.4亿美元，年均增长14.5%；占全球货物贸易的比重由0.8%上升至11.5%，成为全球第一大货物贸易国（见图2.1）。

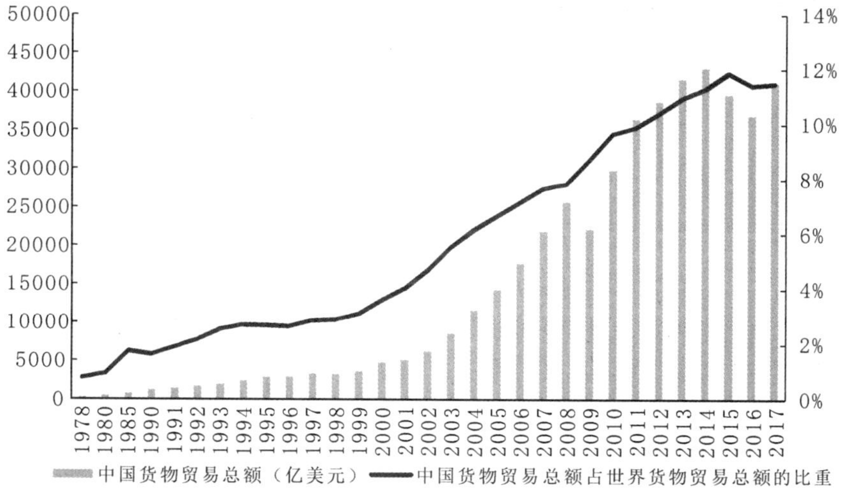

数据来源：中国数据来源于《中国统计年鉴2018》；全球数据来源于WTO数据库，https://data.wto.org/.

图2.1　1978—2017年中国货物贸易总额及占全球比重

（2）货物贸易推动我国经济高速增长。西方经济学理论认为，净出口是拉动GDP增长的“三驾马车”之一。改革开放以来，尤其是加入WTO以来，我国适应全球化大趋势，凭借出口导向型的经济增长模式，不断扩张国际市场，使得我国国际收支经常项目与资本项目长期保持“双顺差”，经济得到了飞速的发展，对外贸易对GDP的贡献越来越大。例如，相关研究表明，1978—2013年，我国进口对经济增长的贡献度平均为19.8%，进口贸易拉动经济增长3.2个百分点；出口对经济增长的贡献度评价为22.3%，出口贸易拉动经济增长3.6个百分点。此外，从货物贸易依存度来看，2008年金融危机以前，我国货物贸易占GDP的比重持续上升，由

1978年的9.7%上升至2007年的61.8%。2008年金融危机以来，我国外贸形势不断恶化，净出口在拉动我国经济增长中的作用逐步弱化。

（3）贸易结构不断优化，高技术产品出口份额不断增大。从实际情况看，我国出口商品结构在20世纪80年代实现了由初级产品为主向工业制成品为主的转变，20世纪90年代实现了由轻纺产品为主向机电产品为主的转变。进入21世纪以来，以电子和信息技术为代表的高新技术产品出口占比不断提高。统计数据显示，2000—2017年，我国高新技术产品出口份额由14.86%上升至29.40%，上升了14.54个百分点；机电产品出口份额由42.26%上升至58.40%，上升了16.14个百分点（见表2.1）。

表2.1　2000—2017年我国高新技术产品与机电产品进出口份额

年份	出口份额（%）			进口份额（%）		
	高新技术产品	机电产品	合计	高新技术产品	机电产品	合计
2000	14.86	42.26	57.12	23.33	45.70	69.03
2001	17.46	44.64	62.10	26.33	49.49	75.82
2002	20.84	48.24	69.08	28.07	52.71	80.78
2003	25.17	51.90	77.07	28.90	54.51	83.41
2004	27.90	54.51	82.41	28.76	53.79	82.55
2005	28.64	56.01	84.65	29.96	53.09	83.05
2006	29.05	56.70	85.75	31.25	51.04	82.29
2007	28.50	57.45	85.95	30.02	52.19	82.21
2008	29.05	57.52	86.57	30.19	47.56	77.75
2009	31.37	59.35	90.72	30.80	48.85	79.65
2010	31.21	59.16	90.37	29.56	47.29	76.85

续表

年份	出口份额（%）			进口份额（%）		
	高新技术产品	机电产品	合计	高新技术产品	机电产品	合计
2011	28.91	57.18	86.09	26.56	43.21	69.77
2012	29.35	57.57	86.92	27.87	43.03	70.90
2013	29.89	57.29	87.18	28.63	43.08	71.71
2014	28.20	55.97	84.17	28.14	43.61	71.75
2015	28.82	57.65	86.47	32.63	48.00	80.63
2016	28.79	57.66	86.45	32.99	48.59	81.58
2017	29.40	58.40	87.80	—	—	—

数据来源：2000—2016年数据来源于Wind资讯；2017年数据来源于《中国对外贸易形势报告（2018年春季）》。

（4）货物贸易伙伴覆盖全球。改革开放以来，我国贸易伙伴已经由1978年的几十个发展到2018年的231个，并已成为超过130个国家和地区的最大贸易伙伴。21世纪以来，我国与新兴市场和发展中国家的贸易持续较快增长。例如，2000—2017年，东盟在中国出口市场中的占比从7.0%提高到12.5%，非洲地区从2.0%提高到4.1%。[①]外贸市场的多元化不仅有利于我国有效规避因出口市场过分集中带来的外部风险冲击，而且能不断深化我国与全球各个国家的经贸联系，提升我国在全球贸易进程中的地位和作用。

2. 开放的初始条件发生重大变化

改革开放40多年来，我国经济体量不断扩大、结构逐步优化，开放的比较优势也随之发生变化。一方面，我国开放取得巨大历史性成就；另一方面，我国以往开放所依托的比较优势逐步减弱。2017年，我国已成为全

① 中华人民共和国商务部.中国对外贸易形势报告（2018年春季）[EB/OL].中华人民共和国商务部网站，2018-05-07.

球第一大外汇储备国，第二大对外投资国，总体上不再是一个资本短缺的国家，开始由资本净流入国转变成为资本净输出国，对外部资本的需求不再局限于数量，而是更加追求吸引高质量的外资。在这些变化中，最明显的是我国城乡居民消费需求结构发生了重大变化，在物质型消费需求得到基本满足后，服务型消费需求不断增长。研究表明，我国城镇居民服务型消费占比为40%左右，到2020年有可能提升到50%左右。服务贸易发展滞后的矛盾，正是在这个背景下开始凸显。①

3. 外部环境发生明显变化

当前，中国与世界经济高度融合，既面临着贸易保护主义的挑战，又面临着世界经济格局深刻变化的挑战。总的来看，中美贸易冲突长期影响大于短期影响，间接影响大于直接影响，多边影响大于双边影响，将明显改变我国对外开放的外部环境。

二、“二次开放”的现实需求明显增大

抓住经济全球化的大趋势，有效应对经济全球化新变局的风险和挑战，客观要求我国加快开放转型进程，在“一次开放”的基础上提升开放水平，尽快形成“二次开放”的大格局。

专栏 2.1

在《转型闯关——“十三五”：结构性改革历史挑战》（中国改革研究报告2016）中，中改院率先提出“‘二次开放’——以全面实施自由贸易战略为重点的开放转型”的政策建议。

报告提出，“十三五”期间，我国扩大对外开放与新一轮全球自由贸易形成历史交汇。以服务贸易为重点全面实施自由贸易战略，加快服

① 迟福林.以改革增强“获得感”[N].光明日报，2016-12-30.

务业市场的双向开放，在开放中创造有利于经济转型升级的外部条件，在开放中推进全球自由贸易进程，在开放中提升我国参与全球治理的制度性话语权，成为“二次开放”的历史使命。

2016年，经济全球化出现了新情况，“黑天鹅”事件频发。结合经济全球化的新变局和新趋势，中改院对“二次开放”开展了进一步研究，丰富“二次开放”的内涵，完善“二次开放”的分析框架。

资料来源：迟福林.二次开放——全球化十字路口的中国选择[M].北京：中国工人出版社，2017.

1. 开放转型的基本需求

（1）推进经济高质量发展的需求。当前，我国经济已由高速增长阶段转向高质量发展阶段，正处在转变发展方式、优化经济结构、转换增长动力的攻关期。习近平主席在博鳌亚洲论坛2018年年会开幕式上的主旨演讲中明确指出，“过去40年中国经济发展是在开放条件下取得的，未来中国经济实现高质量发展也必须在更加开放的条件下进行”。总的来看，我国经济高质量发展对“二次开放”提出全新需求。

以产业升级为例，我国产业升级的方向是走向以服务业为主导，破解服务有效供给不足的突出矛盾。这就要求加快推进服务贸易发展，推进服务业市场双向开放。再以创新发展为例，抓住全球新一轮科技革命的趋势，需要借鉴吸收发达国家先进技术和管理经验，提升自主创新能力，实现从投资出口拉动向创新驱动的转型；需要把科技水平和创新外溢效应作为吸引外资的重要标准，发挥外资对培育自主创新能力的积极作用。

（2）推动形成全面开放新格局的需求。党的十九大报告明确提出“推动形成全面开放新格局”“拓展对外贸易，培育贸易新业态新模式”。从现实情况看，一方面，我国开放的短板主要集中在服务贸易领域。例如，在制造业179个中类和609个小类中，完全对外资开放的已有167个中类和585个小类，分别占93.3%和96.1%。[①]服务业领域开放程度不断增大，但相比制造业而言，还存在准入门槛过高、限制措施较多、体制机制与政策不合理等问题。另一方面，我国对外贸易的短板突出表现在服务贸易。2017年，我国服务贸易占外贸总额的比重仅为14.5%，比全球平均水平低9个百分点以上。也就是说，加快形成全面开放新格局，重点和难点都集中在服务业，推进贸易强国建设的关键在服务贸易发展。

（3）反对贸易保护主义，推动新一轮经济全球化的需求。2008年的国际金融危机以来，之所以出现“二战”以来持续时间最长的逆全球化、贸易保护主义等问题，其深层次的原因在于世界发展的不平衡，具体表现为各国内部贫富差距扩大，利益分配主要向大企业和精英阶层倾斜，弱势群体获得利益较少；劳动密集型制造业在过去10多年中由欧美发达国家转移到发展中国家，由此导致欧美发达国家失业率上升，成为当前逆全球化的重要原因；全球价值链分工差异导致国别收入差异，国与国之间分享全球化红利不均，充分暴露出发达国家主导的经济全球化问题凸显。我国作为第二大经济体、第一大贸易国，应高举开放、包容、普惠、平衡、共赢的经济全球化大旗，促进各国在国际经济合作中权利平等、机会平等、规则平等；同时，我国仍应坚持共商规则，共建机制，不搞排他性安排，防止治理机制封闭化和规则碎片化，努力推动所有人参与经济全球化，使更多人受益于经济全球化。

2.“二次开放”的主要特征

新阶段的“二次开放”，起点、目标、重点、路径、形式等都发生了重大变化，适应“二次开放”的制度框架也需要做出相应的调整和优化（见表2.2）。

---

① 中华人民共和国工业和信息化部.我国将深化制造业开放合作[N].中国贸易报，2018-04-26.

表2.2　从“一次开放”到“二次开放”

	“一次开放”	“二次开放”
起点	低收入水平 工业化初期（国内） 制造业全球化（国际）	中等偏上收入水平 工业化中后期（国内） 服务业全球化（国际）
外部环境	全球化的制度安排比较稳定	全球化的制度安排不稳定，面临变数
内部禀赋	劳动力无限供给，资本短缺	劳动力供给下降，资本剩余
开放重点	货物贸易 制造业市场开放	服务贸易 服务业市场开放
开放途径	融入既有的国际市场	通过“一带一路”主动开辟新市场
资本流向	“引进来”为主，净流入	“引进来”和“走出去”并重，净流出
开放路径	加入WTO	全面实施自由贸易战略
开放体制	构建外向型经济体制：围绕出口导向战略形成一系列鼓励和扶持出口型工业发展的体制机制	构建开放型经济新体制：以自由贸易为导向构建对外开放的体制机制
国际角色	国际规则的接受者、参与者、跟随者	国际规则的推动者、促进者、引领者

3.“二次开放”是一场深刻的变革

（1）开放战略的重大升级。“二次开放”是开放模式的转变，本质上反映出我国发展战略的重大调整。“一次开放”更多依赖于国际市场，其生产投资更多的是为了满足外部市场需求；“二次开放”更加依赖国内市场，其生产投资更多的是为了满足国内市场需求。开放政策是否合理，要以能否满足国内消费者需求，尤其是服务需求为重要标准。

（2）经济转型的重点突破。“二次开放”不仅涉及开放型经济体制构建，而且涉及财税、金融、国有企业等一系列转型与改革。我国现有的经济结构是在“一次开放”的背景下形成的，经济转型升级面临的结构性矛盾与对外开放方式密切相关。开放转型，实质上也是经济转型升级的重要内容和要求。

（3）全球角色的重要调整。在“一次开放”中，我国主要以参与者的身份进入国际分工体系，适应了既定的经济全球化制度安排。在“二次开放”中，随着全球经济格局的调整和我国经济体量的扩大，我国不再是“蚂蚁背后的大象”，而是成为经济全球化的重要推动者。“二次开放”意味着我国将在全球经济再平衡、全球经济治理中发挥更大的作用。

三、在“二次开放”中释放巨大红利

当前，我国的经济转型升级与全球化新趋势呈现历史交汇。把握好这个历史交汇，主动推进开放转型，不仅能为国内经济转型升级创造良好的外部环境，而且能有效提升我国在全球经济治理中的制度性话语权。

1. 全球化新趋势与我国扩大开放的历史交汇

（1）全球服务贸易快速发展与我国扩大开放形成历史交汇。例如，全球服务贸易发展与我国服务型消费需求增长交汇。尽管全球货物贸易低迷，但服务贸易快速发展，成为经济全球化的重点。如果能够把国内消费结构升级和推动全球服务贸易便利化进程有机结合起来，就可以通过开放推进国内的产业结构升级，释放出巨大的产业升级红利。再例如，在多哈回合谈判陷入僵局以及美国退出TPP和TTIP的情况下，如果能够抓住“一带一路”开局良好的态势，以产能合作和服务贸易为重点，加快与沿线国家和地区共建多种形式的自由贸易网络，就可以发挥“一带一路”在促进全球自由贸易进程中的重要作用。

（2）全球新一轮科技革命与我国扩大开放形成历史交汇。2008年的国际金融危机之后，各国都加大研发投入，希望借由科技创新的突破走出危机。过去几年，全球在信息、能源、材料、生物、制造等一些重大科技上取得了较大进展，VR、无人驾驶汽车等已经开始进入应用阶段，这些都成为催生新产业、引发产业颠覆性变革的重要动力。在前几轮科技革命中，由于多种原因我国错失了与世界科技同步发展的机会，在科技领域与发达国家形成了比较大的差距。改革开放后，通过融入全球化，我国科技投入、科技人力资源和科技成果均明显改善。尤其是近年来，我国依托巨大的国内应用市场与宽松的监管环境，实现了新经济的快速发展。当前，我国扩大开放和新一轮科技革命相融合，有可能孕育更多的新业态，在发展新经济上取得进一步突破。例如，以美国初创企业达到估值10亿美金的时间为例，在20世纪90年代，除Google以外大部分的初创企业，进入“独角兽”的行列需要10年以上，千禧年之后数字领域变成“独角兽”企业的，不但数量大大增加，而且绝大部分都花了不到10年时间，在2015年甚至出现了成立时间不满一年的“独角兽”企业。我国也出现了类似情况，2016年在大数据领域出现了估值超过100亿美元的4家超级“独角兽”企业，如最早的美团点评成立于2010年，最晚的滴滴出行成立于2015年。①

（3）全球经济治理结构变革与我国大国地位的提升形成历史交汇。近年来，全球经济治理结构变革压力明显加大。一方面，适应全球经济结构变化，要对传统的全球经济治理结构做出相应调整。比如，2016年10月1日，IMF正式把人民币纳入SDR，对传统国际金融格局变化做出积极回应。另一方面，一些新的全球经济治理机制的作用初露端倪，包括G20、上合组织、亚投行和丝路基金。未来，全球经济治理变革还有很大空间，包括我国在内的新兴经济体的全球地位和作用还有进一步提升的空间。

2. 历史交汇中蕴藏巨大的开放红利

（1）我国市场与全球市场的“化学反应”将释放巨大的外贸红利。改革开放40多年来，我国对外贸易依存度呈现上升趋势，由1978年的9.65%提高到2000年的39.6%；加入世贸组织以后，我国对外贸易依存度继续大幅攀升，到2006年达到了64.2%的高位（见图2.2）。随后，受国际金融危机等因素的影响，外贸依存度开始缓慢下降。虽然我国外贸依存度有

① 科技部火炬中心，长城企业战略研究所. 2016中国大数据“独角兽”企业发展报告[R].北京：长城企业战略研究所，2017.

所下降，但外贸仍然是我国经济增长的重要动力。尤其是从产业价值链看，我国作为世界工厂，已经深深嵌入全球经济中，中国市场与国际市场已经不可分割。继续推进国内市场与全球市场的整合，将为我国经济增长带来巨大的外贸红利，尤其是价值链升级红利。

（2）企业创新与我国市场的“化学反应”将释放巨大的创新红利。企业创新最终需要落到消费者层面。在此方面，我国具有突出优势。例如，任何一家企业只要在中国占有1%的市场份额，意味着有近1400万人的市场规模，相当于一个中等国家的市场。中国大市场可以使企业创新投资回报率更高，回报时间更短。如果能够通过开放，把我国市场与创新趋势相融合，就有可能形成新的增长点，释放新的创新红利。

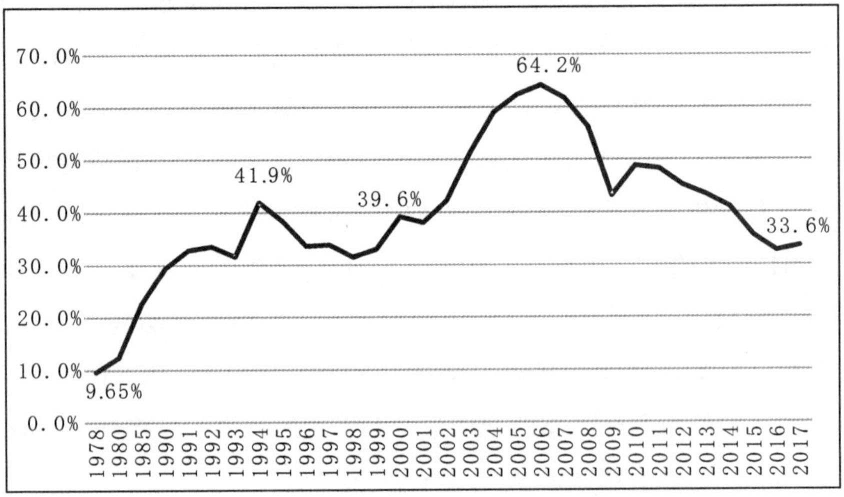

数据来源：1978—2016年数据来源于《中国统计年鉴2017》；2017年数据来源于《中华人民共和国2017年国民经济和社会发展统计公报》。

图2.2　1978—2017年我国对外贸易依存度

（3）科技革命与我国开放的“化学反应”将提升产业竞争力。当前，我国在高技术的贸易上仍有相当大的空间。比如，2017年我国高新技术产品进口额为39501亿元人民币，比上年增长14.1%，占进口总额的比重达31.7%。[①]通过主动开放，抓住新一轮科技革命的趋势，整合中国大市场与先进科技，将给我国技术突破与产业竞争力提升带来重要的促进作用，释放巨大的科技红利。

3. *以主动开放抓住历史交汇点的战略机遇*

（1）以主动开放抓住全球化新趋势。当前，全球处于消费结构升级的关键时期，这是服务贸易快速发展的基本背景。我国主动推进服务贸易领域的开放，有利于抓住全球经济服务化的大趋势，促进自身发展。在经济结构调整方面，全球普遍面临着需求不足的挑战。我国主动开放，依托不断扩大的国内消费市场，不仅有利于促进国内经济转型升级，还能够为全球经济复苏提供重要动力。

（2）以主动开放促进国际产能合作。例如，我国的钢铁在很大程度上是面向全球市场的。在钢铁产能过剩的情况下，通过主动开放，加大国际产能合作力度，可以拓宽去产能的空间，降低产能过剩风险。再例如，我国高杠杆的一个重要原因是国内“资产荒”。推进主动开放，尤其是稳妥推进人民币国际化，有助于解决“资产荒”问题，从而为去杠杆提供更大的空间。

（3）以主动开放避免发展停滞的风险。“通则进，闭则退”是世界经济发展的普遍规律。主动开放可能会带来风险，但不开放的风险更大，机会成本更高。世界银行的研究表明，“二战”以来，100多个国家摆脱了贫困进入中等收入国家行列，并且有13个经济体进入高收入国家行列，其共同特征是实施了与本国发展相适应的对外开放战略。[②]

---

① 数据来源：《中华人民共和国2017年国民经济和社会发展统计公报》。

② 殷欣.中国可通过深化改革避开中等收入陷阱[EB/OL].参考消息网，2016-03-30.

第二节　形成以服务贸易为重点的对外开放新格局

当前，适应全球服务贸易快速发展的大趋势与我国经济转型升级的新特点，加快推动由货物贸易为主向服务贸易为重点的开放转型，形成自由贸易的制度安排，不仅牵动影响转型和改革全局，更是推动我国形成全面开放新格局、进一步提升全球经济治理地位及全球贸易制度性话语权的重要基础。

一、全球服务贸易较快发展的大趋势

2008年的国际金融危机以来，世界经济复苏乏力，给全球贸易，尤其是货物贸易发展带来较大影响。在这个背景下，全球服务贸易较快发展的大趋势日益明显，货物贸易增长速度明显低于服务贸易增速成为一个常态。

1. 全球服务贸易规模日益扩大

受2008年国际金融危机的冲击，全球服务贸易在部分年份有所波动，但整体仍呈增长趋势。2010—2016年，全球服务贸易额由7.7万亿美元增加至9.7万亿美元，增幅为26%。服务贸易规模的不断扩大使得其在全球贸易中的比重不断提升。2016年，全球服务贸易额占全球贸易总额的23.8%，比2010年提高3.8个百分点，比2011年提高4.1个百分点（见图2.3）。

2. 服务贸易增速快于货物贸易

2009年以来，全球货物贸易增长率虽然有所反弹，但总体来看，全球货物贸易增速低于服务贸易增速，打破了过去货物贸易增速高于全球服务贸易增速的发展格局。统计显示，2012—2016年，在全球货物贸易年均下降0.24%的条件下，全球服务贸易仍保持年均2%的增长。从贸易出口增速来看，2012—2016年，全球货物出口增速始终低于服务出口增速（见表2.3）。这意味着服务贸易在全球自由贸易进程中的地位和作用日益凸显。

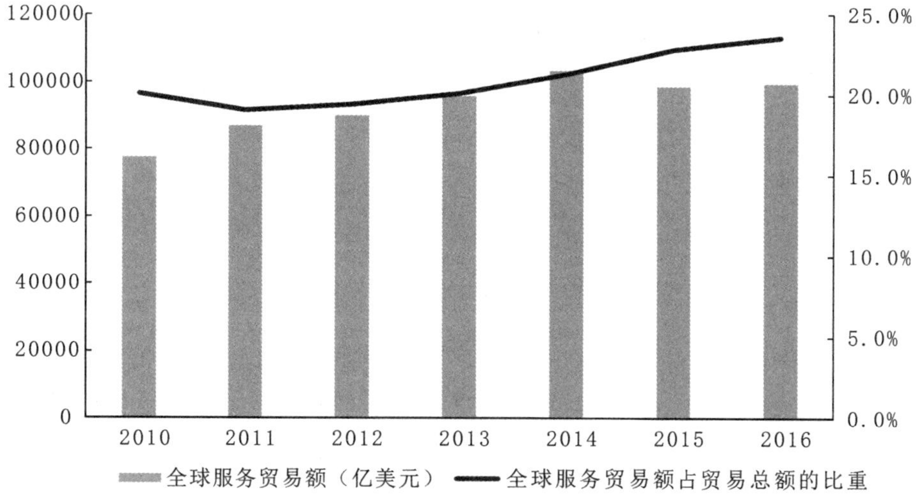

数据来源：WTO数据库，https://data.wto.org/.

图2.3　2010—2016年全球服务贸易额及占比

表2.3　2012—2016年全球货物与服务出口增速

	2012	2013	2014	2015	2016
货物出口增速（%）	0.9	2.4	0.2	–12.9	–3.1
服务出口增速（%）	2.9	6.6	7.3	–4.5	1.4

数据来源：联合国贸易和发展会议（UNCTAD）数据库。

3. 新兴服务贸易快速增长的大趋势

服务贸易主要分为货物相关的服务、运输服务、旅游服务，以及其他商业服务（包括建筑服务、保险服务、金融服务、通信服务、计算机信息服务、知识产权使用费、文化娱乐产业服务等）。通过对服务贸易结构分析发现，虽然不同类别的服务贸易出口规模均有所扩大，但总体来看新兴服务贸易出口要快于传统服务贸易出口。数据显示，2008—2016年，在传统服务贸易的两大主要领域中，运输服务出口占比由22.62%下降至17.47%。通过与货物贸易对比可以发现，运输服务出口和货物贸易的发展密切相关，并保持同向变化趋势。随着货物贸易在全球贸易的相对地位减弱，运输服务出口占比预计仍会趋于下降。相反，旅游服务出口则由2008年的23.9%上升至2016年的24.71%；其他商业服务出口占比由2008年的50.06%上升至2016年的54.42%（见表2.4）。

表2.4　全球服务出口的主要构成变化

年份	货物相关的服务出口占比（%）	运输服务出口占比（%）	旅游服务出口占比（%）	其他商业服务出口占比（%）
2008	3.42	22.62	23.90	50.06
2009	3.53	19.79	24.36	52.33
2010	3.51	21.10	24.34	51.04
2011	3.48	20.51	24.21	51.80
2012	3.41	20.26	24.41	51.92
2013	3.43	19.47	24.75	52.35
2014	3.28	19.20	24.07	53.44
2015	3.32	18.32	24.37	54.00
2016	3.40	17.47	24.71	54.42

数据来源：联合国贸易和发展会议（UNCTAD）数据库。

专栏 2.2

全球服务贸易发展阶段划分

在服务贸易具有正式的数量统计之前，世界各国还未意识到服务贸易作为一个独立实体的存在，服务贸易基本上是货物贸易的附属。从1980年WTO开始公布服务贸易统计数据起，服务贸易开始独立于货物贸易，增速也开始超过货物贸易。全球服务贸易的发展阶段大致可以分为三个阶段：

（1）1980—1994年，服务贸易快速增长阶段。这一阶段，全球服务贸易出口规模由3000多亿美元增长至1万亿美元以上，服务贸易年平均增长率7.63%，超过了货物贸易的5.78%。1986年国际服务贸易成为“乌拉圭回合”新议题，各国决定推动服务贸易多边谈判，服务贸易增速大幅上扬，在之后10年年平均增速超过10%。

（2）1995—2008年，服务贸易稳定增长阶段。1994年，《服务贸易总协定》（GATS）正式签署，服务贸易的发展进入了一个新的历史时期。1994年服务贸易增速为9.74%，1995年上升至13.13%。但在之后的过程当中出现了一些反复，与货物贸易的增长速度交替领先。2003年，多哈回合《巴黎一揽子协定》的签署，大大促进了世贸组织成员的国际贸易，服务贸易与货物贸易增长速度同时迎来大幅度上扬。在1995—2008年的14年间，全球服务贸易年平均增速9.71%，略低于货物贸易的10.15%，全球服务贸易出口增长了2.8倍，接近4万亿美元。

（3）2009年至今，全球服务贸易发展进入后金融危机时代，规模继续扩张。受金融危机影响，2009年全球货物和服务贸易均大幅下降，服务贸易出口增速跌至-9.32%，与之相对应的是2008年服务贸易增长12.44%。2009年后，全球贸易开始恢复性增长，从出口规模来看，全球服务贸易出口已增长至约5万亿美元。

资料来源：根据网络公开资料整理。

二、服务贸易成为我国开放转型的重点

2008年的国际金融危机使我国“投资出口导向型”的发展模式面临严峻挑战。在这个背景下，我国加快推进经济转型升级，由以货物贸易为主向以服务贸易为重点转型，成为我国开放的突出特点。客观地看，服务贸

易快速发展不仅是我国经济转型升级的重要动力，也是我国经济在中长期持续释放巨大内需潜力、保持高质量可持续增长的重要动力。

1. 服务贸易在我国对外贸易中的作用不断提升

（1）服务贸易规模不断扩大。近年来，随着中国经济结构转型升级，服务业规模不断扩大，带动服务贸易进入快速发展期，服务贸易规模迅速扩大，服务贸易占对外贸易总额的比重不断上升。2017年，我国服务贸易总额达到6960亿美元，较5年前增长了44.8%；占服务贸易的比重达到14.5%，较5年前提升了3.4个百分点（见图2.4）。

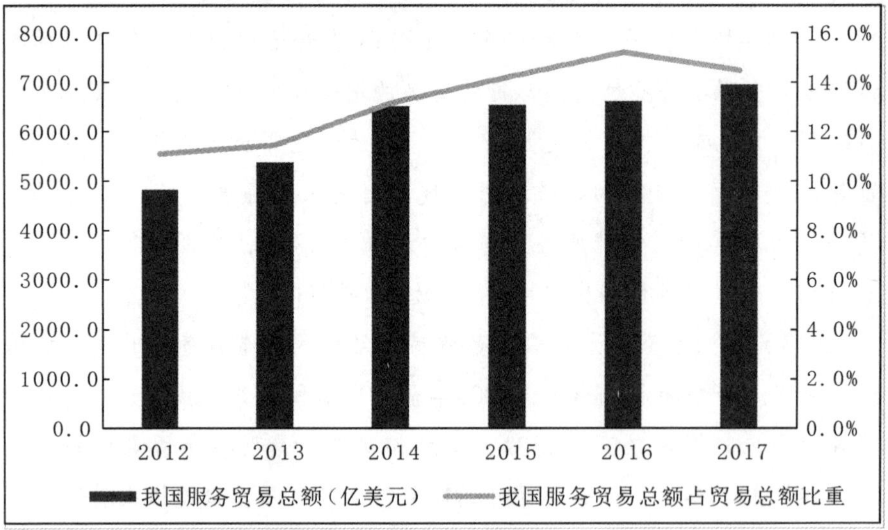

数据来源：《中国统计年鉴2018》。

图2.4　2010—2017年我国服务贸易总额及占比

（2）服务贸易成为对外贸易发展的新引擎。2012—2017年，我国服务贸易年均增长7.7个百分点，高于货物贸易6.4个百分点。服务贸易为我国外贸平稳发展以及经济增长做出了重要贡献，已经成为我国对外贸易发展和对外开放深化的新引擎。

（3）服务贸易创新试点取得阶段性成效。

——试点地区服务贸易快速发展。2016年，我国在天津、上海等15省

（区、市）开展服务贸易创新发展试点。2017年，试点地区服务进出口合计24405.5亿元，进出口、出口和进口分别同比增长8%、11.1%和7.4%，均高于全国水平。[①]

——试点地区服务贸易自由化与便利化水平进一步提升。各地先后推出了通关一体化机制、跨部门联动响应机制、随机抽查事项清单、重点企业征信系统等创新举措，通过完善与跨境电商企业系统对接、在保税区建设快件处理中心等方式，提升跨境进口快件处理效率，增强跨境业务承接能力。

——探索“互联网+服务贸易”战略。试点地区积极探索信息化背景下新的服务贸易发展模式，依托大数据、物联网、移动互联网、云计算等新技术推动服务贸易模式创新，打造服务贸易新型网络平台，促进制造业与服务业、各服务行业之间的融合发展。推进跨境电商信息化综合服务平台、国家数字内容服务贸易平台、矿业项目信息库和展示平台的建设工作。

2. 服务贸易发展影响我国经济转型升级进程

改革开放40多年的实践证明了贸易作为经济增长重要动力和先锋的作用。在上一轮全球化中，我国抓住了全球货物贸易需求扩张和发达国家制造业转移的历史机遇，推动了经济快速增长，成为全球第二大经济体和第一大货物贸易国。当前，全球服务贸易快速发展与我国经济转型升级进程再一次形成历史交汇。国际市场和国内市场高度融合是个大趋势。国内经济转型升级与服务贸易发展的联系日益紧密，无论是消费结构升级还是制造业转型升级，都蕴藏着巨大的服务贸易需求。在这个大背景下，迫切需要通过发展服务贸易在短期提高服务型消费产品供给数量的同时，再长期提升我国服务型消费产品的供给能力与供给水平。

3. 发展服务贸易具有全局影响

（1）为全球贸易持续增长注入新动力。2016年，我国服务贸易总额

① 中华人民共和国商务部.2017年我国服务贸易情况[EB/OL].中华人民共和国商务部网站，2018-02-07.

占世界的6.8%。未来，无论是消费结构升级还是制造业转型升级，均蕴藏着巨大的服务贸易需求。估计到2030年，我国将成为全球最大的服务进口国，占全球服务进口总额的13.4%，约为2016年的3倍，领先于美国（7.7%）和德国（5.8%）。①

（2）为全球经济增长增添新活力。随着城乡消费结构升级，我国近14亿人的服务型消费大市场将成为国际服务贸易主体竞相争夺的目标。从趋势看，我国将成为全球最大的健康医疗市场，预计2020年我国健康产业规模将达到8万亿元。加快服务贸易发展，释放我国巨大的服务型消费潜力，可以缓解由于需求不足而导致的全球经济增长乏力的问题，使我国经济发展红利转变为全球红利。

（3）为应对全球贸易保护主义注入动力。当前，全球双边、多边自由贸易谈判，焦点大多集中在服务贸易领域。随着全球经济格局的深刻变化和我国经济转型升级，很多投资领域的问题与服务贸易直接融合。也就是说，我国推进服务贸易开放，将加快全球自由贸易进程，有效应对全球贸易保护主义。

三、服务贸易发展仍面临不平衡不充分的突出矛盾

从现实情况看，我国服务贸易竞争力不强、结构不优等不平衡不充分的矛盾仍然较为突出。当前，优化服务贸易结构，提升服务贸易国际竞争力，进一步完善服务贸易相关的政策体制，将成为我国推动服务贸易强国建设的重大任务。

1. 服务贸易占比仍然偏低

2017年，我国服务贸易总额达到46991亿元人民币（6960亿美元，按当年平均汇率换算），同比增长6.8%，我国已成为全球第二大服务贸易国。但相对于我国GDP总量，我国服务贸易规模仍然较小。2016年，我

① 迟福林.打造“一带一路”内陆开放新高地[EB/OL].中国改革论坛网，2017-05-21.

国服务进出口额占我国贸易总额的比重为15.1%，不仅远低于部分发达国家，也低于世界平均水平（见表2.5）。

表2.5　2016年主要经济体服务贸易占比

	服务贸易总额（亿美元）	服务贸易占贸易总额的比重（%）
印度	2956	31.4
美国	12555	25.5
中国	6575	15.1
日本	3585	22.7
德国	5848	20.0
英国	5258	34.6
意大利	2054	19.6
法国	4724	31.1
世界平均	96767	23.7

数据来源：中国数据来自《中国统计年鉴2017》；其他国家数据来源于联合国贸易和发展会议（UNCTAD）数据库。

2. 服务贸易逆差不断扩大

随着我国产业结构、消费结构升级，我国服务贸易逆差呈现扩大的趋势。从国际经验看，制造业大国转型过程中出现服务贸易逆差是普遍规律。统计数据显示，2010—2017年，我国服务贸易逆差额从150.6亿美元增长到2395亿美元，服务贸易逆差额占服务贸易总额的比重也由4%快速上升至34%（见图2.5）。从逆差结构来看，我国服务贸易逆差主要集中于运输与旅游等领域。2017年，我国旅游服务贸易逆差额超过2161亿美元，占我国服务贸易逆差额的91%。这从一个侧面反映出我国居民对高端旅游服务产品的需求全面快速增长。

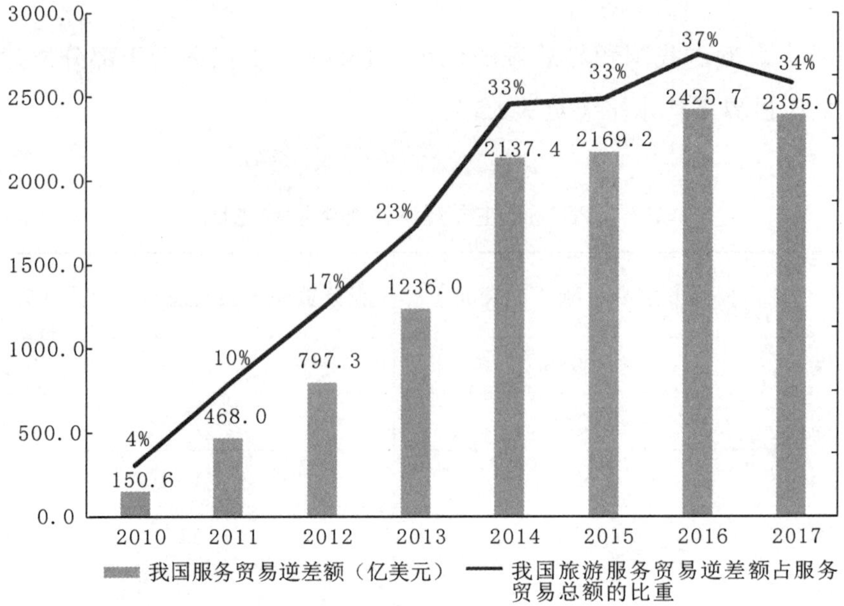

数据来源：中华人民共和国商务部服务贸易和商贸服务业司。

图2.5　2010—2017年我国服务贸易逆差额及占比

3. 服务贸易结构有待优化

从现实情况看，我国服务贸易仍以旅游、运输等传统服务行业为主，而在资本密集型、知识密集型服务方面较为薄弱。以2017年为例，我国旅游、运输、建筑等三大传统服务贸易占比为65.6%；金融、保险、知识产权、技术、电信、计算机和信息等技术含量相对较高的服务贸易仅占14.4%；个人、文化和娱乐服务仅占0.5%（见图2.6）。

4. 服务贸易国际竞争力亟待提高

我国进入高质量发展阶段，对服务贸易提出了更高的要求，但从实际情况看，与发达国家相比，我国服务贸易国际竞争力仍有较大差距。例如，在生活性服务贸易领域，旅游，个人、文化和娱乐服务等部门均处于国际竞争劣势地位（竞争力指数小于0）；在生产性服务贸易领域，运输、保险、金融、知识产权等领域竞争力指数均处于相对劣势地位（见表2.6）。

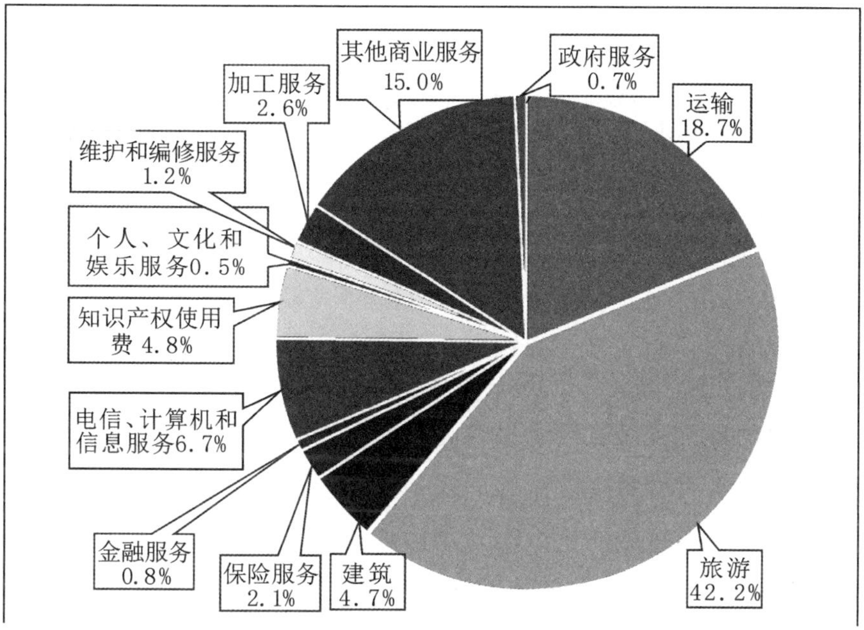

数据来源：中华人民共和国商务部《中国对外贸易形势报告（2018年春季）》。

图2.6　2017年我国服务贸易结构

表2.6　服务贸易各行业竞争力指数

服务行业	2012年	2013年	2014年	2015年	2016年
维护与维修服务	0.99	0.99	0.99	0.98	0.98
运输	—	—	—	0.46	0.45
旅游	–0.38	–0.43	–0.43	–0.38	–0.41
建筑	0.54	0.47	0.52	0.24	0.20
保险服务	–0.72	–0.69	–0.66	–0.28	–0.52
金融服务	–0.01	–0.07	–0.04	–0.06	–0.22
知识产权使用费	–0.89	–0.92	–0.94	–0.91	–0.91
电信、计算机和信息服务	0.49	0.38	0.30	0.37	0.33
其他商业服务	0.09	0.09	0.26	0.19	0.15

续表

服务行业	2012年	2013年	2014年	2015年	2016年
个人、文化和娱乐服务	–0.64	–0.68	–0.67	–0.44	–0.49
别处未提及的政府服务	–0.02	0.02	–0.32	–0.41	–0.45

注：竞争力指数在-1到1之间，数值越大表示部门竞争力越强。

数据来源：中华人民共和国商务部《中国对外贸易形势报告（2017年春季）》。

5. 服务贸易的区域分布不合理

东部沿海地区经济发展水平较高，服务产业基础较好，再加上服务贸易创新发展试点大多集中在这些地区，制度创新和优惠政策效果显著，一直是中国服务贸易发展的主力军。2017年，我国中西部地区服务进出口合计6575.7亿元，占全国的比重为14.1%；东部沿海11个省市服务进出口合计39986.8亿元，占全国比重的85.9%。其中上海、北京和广东服务进出口额分别为10200.5亿元、9677.5亿元和8316亿元，居全国前三位。①

四、形成以服务贸易为重点的对外贸易新格局

随着我国产业变革的不断深入与服务业市场双向开放进程的加速，我国服务贸易规模仍将持续扩大，服务贸易竞争力将进一步提升，这将显著提升我国在全球自由贸易进程中的地位和作用，使我国由经济全球化的重要参与者转变为主要引领者。

1. 服务贸易规模将达到1万亿美元左右

2016年我国服务贸易额达到6575亿美元，2012—2016年服务贸易额年均实际增长7.7%。未来几年，如果考虑到服务业开放进程加快等因素，我国服务贸易额有望保持年均10%左右的增长。到2020年，我国服务贸易额有望达到1万亿美元左右，占外贸总额比重达到20%左右。

① 中华人民共和国商务部.2017年我国服务贸易情况[EB/OL].中华人民共和国商务部网站，2018-02-07.

2. 服务贸易结构将不断优化

近年来，我国新兴服务出口增速相对较快，以技术、品牌、质量和服务为核心的新兴服务优势不断显现。2017年，新兴服务进出口14600.1亿元，年增长11.1%，占比达31.1%，相对2016年提升1.2个百分点；而旅游、运输和建筑等三大传统服务占比相对2016年下降1.1个百分点[①]。未来，随着"一带一路"、全球贸易进程的不断深入，在提升传统服务贸易竞争优势的基础上，要进一步拓展金融、保险、研发、设计、咨询、法律保障、文化等新兴服务贸易领域，加快高附加值服务出口，以服务贸易结构的优化提升我国在全球服务贸易中的竞争力。到2020年，知识密集、技术密集和高附加值服务出口占服务出口总额的比重有望达到60%左右。

3. 提升我国在全球自由贸易规则重构中的话语权

未来，随着服务贸易总额占全球份额的不断扩大，我国在全球自由贸易中的地位也将不断提升。为了适应全球自由贸易的新趋势，我国应以服务贸易为重点，通过积极参与双边、多边和区域服务贸易协定，积极参与和引领全球服务贸易规则制定，主动提出符合我国经济转型需要和全球自由贸易发展趋势的新议题，主动推进全球贸易投资规则重构，实现我国由贸易规则的跟随者向开放、包容、共享的新贸易规则的引领者转变。争取2020年实现服务贸易额占全球服务贸易的比重达到10%以上，在以服务贸易为重点的全球双边、多边和区域贸易规则重构中发挥更重要的作用。

① 中华人民共和国商务部.2017年我国服务贸易情况[EB/OL].中华人民共和国商务部网站，2018-02-07.

第三节　以服务贸易形成助推高质量发展的新优势

从国际经验来看，服务贸易对制造业转型升级具有重要促进作用。未来，服务贸易的快速发展，将为我国转变发展方式、优化经济结构、转换增长动力提供重要条件。

一、以服务贸易提升我国产业国际竞争力

为适应全球制造业服务化的大趋势，推进“中国制造2025”，应加快生产性服务贸易发展，以此提升我国生产性服务业发展水平，实现由“中国制造”向“中国智造”的历史跨越。

1. 制造业转型升级重在发展生产性服务业

（1）制造业服务化是个大趋势。在“工业3.0”“工业4.0”时代，制造业已经不是单纯的制造过程，而逐步转变为“生产+服务”的整体流程。大的跨国公司不再仅仅关注生产过程，而是将重心逐步转移到产品的创新、开发、售后服务等领域，整个流程中生产的作用越来越小，服务的作用越来越大（见图2.7）。全球500强企业所涉及的51个行业中，有28个属于服务业；56%的企业在从事服务业。

（2）以生产性服务业引领制造业服务化升级。最近一段时间以来，我国高端制造业缺“芯”、核心技术受制于人等现实问题受到各方面关注，集中反映了我国以研发设计为龙头的生产性服务业发展的严重滞后。德国之所以成为制造业强国，有“两个70%”：一是服务业占GDP的70%，二是生产性服务业占服务业的比重为70%。相比之下，我国生产性服务业占服务业的比重只有40%左右。以生产性服务业引领制造业转型升级，使工业发展从主要依靠低成本竞争优势向创新驱动转变，是我国工业由大变强的根本路径。

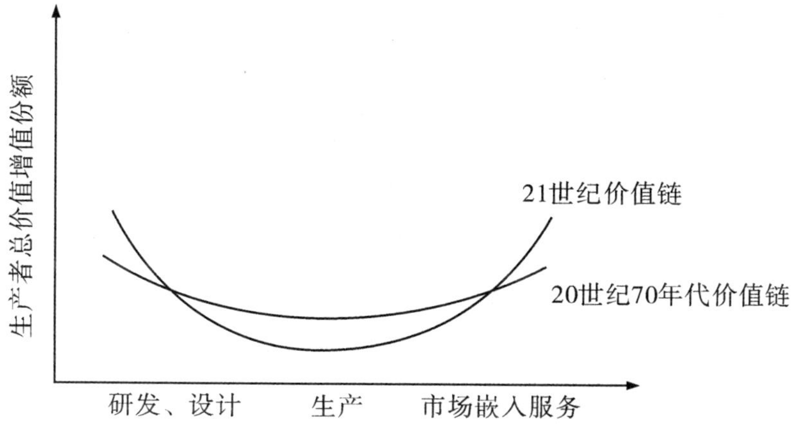

资料来源：杜大伟，若泽·吉勒尔梅·莱斯，王直.全球价值链发展报告（2017）[M].北京：社会科学文献出版社，2018.

图2.7　服务在全球价值链的重要性的变化

2. 以生产性服务贸易加速生产性服务业快速发展

（1）以生产性服务贸易改造提升传统产业。从国际经验看，发达国家先进的信息基础设施是其提升生产性服务业国际竞争力的一个先决条件。生产性服务业具有高附加值的特点，已成为国际直接投资的重点领域。由于独特的制造业优势，我国的生产性服务业越来越成为发达国家的投资首选。2017年，我国高技术制造业实际利用外资665.9亿元，同比增长11.3%，远高于平均增速；高技术服务业实际使用外资1846.5亿元，同比增长93.2%。[①]以生产性服务贸易为重点积极引导国外直接投资投向高端生产性服务业领域，鼓励国外先进企业对国内服务业投资，并融入本地传统产业链条，积极发挥国际直接投资（FDI）对我国生产性服务业的提升作用，实现传统服务业的改造升级。

（2）以生产性服务贸易提升技术创新能力。生产性服务业发展滞后

① 中华人民共和国商务部.2017年我国实际使用外资同比增长7.9%[EB/OL].中华人民共和国商务部网站，2018-01-21.

是我国制造业转型升级的突出短板。在人才、技术等要素相对缺乏的情况下，要积极开展生产性服务贸易，加速我国知识积累，同时，通过国外先进技术和管理带来的外溢效应，结合本地技术和知识积累，突破关键部件的技术创新，推动本地产业由单纯加工制造向价值链上游升级，使之发展成为一个相对先进和高端的服务型制造产业，从而促使整体产业升级。例如，根据普华永道思略特对全球1000家企业进行的“全球创新1000强（2007—2015）”调研，1000强企业中的跨国公司在中国的科研投入增长率是79%，在美国只有34%，这为我国培养了大批具有国际水准的研发人才，加速了我国生产性服务业发展。

（3）以生产性服务贸易加大人力资本积累。通过承接服务外包增加高技术含量的工作岗位及相关企业，带动我国高端服务业发展。2007年我国服务外包企业仅有1731家，从业人员为42.5万人。到2016年，我国累计从事服务外包业务的企业有39277家，从业人员达856.1万人，其中大学生从业人数累计达到551.28万人，占比为64.4%。[①]服务外包的快速发展不仅壮大了我国服务贸易发展主体，也为我国在知识密集型服务业领域培养了大批人才，为我国服务业结构升级与以服务贸易为重点的开放转型奠定了重要基础。

3. 全面推进技术贸易快速发展

（1）全球技术贸易迅猛发展。技术贸易是提升经济发展质量的重要保障。随着经济全球化与科技全球化交叉融合，全球技术贸易发展日益活跃。有数据显示，在20世纪70年代，国际技术贸易额与国际贸易总额和国际服务贸易总额的比例分别为1/30和1/10；到21世纪初，这一比例分别提高至1/20和1/6。全球知识产权贸易出口额也由2012年的2739.6亿美元提高到2016年的3140.6亿美元，占全球服务贸易出口总额的比重由6.05%上升到6.44%（见图2.8）。

（2）我国技术贸易发展面临严重壁垒。严重的技术贸易壁垒给我国

① 李西林.新时期中国服务外包如何转型升级[N].上海证券报，2017-10-20.

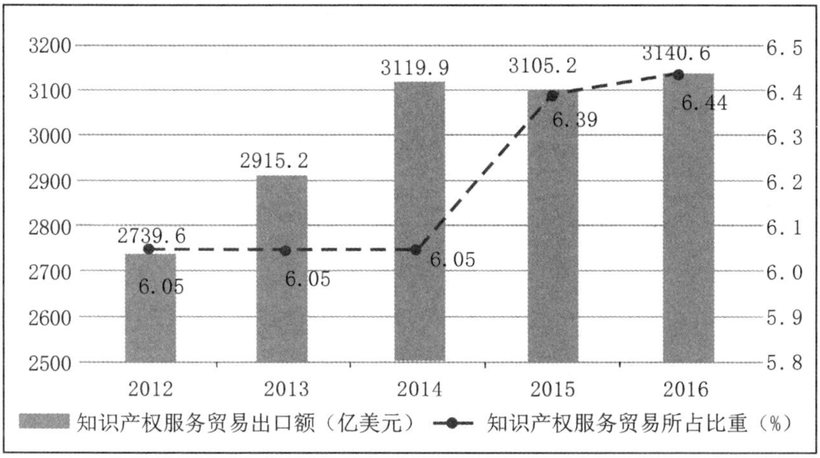

数据来源：根据联合国贸易和发展会议（UNCTAD）数据库计算所得。

图2.8　2012—2016年全球知识产权服务贸易增长情况

企业造成严重经济损失。据统计，2016年我国有40%的企业遭遇过技术贸易壁垒，直接损失高达933.8亿美元，新增成本247.5亿美元，二者相加超过千亿美元。①

（3）加快技术贸易市场双向开放。一方面，以新兴经济体为重点，加快双边、多边自由贸易谈判，并将技术贸易、知识产权使用等作为自由贸易谈判的重点，尽快实现市场相互开放；另一方面，以欧美发达国家为重点，加快中美、中欧投资贸易谈判，督促美国和欧盟尽快承认我国市场经济地位，给予我国的企业和投资与其他国家同等的地位与待遇，不单独设置针对我国企业的技术壁垒、国家安全审查制度等。

二、以服务外包为重点培育服务贸易新优势

服务外包成为我国参与全球服务分工体系、培育服务业比较优势的

① 胥会云.“碰壁”损失超千亿美元 上海自贸区破解技术贸易壁垒[N].第一财经日报，2017-05-24.

重要途径。为了适应全球服务外包快速发展的大趋势，我国应充分利用人才、资金等要素优势，积极开展服务外包，推动我国服务业高质量发展。

1. 我国服务外包的快速发展

我国服务外包起步晚却发展迅速。2012—2017年，在全球贸易持续低迷的背景下，我国服务外包执行额始终保持了两位数增长，服务外包执行额由336.4亿美元增加至1259.2亿美元，增长了274%（见图2.9）。截至2017年底，我国服务外包企业的业务范围已遍及五大洲的200多个国家和地区，服务外包执行额超亿元的国家和地区达到130个。与“一带一路”沿线国家和地区服务外包合作日益纵深发展。2017年，中国研发、设计、维修维护服务等生产性服务外包执行额 2902.6亿元，同比增长24%。[①]一批领军IT企业提供云外包服务执行额达到200亿元，服务外包正成为推动服务业企业高质量发展的重要因素。

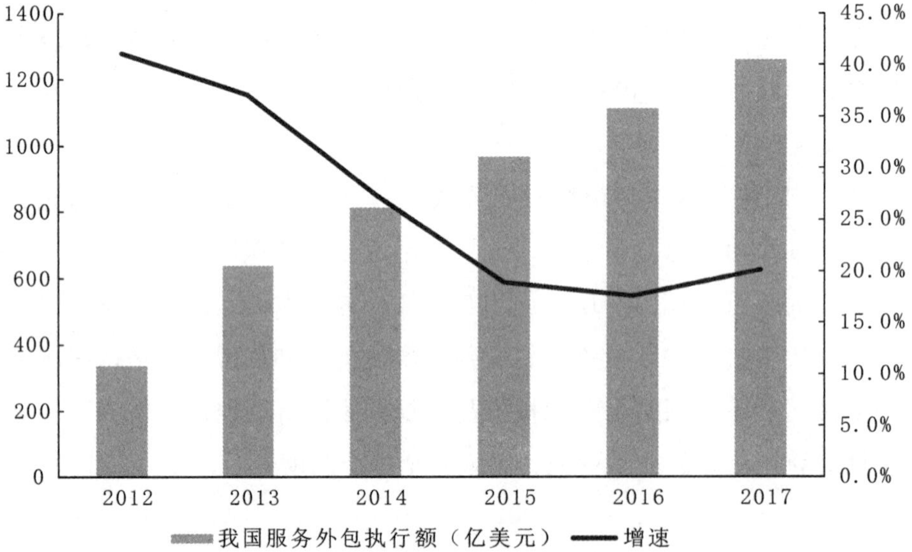

数据来源：根据中华人民共和国商务部网站相关数据整理。

图2.9　2012—2017年我国服务外包执行额及增速

① 中华人民共和国商务部.2017年中国服务进出口总额46991.1亿元[EB/OL].中国新闻网，2018-02-05.

2. 以服务外包提升服务业国际竞争力

随着全球服务业竞争的加剧及服务业的知识密集化、高端化，迫切需要在服务业领域培育一批规模大、覆盖广的龙头企业。为此，应以服务外包为载体，推动我国企业参与全球竞争，加速服务业人才和资本积累，提高我国服务业企业发展规模与国际竞争力。例如，服务贸易对拉动大学生就业贡献十分显著。2012—2016年，我国服务外包带动就业人数从429.6万人增至855.7万人，增长了99.2%，其中大学（含大专）以上学历从业人员从291万人增至551.3万人，增长了89.5%。服务外包新增大学（含大专）毕业生数量从2012年的67.8万人增长至2016年的79.7万人，占当年新增大学（含大专）毕业生总数的比重基本保持在10%左右（2012年为9.97%，2016年为10.4%），服务外包成为我国高学历人才集聚度最高的行业[①]。

3. 以服务外包推进我国服务业相关行业标准与国际对接

随着我国社会主要矛盾的历史性变化，人们对美好生活的需要不断增长，突出表现在服务型消费的快速增长。从现实情况看，我国服务业服务水平低，难以满足国内服务型消费需求，造成消费大量外流。以教育为例，我国自费出国留学人数由2011年的31.48万人增长到2017年的54.13万人（见图2.10），年均增长9.7%。如果按人均支出10万元估算，需要支出540多亿元人民币，而且留学人员呈现低龄化趋势。消费外流不仅仅反映消费的数额和价差的问题，背后还有我国服务业发展质量不高、服务业管理规则标准滞后、国内市场信任度不高等深层次原因。未来，应适应我国居民服务型消费需求快速增长的大趋势，通过服务外包的形式，逐步在服务业领域建立起国际高标准的行业规范和行业标准，提振消费者对国内消费市场的信任度，让更多的消费留在国内。

① 中华人民共和国商务部.服务贸易创新发展　打造“中国服务”国家品牌[EB/OL].中华人民共和国商务部网站，2017-10-20.

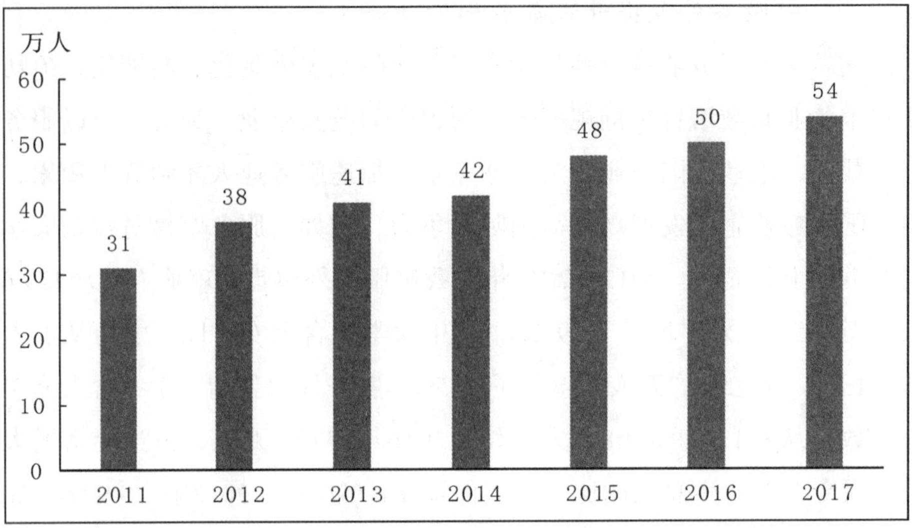

数据来源：根据中华人民共和国教育部历年公开数据整理。

图2.10　2011—2017年我国自费出国留学人数变化

三、以数字贸易形成我国新经济发展的新优势

当前，第四次工业革命带来经济的数字化革命。从某种程度来讲，数字时代已经到来。数字贸易是数字经济全球化的表现，并逐渐成为全球贸易的重要方式。抓住全球新一轮科技革命的历史性机遇，推进以数字贸易为重点的新经济发展，将使我国赢得新一轮国际竞争的主动。

1. 全球数字贸易快速发展的大趋势

在数字经济时代，数字贸易将成为全球自由贸易的重要方式。近年来，随着全球数字经济的快速发展，数字贸易在全球贸易中的作用日益明显。据麦肯锡分析，当前全球货物贸易中约12%通过互联网开展，加上资源与劳动力的全球流通，50%的世界服务贸易都已实现数字化[①]。2017年全球网络零售交易额达到2.304万亿美元，同比增长24.8%。2017年全球零售总额为22.640万亿美元，同比增长5.8%，网络零售额占全球零售总额的

① 张焱.数字经济正成为全球经济复苏新动力[N].中国经济时报，2017-03-31.

比重由2016年的8.6%上升至2017年的10.2%。网络零售在社会零售活动中的重要性逐年提升。预计到2021年，全球网络零售额将达到4.9万亿美元左右，占零售总额的比重达到17.5%（见表2.7）。

表2.7　2016—2021年全球零售及电子商务相关数据及预测

单位：万亿美元

年份	总零售额	总零售额增速	网络零售额	网络零售额增速	网络零售额占比
2016	21.396	5.20%	1.845	25.60%	8.60%
2017	22.640	5.80%	2.304	24.80%	10.20%
2018e	23.946	5.80%	2.842	23.30%	11.90%
2019e	25.271	5.50%	3.453	21.50%	13.70%
2020e	26.610	5.30%	4.135	19.80%	15.50%
2021e	27.920	4.90%	4.878	18.00%	17.50%

资料来源：eMarketer，标e年份为预测值。

2. 我国成为全球数字经济大国

（1）我国数字经济快速发展。

——我国已成为全球第二大数字经济国。2008—2017年，我国数字经济规模由4.8万亿元人民币增长至27.2万亿元人民币，增长了4.7倍；占GDP比重由15.2%提升至32.9%，提高了17.7个百分点（见图2.11）。预计到2020年，我国数字经济规模将超过32万亿元，占GDP比重达35%；到2030年，数字经济占GDP比重将超过50%，我国将全面步入数字经济时代。

——我国数字贸易推动跨境数据流动。根据麦肯锡的分析，尽管目前我国的服务贸易仍存在较大逆差，但在数字领域的服务贸易连续5年保持100亿～150亿美元的顺差。用于跨境数据流动的宽带而言，我国已经由2005年的全球第13位跃升为2016年的第6位。

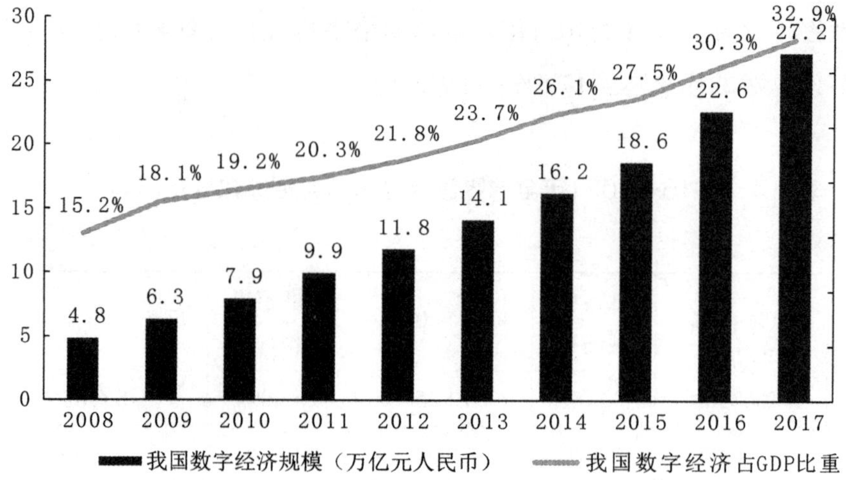

数据来源：

①国家统计局.中国统计年鉴2017[M].北京：中国统计出版社，2017.

②中国信息通信研究院.2015中国信息经济研究报告[R].2015年9月.

③中国信息通信研究院.中国数字经济发展白皮书2017[R].2017年9月.

图2.11　2008—2017年我国数字经济规模及占比

（2）我国已成为对外数字投资大国。2016年，我国在信息传输、软件和信息技术服务业领域的投资并购事件达到109起，总金额为264.1亿美元，同比增长214%，占对外投资并购额的19.5%，该行业成为第二大对外投资并购行业。根据麦肯锡的估算，2014—2016年，中国对外风险投资总额达到380亿美元，是2011—2013年的6.3倍；占中国以外全球风险投资额的14%，比2011—2013年提升10个百分点。其中大约80%的投资都流向了发达经济体，其中又有75%流入了数字化相关行业[①]。随着国内数字市场的日益饱和，中国对全球最先进的技术、人才、产品和服务的渴求也越来越强烈，对全球技术、人才等的投资也将不断扩大。

---

① 麦肯锡全球研究院.中国数字经济如何引领全球新趋势[R].2017年8月.

（3）数字经济快速发展为全球提供“中国经验”。中国数字经济在传统产业发展不平衡、不充分的基础上实现了快速发展。从另一个角度来看，在不成熟的市场环境下解决传统行业的“痛点”是中国数字企业的突出优势。例如，2016年中国出境游达1.2亿人次，为使中国游客更方便购物，支付宝于2014年与Global Blue在退税服务方面达成战略合作，覆盖欧洲5000多家商户；在移动支付方面，2015年阿里巴巴及蚂蚁金服联手投资印度支付平台Paytm，在借助国内发展经验的基础上，建立了印度移动支付解决方案，让Paytm在2017年上半年在印度占有74%的移动支付市场，成为世界第三大移动支付平台①。

3. *在数字贸易中增强我国新经济发展优势*

（1）以数字贸易实现数字企业的全球布局。在贸易保护主义的大背景下，充分依托数字贸易可以在某种程度上避开贸易保护限制，成为助推“一带一路”建设的重要动力，并有力推动我国数字企业走出去，实现全球布局。例如，阿里巴巴打造的“全球速卖通”平台，覆盖了“一带一路”沿线所有国家和地区，仅用1年半的时间其用户总量破了1亿，其中“一带一路”沿线国家和地区用户超过45%。

（2）在数字贸易中促进完善数字经济发展环境。近年来，我国数字经济在实现快速发展的同时，也面临着监管困难、无序发展等矛盾和问题，传统监管措施难以有效查处新的违法违规行为。根据行业人士的估算，仅2017年上半年，整个共享经济已经有15亿元左右的押金无法退还。与货物贸易不同，数字贸易不仅涉及具体商品或服务，而且涉及相应的数字经济行业规则的全球对接。为此，需要大力发展数字贸易，不断推进数字经济行业标准、监管准则等领域的国际对接，不断提升我国对数字经济的监管水平和市场环境。

（3）在数字贸易中提升我国在数字领域的规则话语权。随着数字贸

---

① 阿里研究院.网上丝绸之路大数据报告[R].2017-04-21.

易的快速发展，数字贸易规则制定成为数字经济大国纷纷抢占的焦点领域。目前，发达国家已经开始着手制定数字贸易规则。例如，2018年4月12日，美国向WTO总理事会提交了关于电子商务谈判的探索性文件，包括信息自由流动、数字产品的公平待遇、保护机密信息、数字安全、促进互联网服务、竞争性电信市场和贸易便利化，其中大部分内容超出现有WTO标准，以力求在电子商务领域和多边经贸规则方面占有主导地位。从现实情况看，我国在数字贸易规则方面仍处于起步阶段。未来，需要大力发展数字贸易，并不断提出符合我国实际的数字贸易发展规则，在保护我国合理利益的同时，推动数字贸易规则朝着符合最大多数成员方利益的方向发展。

第四节　参与引领国际贸易规则重构

在世界经济发生深刻复杂变化的新形势下，需要以服务贸易为重点积极参与全球经济治理，推动引领国际贸易规则重构，不断提升我国在全球经济治理中的话语权与影响力。

一、全球进入新一轮贸易投资规则重构期

总的来看，国际贸易规则重构是影响我国发展的一个重大外部因素，给我国带来了压力和挑战，但也为我国提供了参与全球贸易治理、促进国内改革的机遇。

1. 区域贸易协定成为贸易规则重构的主要载体

（1）区域自贸协定的数量快速增长。根据WTO官网公开数据，截至2016年1月18日，全球范围内已有417份区域自由贸易协定生效，其中，货物贸易协定136份，服务贸易协定1份，货物与服务贸易协定129份，比10年前增加了2倍。

（2）新一代区域贸易协定成为塑造自由贸易新规则的载体。近年来，许多国家尤其是欧美发达国家签订的区域贸易协定涵盖的内容不仅包括货物贸易自由化涉及的关税和非关税壁垒减让等内容，还包括服务贸易自由化、农产品贸易自由化、投资自由化、竞争规则、政府采购、国有企业、中小企业、环境标准和劳动标准在内的新一代贸易投资议题。无论从关税减让的范围、程度、过渡期看，还是从贸易投资便利化的安排看，这些协定都呈现出更高水平的自由化趋势。

（3）超大型区域贸易协定牵动影响全球自由贸易进程。例如，《区域全面经济伙伴关系》（RCEP）包括16个经济体，涵盖全球约1/2的人口，GDP总量约占全球的1/3。超大型区域贸易协定对全球贸易投资格局和自由贸易规则的影响日益增大。

2. 推动市场更加开放依然是贸易规则重构的基本取向

在新一轮贸易规则重构中，推动市场进一步开放、削减贸易与投资壁垒仍是规则制定与完善的基本方向和核心。无论是传统议题还是新议题的谈判，都力求实质性地消除现存的贸易与投资壁垒，提高全球市场的相互开放程度。而无论是多边、诸边，还是区域、双边层面的贸易谈判，也都是在以不同方式推进全球和区域市场开放。总体来看，当前国际贸易规则重构是积极的，代表着经济全球化更高阶段上的发展要求，是以调整和变革来适应经济全球化的新形势、应对经济全球化的新挑战，其基本目标在于降低或取消各种市场壁垒，维护一个更加自由开放的国际经贸体系。继续消除各种贸易与投资壁垒，推动全球范围的贸易投资自由化和便利化，对于金融危机后各国经济及世界经济贸易发展具有重要意义。

3. 发达国家在服务贸易规则制定中具有主导权

无论是GATS、TISA，还是近年来各种FTA谈判，以美欧为代表的发达国家始终掌握全球服务贸易规则的制定权和主导权。2008年国际金融危机以来，以中国为代表的新兴市场国家在参与全球服务贸易规则制定中的话语权有所提升。但总体来看，新兴市场国家在服务贸易规则制定中的话语权与其对全球经济增长和贸易进程的影响不符。此外，在贸易规则制定时，发达国家在知识产权、环境保护、劳工利益、政府采购、碳排放标准等诸多方面提出了新兴经济体目前难以达到的标准。例如，发达国家要求不同发展水平的国家采用统一开放标准，而且制度安排深入到成员国的体制、政策、标准等内部问题。这种高度的开放框架显然不适合大多数发展中国家。这也导致发达国家主导的区域自贸协定具有明显的排他性、小圈子的特征，不仅难以适应信息全球化和技术革命加快市场一体化的需求，而且从长期看会加剧全球化“赢家”和“输家”之间的鸿沟，导致一些新兴经济体和发展中国家被锁定在全球产业链和供应链低端，扩大了全球、区域和各国内部的收入分配差距，加大了全球化和经济一体化的阻力。

二、服务贸易成为全球贸易投资规则重构的焦点

服务贸易不仅是全球贸易格局重塑的引领力量，也是推进双边、多边自由贸易进程的重点和焦点所在。以服务贸易为重点推进全球自由贸易进程，是各国应对经济全球化新挑战以及贸易保护主义需要采取的共同行动。

1. 国际贸易规则重构聚焦服务贸易

服务贸易的快速发展及制造业服务化的加快，使得国际贸易规则的聚焦点从货物贸易向“货物贸易—服务贸易—投资”转变。从现实情况看，现有的国际贸易规则和贸易政策仍停滞在20世纪，传统全球自贸协定往往不会将金融、娱乐、医疗、会计等中高端服务业行业列为开放领域，即使在区域性多边自由贸易区内部各国间也有诸多限制。例如，1994年达成的乌拉圭回合协议既无法满足当前服务贸易快速发展的要求，也不适应现有世界贸易格局。因此，在全球贸易投资关系更加复杂和密切的背景下，全球贸易的主要障碍已不是货物贸易领域内的关税，而是服务贸易与投资领域内的监管、非关税壁垒以及市场的开放度，服务贸易自由化和便利化在很大程度上决定着全球自由贸易进程。未来，服务贸易规则重构将成为全球贸易规则重构的核心与重点所在。

2. 服务贸易成为加强全球多边贸易体制的重点

WTO统计数据显示，全球290项特惠贸易协定中，约有一半的协定包含服务贸易内容。此外，在WTO多哈回合谈判受阻的背景下，占全球服务贸易70%、年贸易规模达4万亿美元的12个WTO成员开始进行《国际服务贸易协定》（TISA）谈判。按照TISA相关规定，谈判议题已从传统服务业扩大到电子商务、信息服务、环境服务和能源服务等新兴服务业。到2016年12月共有23个国家和地区参与该协定谈判，参与谈判的WTO成员的环境产品贸易额占全球环境产品贸易总额的85%。23个谈判成员在金融服务、国内规制和市场透明度等议题上也取得了一系列进展。TISA的谈判进程不仅成为未来全球服务贸易发展的重要基础，还将对全球贸易自由化进程产生

重要影响。

3. 服务贸易壁垒更加隐蔽，消除更加困难

与货物贸易相比，服务贸易具有无形性、生产与消费同步性和跨国界等特点。与货物贸易通过关税来设置“显性壁垒”不同，服务贸易更倾向采取国内资格资质要求、参股比例限制、经营范围和形式要求、繁杂的审批条件和程序等“隐性壁垒”来保护本国服务产业。由于服务贸易壁垒的隐蔽性和非数量性，服务贸易自由化远比货物贸易自由化复杂得多，消除服务贸易壁垒的难度也就大得多。例如，根据联合国贸发会议2015年《贸易政策重要数据及趋势》报告，2014年，技术性贸易壁垒影响到70%的世界贸易。有些国家通过出台“购买本地服务”、限制技术服务出口等政策，对外国服务提供者进入本国市场和在境内的服务活动设置障碍，对本国服务出口实行隐蔽性的补贴。

三、服务贸易成为推进全球自由贸易进程的重点

随着服务贸易加快发展，服务贸易在全球自由贸易进程中的作用和地位也不断提升。服务贸易不仅成为拉动全球货物贸易的重要因素，也成为全球贸易再平衡的重要力量。总的来看，服务贸易自由化和便利化水平在相当程度上影响着全球贸易进程。

1. 服务贸易拉动货物贸易增长

制造业服务化和服务业制造化使得货物贸易和服务贸易边界日益模糊，而信息技术的快速发展和广泛应用，进一步将货物贸易和服务贸易黏合在一起，呈现出“你中有我、我中有你”的特征。一方面，货物贸易中的服务元素不断提升，越来越多的服务被包含在货物中，并以货物贸易为载体实现跨境流动。例如，虽然2016年全球服务贸易仅占贸易总额的24%左右，但若按照增加值计算，服务贸易占比在50%左右。另一方面，服务贸易拉动全球货物贸易增长。例如，占全球贸易总额80%左右的货物贸易中，有30%是由服务贸易带动的。[①]

① 迟福林. 抓住全球服务贸易快速发展机遇[N].人民日报，2017-06-15.

2. 服务贸易成为促进全球贸易再平衡的重要力量

（1）服务贸易促进发达国家外部再平衡。随着全球贸易的重点逐步从货物贸易转向服务贸易，欧美等发达国家凭借科技、金融、知识产权、专利等服务领域的优势，使得其在服务贸易的顺差快速扩大。2009—2017年，G7集团服务贸易顺差由1518.6亿美元增加至3747.5亿美元，年均增长12.0%；服务贸易顺差占其货物贸易逆差的比重由34.0%上升至56.5%（见图2.12）。2016年服务出口总量排名前五位的国家中，发达国家占了四席（美国、英国、德国、法国）。发达国家服务贸易领域的顺差在促进外部平衡、改善其外贸长期逆差局面中发挥了越来越重要的作用。

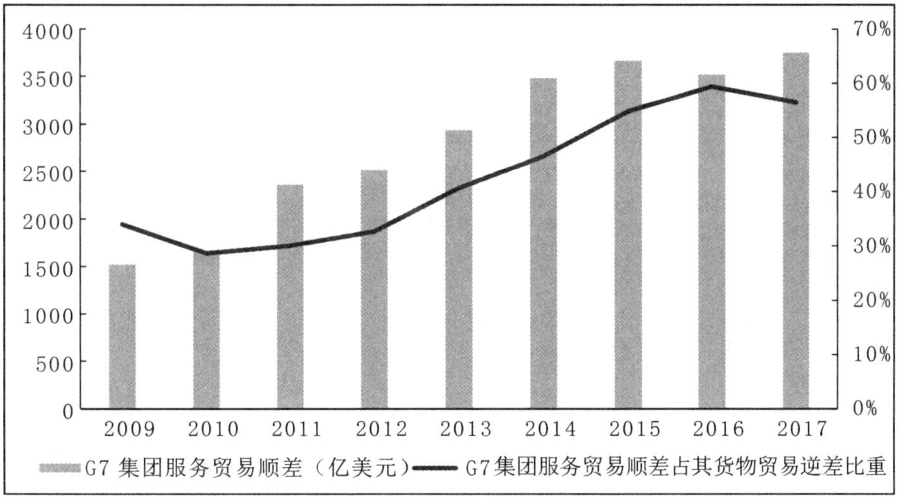

数据来源：联合国贸易和发展会议（UNCTAD）数据库。

图2.12　2009—2016年G7集团服务贸易顺差及其占货物贸易逆差比重

（2）服务贸易促进发展中国家参与全球化进程。客观地看，一国服务贸易发展水平及竞争力取决于其服务业在全球价值链中的地位。发展中国家在积极参与全球服务贸易进程中，为扩大服务贸易国际占有量、分享更多的全球化红利，在大力吸引国际资本及技术的同时，也将加大服务业领域的研发力度，加快技术改造和升级，促进本国服务业转型升级。例如，2009—2016年，新兴经济体服务贸易进口额由10681.6亿美元增长至17558.2亿美元，年均增长7.4%；服务贸易出口额由8917亿美元增长至13890.9亿美元，年均增长6.5%（见图2.13），均高于全球平均水平。新兴经济体服务贸易的快速发展使得其在全球服务贸易中的地位不断上升。2009—2016年，新兴经济体服务贸易进口额占世界的比重由30.6%上升至36.6%；出口额占世界的比重由24.9%上升至28.5%。新兴经济体不仅成为全球服务贸易发展的重要组成部分，也成为推动全球服务贸易较快发展的重要引擎。

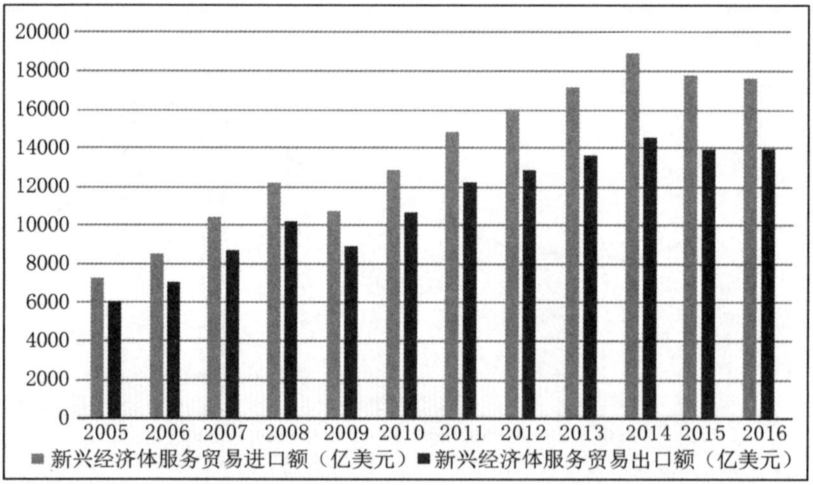

数据来源：联合国贸易和发展会议（UNCTAD）数据库。

图2.13　2005—2016年新兴经济体服务贸易进出口情况

3. 服务贸易减缓全球贸易波动

历史数据表明，在经济增长阶段，货物贸易与服务贸易增长基本保持同步，服务贸易增速略低于货物贸易。在经济危机期间，服务贸易增长的稳定性好于货物贸易。自2008年国际金融危机以来，全球服务贸易和货物贸易都处在重创之后的复苏期，增长速度都出现了不同程度的波动，但服务贸易发展速度的波动小于货物贸易。2009年以后，货物贸易遭受更大的影响，跌幅达到22.31%，之后货物贸易以20%左右的速度反弹。2009—2015年期间，服务贸易增速与货物贸易增速均在2009年、2012年、2015年出现双下降，但服务贸易增速下降幅度远小于货物贸易；2016年，在货物贸易呈负增长的条件下，服务贸易仍然增长0.4%。上述变动表明相比于货物贸易，服务贸易增长更加稳定，有利于缓解全球贸易波动。

四、以服务贸易为重点积极参与引领全球贸易规则重构

为适应全球服务贸易快速增长的大趋势，发挥我国作为服务贸易大国的优势，应以服务贸易为重点，积极参与新一轮国际贸易规则重构，提高我国在全球经济治理中的制度性话语权。

1. 积极参与全球贸易规则重构

在全球尚未形成统一的服务贸易制度的背景下，发达国家把服务贸易作为了主导贸易规则制定的制高点。从推进经济全球化健康持续发展出发，我国应积极参与和引领建设开放、包容、普惠、平衡、共赢的全球性和区域性服务贸易协定；在强调开放的同时，应充分考虑新兴经济体和广大发展中国家的现实基础和主要诉求，以构建开放、包容、普惠、平衡、共赢的服务贸易体系为重点，促进全球经济治理变革；带动新兴经济体和发展中国家平等参与区域和全球服务贸易体系，释放全球服务贸易需求潜力。

2. 坚定维护全球多边贸易体制

对现行世界贸易体系而言，多边贸易体制得到有效的维护，多边贸易规则得以遵守，是世界经济繁荣发展的基本前提。特朗普当选美国总统以来，开始奉行单边主义和贸易保护主义，并声称要退出WTO，给全球多边贸易体制带来严峻挑战。在这个背景下，维护以多边贸易体制为主体的经济全球化格局至关重要，所以我们要利用全球贸易体制来发展多边自由贸易，比如中日韩自贸区、亚太自贸区、“一带一路”倡议等，利用多边体

制赢得多数支持，把握经济全球化的主导权。同时，我国更需要努力改善自身的市场环境，努力在深化改革、扩大开放方面实现新的更大突破。

3. *以服务贸易为重点加快双边、区域贸易协定谈判*

从短期来看，随着服务贸易在世界各国经济发展中的重要性不断提高，国际服务贸易竞争日益激烈，服务贸易在双边、区域贸易投资谈判中所占比重逐渐增大，并成为各国争论与博弈的焦点。例如，2016年11月，RCEP部长级会议期间就货物贸易、服务贸易和投资三大核心领域给予战略指导，但由于东亚国家服务业发展滞后，普遍对服务贸易的开放持谨慎态度。中欧BIT谈判的核心问题是市场准入，难点主要集中在交通、通信、医疗、物流和商业服务等服务业领域对等的市场准入问题。随着双边服务贸易所占份额的不断扩大，未来服务贸易在双边、区域贸易投资协定谈判中的分量将会明显增大。例如，中日韩自贸区谈判的难点与焦点也在服务贸易，为此要以服务贸易为重点保证中日韩自贸区的高水平和高标准，尽快形成贸易投资自由化、便利化的制度安排。

第三章

以服务业市场开放为重点推进开放型经济发展新进程

当前，我国总体上进入工业化后期，经济转型升级是客观趋势，无论是形成以服务业为主导的产业结构，还是形成以服务贸易为重点的对外贸易新格局，都需要把服务业市场开放作为重中之重。党的十九大报告强调，“放宽服务业准入限制”，在这个特定背景下，以服务业市场开放的重大行动加快现代服务业发展，既是经济转型升级的重大任务，也是应对经济全球化挑战的重大举措。

第一节　以服务业市场开放赢得经济转型与对外开放的主动

从现实情况看，破解经济转型中的重大结构性失衡，实现供给结构与需求结构的动态均衡，需要通过服务业市场开放，扩大服务供给能力；形成服务业为主导的产业结构，需要通过服务业市场开放，形成有效投资；形成服务贸易为重点的开放型经济新格局，需要通过服务业双向市场开放，加快自由贸易进程。

一、工业化后期经济转型升级的大趋势

进入21世纪以来，我国在产业结构上最大的变化是服务业的快速发展，且服务业成为拉动经济增长的重要推动力。总的来看，我国已经进入工业化后期，在这个阶段，经济转型升级是客观趋势。

1. 我国进入工业化后期

从国际经验看，对工业化不同阶段的划分有着明显的判断标准，主要指标包括人均GDP、三次产业结构、就业结构，以及城镇化率等（见表3.1）。根据对2015年我国工业化阶段的判断（见表3.2），我国总体上已经由工业化初期进入工业化后期。当然，由于各地发展水平不平衡，其工业化水平也存在较大差异。初步分析，2015年，我国有3个直辖市进入后工业化阶段，分别是上海、北京、天津；处于工业化后期的省（区）最多，有16个[①]；还有12个省（区）处于工业化中期[②]。

① 处于工业化后期的省（区）包括浙江、江苏、广东、辽宁、福建、重庆、山东、内蒙古、吉林、湖北、河北、江西、湖南、陕西、安徽、河南。

② 处于工业化中期的省（区）包括四川、青海、宁夏、黑龙江、广西、山西、贵州、云南、甘肃、海南、新疆、西藏。

表3.1　工业化不同阶段的判断标准

基本指标		前工业化阶段	工业化初期	工业化中期	工业化后期	后工业化阶段
人均GDP（美元）	2004年	720～1440	1440～2880	2880～5760	5760～10810	10810以上
	2010年	827～1654	1654～3308	3308～6615	6615～12398	12398以上
	2014年	889～1778	1778～3557	3557～7112	7112～13910	13910以上
三次产业占比（产业结构）		$A>I$	$A>20\%$ $A<I$	$A<20\%$ $I>S$	$A<10\%$ $I>S$	$A<10\%$ $I<S$
制造业增加值占总商品增加值比重（工业结构）		20%以下	20%～40%	40%～50%	50%～60%	60%以上
城镇化率（空间结构）		30%以下	30%～50%	50%～60%	60%～75%	75%以上
第一产业就业占比（就业结构）		60%以上	45%～60%	30%～45%	10%～30%	10%以下

注：*A*为农业占比，*I*为工业占比，*S*为服务业占比。

表3.2　2015年我国工业化阶段的判断

<table>
<tr><th colspan="2">指标</th><th>权重（%）</th><th>工业化指数</th><th>工业化综合指数</th><th colspan="2">工业化阶段判断</th></tr>
<tr><td>人均GDP（汇率–平价法，2014年，美元）</td><td>11273.1</td><td>36</td><td>82</td><td></td><td colspan="2"></td></tr>
<tr><td rowspan="3">产业增加值占比（%）</td><td>第一产业</td><td>8.9</td><td rowspan="3">22</td><td rowspan="3">100</td><td rowspan="8">83.42</td><td rowspan="8">工业化后期</td></tr>
<tr><td>第二产业</td><td>40.9</td></tr>
<tr><td>第三产业</td><td>50.2</td></tr>
<tr><td colspan="2">制造业增加值占比（%）</td><td>57.6</td><td>22</td><td>91</td></tr>
<tr><td colspan="2">城镇化率（%）</td><td>56.1</td><td>12</td><td>53</td></tr>
<tr><td rowspan="3">产业就业占比（%）</td><td>第一产业</td><td>28.3</td><td rowspan="3">8</td><td rowspan="3">69</td></tr>
<tr><td>第二产业</td><td>29.3</td></tr>
<tr><td>第三产业</td><td>42.4</td></tr>
</table>

注：从经济发展水平、产业结构、工业结构、空间结构、就业结构五个方面构建工业化进程的评价体系，并通过计算工业化水平综合指数衡量工业化水平。工业化水平综合指数为0，则表明处在前工业化时期，1～33为工业化前期阶段，34～66为工业化中期阶段，67～99为工业化后期阶段，100及以上为后工业化阶段。

2. 从工业主导向服务业主导的转型升级

（1）到2020年，基本形成服务业主导的产业结构。我国工业化后期与全球新一轮科技革命呈现历史性交汇。一方面，制造业转型升级对发展生产性服务业的依赖性全面增强；另一方面，消费升级与城镇化提速，对发展现代服务业的需求日益迫切。在这个大背景下，服务业主导的产业结构转型将成为不可逆转的趋势。估计到2020年，我国将基本形成服务业主导的产业结构。

（2）服务业规模将超过50万亿元。据统计，2001—2017年，我国服务业增加值年均增长10%。[①]如果未来2～3年，服务业增加值保持年均8%的增速，那么到2020年，服务业增加值将由2017年的42.7万亿元增长到50万亿元以上。

（3）服务业占比将达到55%。保守估计，未来3年我国GDP将保持年均6.2%的实际增长，到2020年我国GDP总量将达到95万亿元左右。由此估算，2020年我国服务业增加值占GDP的比重有望从2017年的51.6%上升到55%，这意味着我国服务业占比还有3至4个百分点的增长空间。

（4）服务业结构明显优化，生产性服务业占比将明显提升。尽管我国已经进入工业化后期，但与发达国家相比，我国生产性服务业在服务业和经济总量中的占比偏低。未来，随着技术研发的不断深入，我国生产性服务业占GDP的比重将逐步提升，预计到2020年，我国生产性服务业占GDP的比重有望达到30%～40%。

3. 消费结构由物质型消费为主向服务型消费为主转型

（1）城镇居民服务型消费占比有望达到50%左右。改革开放初期，城乡居民每赚100元钱，60～70元用于购买食品；2017年，城乡居民恩格尔系数为29.3%，首次低于30%（见图3.1）。1978—2018年，城乡居民物质型消费产品基本饱和，服务型消费增长较快。初步测算结果表明，2013—2016年，我国居民人均服务型消费支出年均增长10.2%。在消费支出结构中，2016年城镇居民服务型消费支出占比达到45.2%。估计到2020年，城镇居民服务型消费占比有望达到50%。

（2）最终消费对经济增长的贡献率将保持在60%左右。2017年，最终消费支出对GDP的贡献率为58.8%，比2013年高出11.8个百分点。从2014年起，消费对经济增长的贡献率已连续4年超过投资（见图3.2），消费已成为拉动经济增长的第一动力。估计到2020年，我国最终消费支出对经济增长的贡献率将保持在60%左右。

---

① 国家统计局.2018中国统计摘要 [M].北京：中国统计出版社，2018.

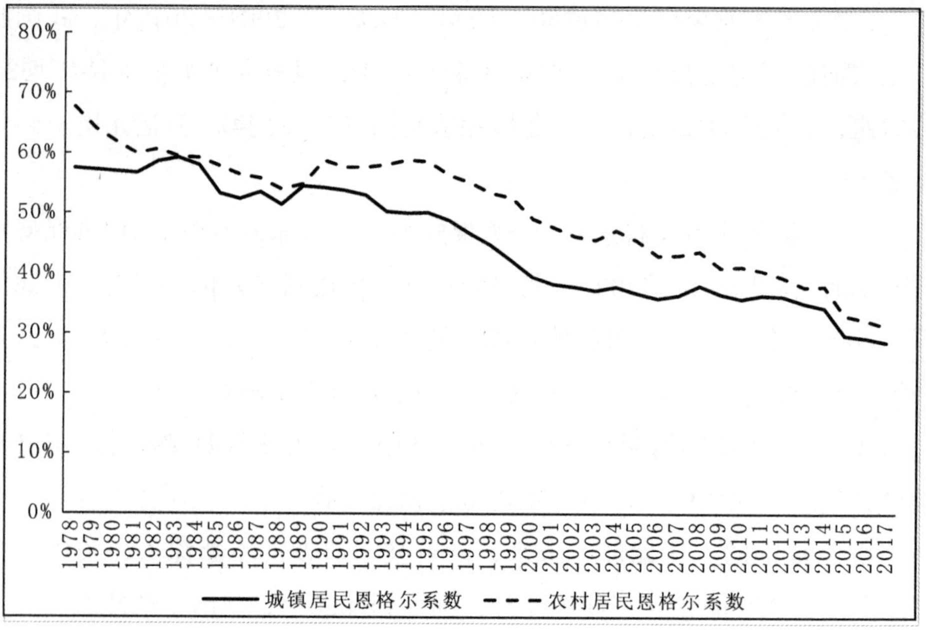

数据来源：中华人民共和国国家统计局国家数据库。

图3.1　1978—2017年我国城乡居民恩格尔系数

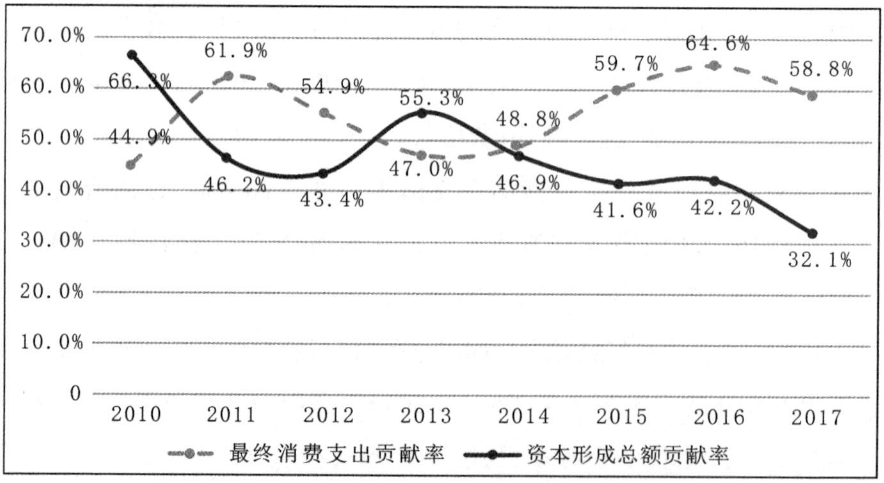

数据来源：《中国统计摘要2018》。

图3.2　2010—2017年最终消费支出与资本形成总额对经济增长的贡献率

二、以服务业市场开放形成经济转型升级的新动力

我国进入工业化后期，无论是产业结构升级，还是消费结构升级，都依赖于服务业市场开放。可以说，服务业市场开放决定经济转型升级进程。

1. 服务业市场开放牵动制造业转型升级

（1）制造业转型升级依赖于生产性服务业。在全球制造业产业链布局中，“微笑曲线”两端的设计和研发以及物流与销售等环节主要由欧美等发达国家控制，我国绝大多数企业处于低端的加工制造环节。我国工业“大而不强”的关键因素是生产性服务业发展严重滞后。一方面，我国生产性服务业比重较低，2016年生产性服务业占第三产业的比重仅为50%左右，占GDP的比重仅为25.75%①；而高端制造业发展比较好的国家，如美国和德国，其信息、设计、研发、物流、销售等生产性服务业占GDP比重大多在50%左右。另一方面，我国生产性服务结构亟须调整和优化，传统生产性服务业比重过高，科研技术、商务服务业等生产性服务业比重明显偏低。比如，金融业占服务业比重超过15%，高于美国9%左右的水平；租赁和商务服务、科研技术服务和地质勘查业占比仅为9%左右，远低于美国17%的水平。总的来看，尽管我国工业发展在数量指标上已经达到工业化后期水平，但是生产性服务业尚未从制造业中剥离出来独立发展，还停留在工业化中前期阶段。

（2）以服务业市场开放形成制造业转型升级的重要推动力。生产性服务业发展滞后的原因很大程度上在于市场开放不足。在市场竞争状态下，企业只能将自身有限的资源配置到其最擅长的领域，并通过向市场购买生产性服务来替代企业内部生产，由此在推动生产性服务业快速发展的过程中形成制造业转型升级的重要推动力。未来，推动生产型制造向服务型制造转变，关键在于以服务业市场开放形成生产性服务业发展的新动

① 刘伟.中国经济增长报告2017：新常态下的增长动力及其转换[R].北京：北京大学出版社，2017.

力，进一步释放生产性服务业发展的市场活力。

2. 服务业市场开放牵动消费结构升级

（1）服务型消费需求全面快速增长。随着社会主要矛盾的历史性变化，我国开始进入消费新时代，老百姓在健康、医疗、文化、旅游、教育、信息等方面的服务型消费需求全面快速增长，已经成为人民对美好生活需要的主要内容。初步估算，2016年我国城镇居民服务型消费支出占比达到45%左右，农村居民服务型消费支出占比达到30%左右。随着服务型消费需求的全面快速增长，以服务型消费为主的新型消费成为拉动产业变革、商业模式变革的主导力量，推动我国城乡居民消费结构持续优化升级。综合判断，到2020年我国全面建成小康社会时，服务型消费将占我国居民消费的半壁江山。

（2）服务型消费面临“有需求、缺供给”的突出矛盾。总的来看，现在“有需求、缺供给”“有产品、缺品牌”“有服务、缺标准”等，已经成为制约我国消费潜力释放的突出问题。以健康产业为例，2016年我国大健康产业规模为5.6万亿元，预计到2020年大健康产业的产值规模有望达到10万亿～14万亿元，占到GDP的10%以上。[①]其中，我国老年健康管理服务、老年康复护理、老年家政服务等产业，每年大约有1万亿元的产值，而实际为老年人提供的产品与服务不足1000亿元，只有1/10左右。[②]与此同时，新的科技革命将引导新的潜在消费需求得到释放，尤其是年轻一代，对文化娱乐、信息消费需求的潜力巨大。这也是我国信息消费连续5年保持20%以上增速的重要原因。

（3）服务业市场开放成为深化供给侧结构性改革的重大任务。从实际情况看，当前我国经济发展不是需求不足，而是需求发生了变化，供给结构和质量却与之不相适应。有效供给能力不足带来大量“需求外溢”，

① 智研咨询.2017年我国大健康行业产业结构及市场规模分析[EB/OL].2017-08-25.

② 迟福林.消费新时代的服务业市场开放[R].中国（海南）改革发展研究院简报（总第1170期），2018-04-24.

消费能力严重外流。解决这些结构性问题，必须深化供给侧结构性改革，关键是实现服务业市场开放，以此构建实现供求动态平衡的供给体系，满足人民对美好生活的需要，不断提升产品与服务的供给水平，持续释放巨大内需增长潜力。

3. 服务业市场开放牵动开放转型

（1）服务贸易快速发展离不开服务业市场对外开放。在由货物贸易为主向服务贸易为重点的开放转型中，服务贸易发展越来越依赖服务业市场开放。也就是说，服务业市场开放决定服务贸易发展的深度与广度。2008年国际金融危机爆发后，在整体外贸形势发生深刻复杂变化的情况下，我国服务贸易快速发展。根据《中国统计年鉴2017》的数据显示，按美元计，2010—2017年，我国服务贸易总额年均增速达到9.5%。服务贸易快速发展得益于服务业市场对外开放。实际上，加入WTO以来我国就开始推进服务业市场对外开放，针对银行、保险、证券、法律、旅游、电信等服务部门修改和制定了一系列对外开放的法律法规，服务贸易领域的开放承诺得到有效落实。在WTO定义的160个服务贸易行业中，我国"入世"时承诺开放100个，现已经开放了120个，占比75%①，接近发达国家的水平。近年来，在全球服务贸易快速发展和我国开放转型的大趋势下，服务贸易的发展越来越离不开服务业市场开放。

（2）以服务业市场开放释放服务贸易发展潜力。我国服务贸易发展起步较晚、发展水平不高，但由于拥有近14亿人的消费大市场，服务贸易的市场空间巨大。把握服务业跨国转移不断加速的趋势，稳健有序推进服务业市场双向开放，使我国全面、深度融入全球产业链，将为服务贸易发展带来良好机遇，进而有望实现到2020年服务贸易超过1万亿美元、服务贸易占对外贸易的比重进一步提升至10%左右的目标。

---

① 王受文.中国服务贸易尽管逆差但会坚定不移开放[EB/OL]. 新华网，2018-03-26.

专栏 3.1

扩大服务贸易规模和服务业开放

2015年2月，国务院出台《关于加快发展服务贸易的若干意见》，指出：（一）扩大服务贸易规模。巩固旅游、建筑等劳动密集型服务出口领域的规模优势；重点培育运输、通信、金融、保险、计算机和信息服务、咨询、研发设计、节能环保、环境服务等资本技术密集型服务领域发展，既通过扩大进口满足国内需求，又通过鼓励出口培育产业竞争力和外贸竞争新优势；积极推动文化艺术、广播影视、新闻出版、教育等承载中华文化核心价值的文化服务出口，大力促进文化创意、数字出版、动漫游戏等新型文化服务出口，加强中医药、体育、餐饮等特色服务领域的国际交流合作，提升中华文化软实力和影响力。

（二）进一步扩大服务业开放。探索对外商投资实行准入前国民待遇加负面清单的管理模式，提高利用外资的质量和水平。推动服务业扩大开放，推进金融、教育、文化、医疗等服务业领域有序开放，逐步实现高水平对内对外开放；放开育幼养老、建筑设计、会计审计、商贸物流、电子商务等服务业领域外资准入限制。基本实现内地与港澳服务贸易自由化。推动大陆与台湾服务业互利开放。

资料来源：国务院.国务院关于加快发展服务贸易的若干意见[EB/OL].中国政府网，2015-02-14.

4. 服务业市场开放牵动新经济发展

（1）新经济的发展是市场开放的结果。我国使用互联网的人数居全球之首，新经济快速发展成为经济转型中的突出亮点。例如，2017年，我国数字经济规模达到27.2万亿元人民币，占GDP的比重达到32.9%，位居世界第二，仅次于美国①；网约车、互联网金融、移动医疗等新经济业态，在

① 陈煜波. 2017年我国数字经济规模达27.2万亿　跃居世界第二[N]. 人民日报，2018-06-04.

对传统服务行业形成严峻挑战的同时，也使服务业加快互联网化。政府允许、鼓励和支持新经济的发展，使得一些服务行业的行政垄断不攻自破。例如，政府允许网约车的发展，在一定程度上打破了属于特许经营的传统出租车行业的行政垄断，使得出租车市场向社会全体成员开放。

（2）新经济发展与服务业市场开放直接融合。当前，“互联网+服务”已经全面覆盖与城乡居民日常生活密切相关的行业。服务业的发展与新经济的发展直接融合，无论是餐饮、缴费等便民服务，还是教育、医疗等公共服务，都可以发展成“互联网+”的新经济形态。总的来看，没有服务业市场的开放，要实现新经济快速发展就很困难。例如，发展移动医疗，如果没有医疗市场的开放，人们要想获得高质量的移动医疗服务就很困难。也就是说，新经济与服务业市场开放相互依存、融合发展。

（3）在服务业市场开放中发展新经济。把握全球新经济快速发展的大趋势，需要在服务业市场开放中加快发展新经济，使服务业与新经济互相取长补短，实现协调发展，由此推动我国产业结构迈向中高端。

三、服务业市场开放滞后是突出“短板”

多年来，由于市场开放的重心主要在工业领域，服务业领域成为市场化改革的“突出短板”，主要表现在“三低一高”。

1. 市场化程度低

（1）存在较严重的行政垄断和市场垄断。有数据显示，我国工业部门80%以上是制造业，属于高度市场化部门，而服务业50%左右仍被行政力量垄断[①]。尽管国家一再强调社会资本可以进入法律未禁止的服务业领域，但由于行政垄断和市场垄断的存在，社会资本进入教育、医疗、通信、金融等服务行业仍面临种种障碍，这使得服务业市场难以通过公平竞争来提高供给能力、供给质量和供给效率。例如，2017年，我国民营医院

---

① 张斌. 中国经济趋势下行的逻辑[J].经济研究消息，2013（10）：26—27.

已经发展到18759所，占全国医院数量的比重达60.4%，但民营医院在医疗卫生领域的市场份额（诊疗人次数）仅占14.2%左右。①

（2）生产性服务业市场开放滞后。由于政策与体制等多方面因素影响，我国生产性服务业的市场准入门槛普遍高于工业，尤其是研发设计、金融、法律等服务部门，还面临较为严重的行政管制；会计审计、商贸物流、电子商务等行业对外资和社会资本的市场准入门槛仍然较高；一些行业对社会资本和外资尚未完全开放。

2. 对外开放程度低

尽管我国已经成为世界第二大服务贸易国，但服务贸易占比仍然偏低，一个重要的原因就在于我国服务业市场对外开放明显滞后。无论是生产性服务业，还是生活性服务业，均面临严格的市场准入限制和国内管制，由此制约了服务贸易的进一步发展。从我国的情况看，服务贸易限制主要表现在对外资企业的形式、股权、外资占比等方面的限制。OECD公布的42个国家18个服务部门服务贸易限制指数STRI（Series Trade Restrictiveness Index）显示，指数越大表明该行业限制性越强，市场开放程度越低。2017年，我国几乎所有服务贸易限制指数均高于英国水平（见图3.3）。

3. 服务水平低

服务业市场开放滞后，缺乏公平竞争的市场环境，既难以提供高品质的服务，也难以提供现代化的服务产品与服务标准。近几年来，我国因服务质量问题引发的消费投诉不断增多。2017年，在全国消费者协会组织受理的消费者投诉中，服务类投诉为382823件，占总投诉量的52.67%，比重上升16.72个百分点。②其中，互联网服务，销售服务，生活、社会服务类，电信服务，文化、娱乐、体育服务居于投诉前五位（见表3.3）。此外，服务水平不高也是导致部分服务型消费外流的重要原因。

---

① 国家卫生健康委员会. 2017年我国卫生健康事业发展统计公报[R]. 2018-06-12.

② 中国消费者协会.2017年全国消协组织受理投诉情况分析[EB/OL]. 中国消费者协会网，2018-01-29.

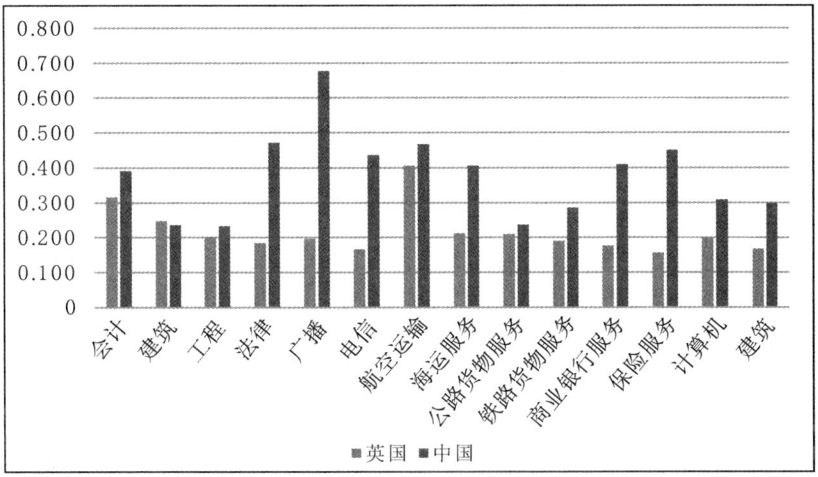

数据来源：服务贸易限制指数数据库（OECD）。

图3.3　2017年中国服务贸易限制指数

表3.3　2016—2017年全国消协受理服务投诉量

服务大类	2016年（件）	投诉比重（%）	2017年（件）	投诉比重（%）
互联网服务	37791	5.78	162825	22.4
销售服务	38932	5.96	69397	9.55
生活、社会服务类	64685	9.9	60415	8.31
电信服务	32451	4.97	27937	3.84
文化、娱乐、体育服务	11430	1.75	14536	2
邮政业服务	11343	1.74	10502	1.45
教育培训服务	6646	1.02	10338	1.42
公共设施服务	9508	1.45	8943	1.23
房屋装修及物业服务	8496	1.3	8647	1.19
旅游服务	4500	0.69	4101	0.56

续表

服务大类	2016年（件）	投诉比重（%）	2017年（件）	投诉比重（%）
金融服务	3534	0.54	2679	0.37
卫生保健服务	2725	0.42	1507	0.21
保险服务	2788	0.43	996	0.14

数据来源：中国消费者协会.2017年全国消协组织受理投诉情况分析[EB/OL]. 中国消费者协会网，2018-01-29.

4. 服务价格较高

在价格管制、缺乏有效竞争的情况下，不少服务业领域价格居高不下。例如，2016年，我国工业用气价格是美国的近3倍，居民用气价格则高出25%。此外，国内部分商品价格偏高，主要是因为服务环节价格高，尤其是物流成本居高。有数据显示，2017年社会物流总费用12.1万亿元，同比增长9.2%，与GDP的比率为14.6%，比2016年同期下降0.3个百分点①。从国际比较看，美国、德国、加拿大、英国、日本、韩国等发达国家基本在8%～9%，印度为13%，巴西为11.6%，普遍低于我国。②

四、以服务业市场开放释放经济活力

2016年以来，国内民间投资增速大幅下滑。与此同时，服务业领域有大量的投资需求，而民间投资却无法进入。释放经济活力、拓宽社会资本投资渠道，关键在于服务业市场开放。

1. 从工业市场开放到服务业市场开放

改革开放以来，工业领域一直是我国市场开放的重点。我国正是抓

① 杜海涛.2017年社会物流总额增长6.7% 社会物流总费用与GDP的比率回落[N].人民日报，2018-02-07.

② 国家发展和改革委员会经济运行调节局.我国物流成本现状及国际比较[J].中国经贸导刊，2017（22）：34—36.

住了全球产业转移的历史机遇，加快了工业领域市场开放的步伐，在充分利用国际、国内两个市场的基础上，做大工业“蛋糕”，由此成为全球制造业第一大国。国际经验表明，由高附加值的现代服务业逐步取代低附加值的传统工业是产业结构升级的基本规律，也是一个国家由工业化中期走向工业化后期的客观趋势。我国进入工业化后期，市场配置资源的重点由工业领域转向服务业领域。也就是说，发挥市场在资源配置中的决定性作用，突出矛盾在服务业领域；做大服务业“蛋糕”，关键是服务业市场开放。

2. 服务业领域蕴藏巨大的市场空间

（1）服务业投资增速明显快于工业。近几年来，在工业领域投资增速大幅下降的情况下，服务业投资在稳定经济增长中发挥了重大作用。2012年，我国服务业固定资产投资增速仅比工业高出0.4个百分点；2016年，我国服务业固定资产投资同比增长10.9%，比工业高出7.4个百分点；2017年，服务业固定资产投资同比增长9.5%，比工业高出6.3个百分点（见图3.4）。

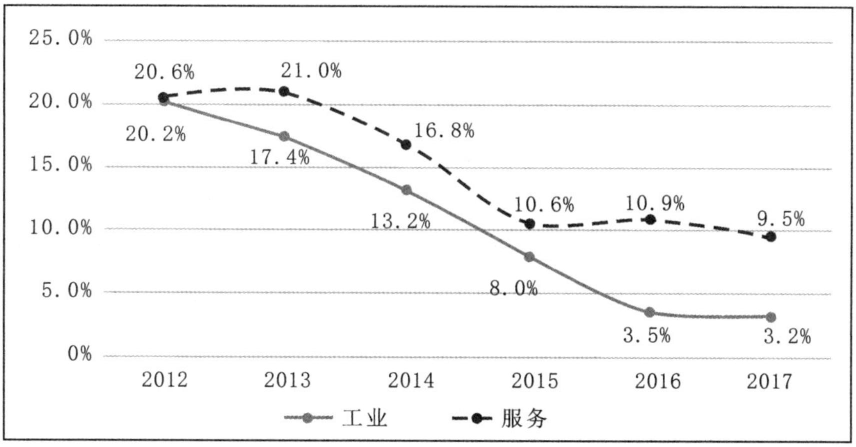

数据来源：根据国家统计局2012—2017年全国固定资产投资统计数据整理。

图3.4　2012—2017年服务业与工业固定资产投资增速

（2）服务业逐步成为社会投资的重点领域。2012年以来，由于一批生活性服务业领域向社会资本开放，我国服务业领域的投资规模不断扩大。据统计，2012—2017年，我国服务业全社会固定资产投资由20.5万亿元增长到37.8万亿元；服务业全社会固定资产投资占全社会固定资产投资的比重由54.8%提高到58.9%（见图3.5）。

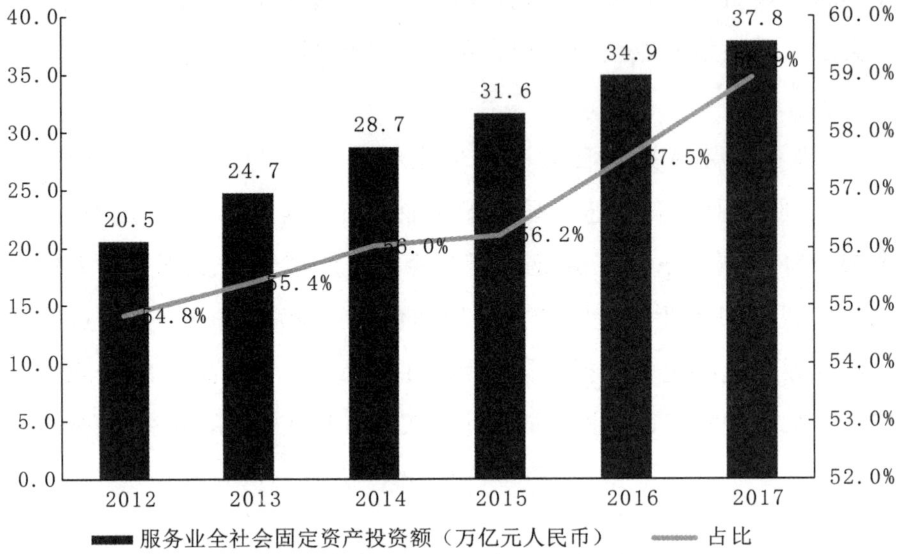

数据来源：中华人民共和国国家统计局国家数据库。

图3.5　2012—2017年我国服务业固定资产投资及其占比

（3）服务业市场开放将给社会资本带来巨大的投资空间。随着教育、医疗等服务业市场逐步放开，社会资本进入服务业领域的势头加快，在满足社会多元化公共需求中扮演着重要角色。从教育领域看，截至2016年底，全国共有各类民办学校（教育机构）17.1万所，各类民办学校在校生达4825.47万人。[①]有机构预测，到2018年我国民办教育市场规模将

① 中华人民共和国教育部.2016年全国教育事业发展统计公报[EB/OL].中华人民共和国教育部网站，2017-07-10.

超过1万亿元。[①]从健康产业看，“十三五”期间，我国健康服务业的市场消费总规模将高于医疗消费总规模，健康服务业市场潜力高达8万亿元人民币[②]。

3. 以服务业市场开放释放社会资本活力

（1）庞大的高净值人群拥有大量的社会资本。与改革开放初期缺乏资本的情况不同，现阶段我国发展服务业并不缺乏资本。近年来，我国形成了庞大的高净值人群，成为社会资本投资的重要力量。有数据显示，2012—2017年，我国千万高净值人群数量由102万人增长到147万人，年均增长7.3%（见图3.6）。

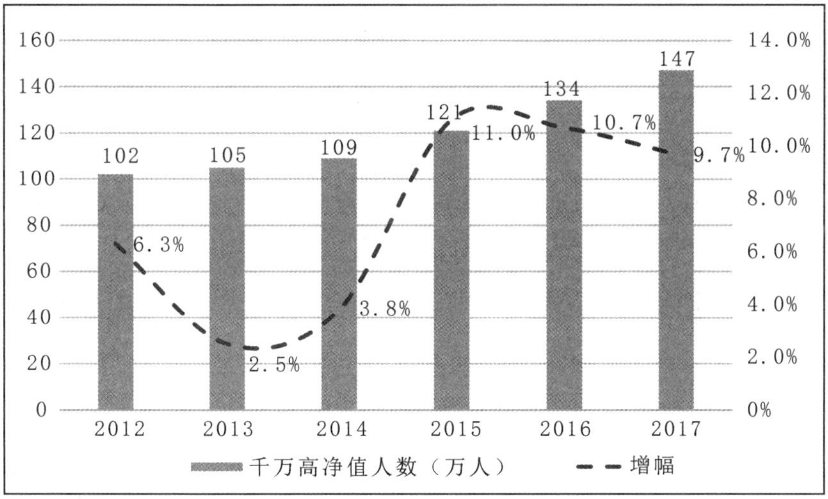

数据来源：泰康与胡润研究院.2017中国高净值人群医养白皮书[R].2017.

图3.6　2012—2017年我国千万高净值人群规模

（2）服务业市场向社会资本开放是关键。2013年以来，中央政府在生活性服务业、生产性服务业、公共服务业等部分服务行业相继出台了指

① 中研普华公司.2013—2018年中国民办高校行业市场动态及发展前景预测报告（2013）[R].2013.

② 迟福林.转型闯关——“十三五”：结构性改革历史挑战[M].北京：中国工人出版社，2016.

导意见，明确表示服务业市场向社会资本开放，向全社会释放出一个积极的信号。但从现实看，社会资本进入服务业市场仍面临不同程度的政策"玻璃门"或制度"玻璃门"。尽管高净值人群对创新行业和消费服务业拥有较高的投资热情，但由于服务业市场开放滞后，大部分高净值人群选择去海外投资。根据《2016年中国高净值人群海外投资意向报告》，高达45%的高净值人群会考虑海外投资。面对这个形势，需要尽快出台服务业市场开放的行动计划。

4. 以服务业市场开放拓宽国内投资渠道

（1）适应服务型消费需求的服务业投资严重不足。尽管近年来服务业投资呈现增长的势头，但除房地产投资外，服务业领域的投资占比仍然偏低。2017年，除房地产投资外服务业固定资产投资占全社会固定资产投资比重仅为35.7%。[①]从服务业固定资产投资结构看，全社会需求增长比较快的教育、医疗、文化、养老等服务业领域的固定资产投资占比严重偏低。如表3.4所示，2017年，教育投资占比为3%，卫生和社会工作投资占比为2%，文化、体育和娱乐业投资占比为2.3%，公共管理、社会保障和社会组织投资占比为2.1%，这与我国消费结构升级、产业结构调整的趋势不相适应。

表3.4　2017年我国服务业固定资产投资中教育、卫生等投资及占比情况

分类	投资额（亿元）	占比（%）
教育	11104.3	3.0
卫生和社会工作	7327.9	2.0
文化、体育和娱乐业	8734.8	2.3
公共管理、社会保障和社会组织	7931.5	2.1

数据来源：国家统计局.中国统计摘要2018[M].北京：中国统计出版社，2018.

① 根据《中国统计摘要2018》全社会固定资产投资数据计算。

（2）在服务业市场开放中拓宽投资渠道。从目前的情况看，稳增长需要投资，但问题的关键是投资要有市场、要有效益。这就需要突出消费的导向作用，推进投资转型，扩大有真实需求的服务业投资比重，实现投资与消费的动态平衡。

——与服务型消费需求快速增长趋势相适应，重点加大教育培训、家政服务、健康服务、养老服务、旅游服务、体育服务等生活性服务领域的投资。

——针对工业转型升级的迫切需求，重点加大对信息、研发、设计、物流等生产性服务领域的投资。

——适应我国公共产品需求全面快速增长的基本趋势，把投资的重点转向教育、医疗、社会保障等基本公共服务领域。

——尽快在电信、教育、医疗、金融等领域再推出一批向社会资本开放的重大项目。

第二节　服务业市场开放重在打破垄断

落实党的十九大报告关于“打破行政性垄断，防止市场垄断”的要求，以打破垄断为重点，加快服务业市场向社会资本开放，形成统一开放、公平竞争的市场体系，成为服务业市场开放的重大任务。

一、服务业市场全面向社会资本开放

从产业发展特点看，服务业门类繁多，个性化、差异化程度高，需要社会资本通过公平竞争激活、做大服务业市场。尤其是在当前实体经济发展困难的情况下，需要尽快出台相关政策，推进服务业市场全面向社会资本开放。

1. 加快生产性服务业市场开放

（1）鼓励社会资本以多种形式进入生产性服务业领域。按照“非禁即准”的要求，凡是法律、行政法规未明令禁止进入的生产性服务业领域，应全部向社会资本开放，不再对社会资本设置歧视性障碍，大幅减少前置审批和资质认定项目，鼓励社会资本参与发展生产性服务业。

（2）鼓励社会资本参与应用型技术研发机构市场化改革。

——支持企业与科研院所、高等院校等联合建立应用型技术研发机构，并给予财税、金融等政策支持。

——鼓励国有技术研发机构的科研基础设施和科技项目信息资料向社会开放，提供研发实验等技术服务。

——实施技术成果转化、转让奖励制度，鼓励企业研发人员以技术成果入股企业并参与收益分配，充分调动研发人员的积极性。

（3）鼓励社会资本参与国家服务业综合改革试点。尽快启动新一轮国家服务业综合改革试点，更多依靠社会资本发展研发设计、商务服务、

市场营销、售后服务等生产性服务业，推动生产性服务业向专业化和价值链高端延伸，提升我国服务业的综合竞争力。

2. 生活性服务业市场全面放开

（1）把教育、医疗健康、养老等生活性服务业作为服务业市场开放的重点。在教育领域，加快放宽市场办学准入，鼓励支持社会力量在各教育层次举办民办学校，参与教育基础设施建设和运营管理；在医疗健康领域，积极引导社会资本发展医药卫生事业，进一步放宽社会力量办医准入；在养老领域，充分利用现有资源发展健康养老产业，积极引导社会资本进入养老服务业，加快推动公办养老机构改革，充分发挥各类市场主体活力，到2020年全面放开养老服务市场。

专栏 3.2

我国放宽社会力量办学准入条件

2017年1月18日，国务院印发《关于鼓励社会力量兴办教育促进民办教育健康发展的若干意见》，对民办教育改革发展作出了全面部署。其中，对社会力量办学条件明显放宽。

——放宽办学准入条件。社会力量投入教育，只要是不属于法律法规禁止进入以及不损害第三方利益、社会公共利益、国家安全的领域，政府不得限制。政府制定准入负面清单，列出禁止和限制的办学行为。各地要重新梳理民办学校准入条件和程序，进一步简政放权，吸引更多的社会资源进入教育领域。

——拓宽办学筹资渠道。鼓励和吸引社会资金进入教育领域创办学校或者投入项目建设。创新教育投融资机制，多渠道吸引社会资金，扩大办学资金来源。鼓励金融机构在风险可控前提下开发适合民办学校特点的金融产品，探索办理民办学校未来经营收入、知识产权质押贷款业务，提供银行贷款、信托、融资租赁等多样化的金融服务。鼓励社会力量对非营利性民办学校给予捐赠。

——探索多元主体合作办学。推广政府和社会资本合作（PPP）模式，鼓励社会资本参与教育基础设施建设和运营管理、提供专业化服务。积极鼓励公办学校与民办学校相互购买管理服务、教学资源、科研成果。探索举办混合所有制职业院校，允许以资本、知识、技术、管理等要素参与办学并享有相应权利。鼓励营利性民办学校建立股权激励机制。

资料来源：国务院.国务院关于鼓励社会力量兴办教育促进民办教育健康发展的若干意见[EB/OL].中国政府网，2017-01-18.

（2）加大农村生活性服务供给。以企业为主体，鼓励社会各方力量在农村地区提供服务，推动城镇生活性服务业网络向农村延伸，引导和鼓励有实力的大中型流通企业延伸连锁经营网点到农村，形成农民日常生活服务的零售终端网络，提高农村居民生活便利化水平；加快农村宽带、无线网络、物流等信息基础设施建设，推进电子商务进农村综合示范工作；加快农村社区化建设，创新农村公共服务供给机制，改善村庄人居环境，切实减轻农民负担。

3. 扩大公共服务业对社会资本开放

（1）区分基本公共服务与非基本公共服务放开市场。在政府对基本公共服务承担最终责任的前提下，扩大公共服务业市场开放有利于广泛调动各方面的积极性，满足多样化服务需求，提升公共服务业供给质量与效率。

——扩大非基本公共服务的市场开放。对养老服务、托幼教育、专业培训、健康保健、家政服务等非基本公共服务，全面降低市场准入，引入竞争机制，发挥市场配置资源的决定性作用。

——基本公共服务也可以引入竞争机制提高效率。对义务教育、医疗卫生、住房、就业服务、公共文化等基本公共服务，加大政府向社会的购买力度，鼓励企业、社会组织等多方面参与。

（2）放开公共资源市场。适应经济社会转型发展的大趋势，按照中央《关于创新政府配置资源方式的指导意见》要求，在公共资源领域创新资源配置方式，引入市场竞争机制，提高资源配置效率和效益。

——放开民生类公共资源市场。适应改善民生、满足多元化的公共需求，出台改革方案，加快放开教育、医疗、养老、文化、体育等领域的公共资源市场。

——放开牵动城镇化发展的公共资源市场。与城镇化进程相适应，允许社会资本通过特许经营等方式参与公共基础设施投资和运营，全面推广和普及公私合营模式，调动多方面积极参与城镇化尤其是中小城镇建设。

——放开政府后勤类公共资源市场。与政府简政放权和建设低成本政府相适应，放开公车等行政机关类公共资源市场，发挥市场在资源配置中的决定性作用，有效降低行政成本。

（3）在公共服务领域全面推广PPP模式。从国际经验看，在公共服务领域采取PPP模式，不仅能够减轻政府财政压力，拓宽公共服务融资渠道，提高公共服务供给效率和公共服务水平，还能激活社会资本的投资潜力。2015年5月，国务院办公厅转发财政部、发展改革委、人民银行《关于在公共服务领域推广政府和社会资本合作模式的指导意见》，鼓励在医疗、卫生、养老、教育、文化等公共服务领域，广泛采用PPP模式，并在财税、价格、土地、金融等多方面给予政策支持，这为社会资本进入公共服务领域提供了难得的历史机遇。当前应尽快建立完善的实施细则，规范选择合作伙伴的程序和方法，切实维护国家利益、社会公共利益和社会资本的合法权益。

二、破除服务业领域的行政垄断和市场垄断

当前，我国社会资本投资增速大幅下滑，很大程度上与垄断行业改革滞后相关。从现实情况看，推进服务业市场开放，关键是破除服务业领域各种形式的行政垄断和市场垄断。

1. 推动服务业领域国有资本战略性调整

服务业市场开放对国有资本战略性调整提出新的要求：既要破除行政垄断，又要国有资本能够在公共服务领域做更大贡献。建议：第一，在一般竞争性的服务业领域，国有资本原则性退出，为社会资本留下更大的市场空间；第二，将更多国有资本配置在公共服务领域；第三，在公共服务领域，通过发展混合所有制吸纳社会资本参与，有效增强公共服务业的社会合力。

2. 全面推进垄断行业向社会资本开放

（1）推进垄断行业竞争环节对社会资本全面放开。①

——在以电力、电信、石油、民航、邮政等为重点的垄断行业，进一步破除各种形式的行政垄断。在这些行业，除基础设施部分外，相当多的生产环节都可以放开市场，引入社会资本。

——推进资本市场的国有股减持，在非自然垄断环节退出一部分国有资本，为社会资本进入这些领域腾出空间。

——全面实现自然垄断和竞争环节分开，在自然垄断部分强调国有资本主导，在竞争性环节对社会资本放开。

——完善基础领域的准入制度，对垄断行业要逐步放松或解除管制，广泛引入市场竞争机制，鼓励社会资本参与基础领域的公平竞争。

（2）垄断行业的自然垄断环节吸纳社会资本广泛参与。

——推进银行、保险、航空等行业全面向社会资本放开。

——对可以完全市场化的自然垄断行业和企业，能退出的全部退出；

① 迟福林.走向服务业大国的转型与改革——2020年中国经济转型升级的大趋势[J].上海大学学报：社会科学版，2015（01）:1—18.

暂时不能退出，或退出条件不具备的企业，也要让出国有控股权，实施混合所有制，如交通基础设施、房地产开发、贸易经营等领域。

——对国有资本继续控股经营的自然垄断行业，根据不同行业特点实行网运分离、放开竞争性业务。在自然垄断环节，通过BOT、TOT等多种形式鼓励社会资本参与投资。

（3）健全城市公用事业的特许经营制度，积极引导社会资本参与①

——对城市公用事业，要尽快健全特许经营制度，形成合理价格机制。实现城市公用事业政事分开、政企分开、事企分开，建立完善的市场竞争机制、企业经营机制和政府监管机制。

——打破垄断经营，引入市场竞争机制，提高城市建设运营效率；充分利用资本市场，彻底改变政府投资城市公用事业的单一模式，允许社会资本参与投资城市公用事业。

——利用已有的经营性公用事业资产，以特许经营方式向社会资本进行多元化融资，积极引导社会资本参与，有效缓解公用事业建设资金短缺的状况。

三、推进服务业投资便利化改革

要发挥市场在服务业领域资源配置中的决定性作用，必须加快推进服务业投资便利化改革，尽快形成统一开放、竞争有序的市场环境。

1. 破除服务业市场壁垒

彻底打破服务业市场分割和地区封锁，凡是法律法规没有明令禁入的服务业领域，都应该向异地社会资本开放，建立全国统一开放、竞争有序的服务市场体系；允许服务业企业、服务产品自由进入全国各地市场，各地区凡是对本地企业开放的服务业领域，应全部向外地企业开放；促进各类生产要素在全国范围自由流动，提高资源配置效率和公平性①。

① 中国（海南）改革发展研究院课题组.放开服务行业　释放市场红利[N].上海证券报，2015-04-14.

2. 建立公平竞争的市场规则

（1）建立平等规范的市场准入标准。放宽服务业投资准入标准，最大限度减少对服务业企业的经营服务、一般投资项目和资质资格的限制；在制定负面清单的基础上，依法开放各类资本平等进入负面清单之外的服务业领域。

（2）实现内外资同等待遇。服务业市场在对外资开放的同时，也要同步向国内社会资本开放。尽早实现包括市场准入、准入后和经营过程中民企、外资和国企享受同等待遇。

（3）建立服务业市场的激励约束机制。建立健全服务业企业信用信息采集、查询和征信管理制度，定期公布服务业企业的信用信息，建立服务行业评价体系，逐步形成守信激励、失信惩戒的机制，形成服务业良好发展的市场环境。

3. 清理制约服务业市场公平竞争的政策法规

（1）全面清理妨碍各类市场主体公平竞争的相关规定和做法。按照“非禁即准”的原则，清理与法律法规相抵触、制约各类市场主体进入服务业的规定和程序，严禁和惩处各类违法实行优惠政策的行为。

（2）实行公平竞争的产业政策。清理各种对服务行业的歧视性政策规定，在投资核准、股权比例、融资服务、财税政策等方面，同等对待各类市场主体，促进统一开放、竞争有序的市场体系建设。

（3）全面规范服务业收费。对现有收费政策进行梳理，全面清理各地服务业审批过程中涉及的经营性服务业收费，制定新的收费标准，全面降低对服务业企业的行政事业性收费；全面清理公共服务收费，实行目录清单制，并尽快向社会公布；探索建立“零收费”制度，加大服务业企业减负力度。

第三节　推进服务业市场双向开放

从现实情况看，服务业市场双向开放已经成为新阶段对外开放的焦点。一方面，我国进入工业化后期，利用外资的重点转向服务业；另一方面，我国越来越多的企业“走出去”，形成以服务贸易为重点的对外贸易新格局。

一、服务业市场双向开放与服务贸易发展直接融合

当前，一方面，以服务贸易为重点的开放转型正处在历史关节点；另一方面，服务业市场双向开放的大趋势正在形成。在这个特定背景下，服务业市场双向开放与服务贸易发展高度融合，如果没有服务业市场双向开放，就难以形成以服务贸易为重点的对外贸易新格局。

1. 服务业市场双向开放与服务贸易快速发展相互促进

近年来，我国服务贸易的快速发展很大程度上得益于服务业市场双向开放。一方面，服务业市场有序对外来投资开放，服务业成为吸引外资的主要领域，尤其是2017年1月国务院印发《关于扩大对外开放积极利用外资若干措施的通知》，意味着我国服务业市场将在更大程度上和更广范围内对外资开放。另一方面，服务业成为我国对外投资的主要领域，信息传输、软件和信息技术服务业，金融业，文化、体育和娱乐业，租赁和商务服务业，批发和零售业等服务行业逐步成为对外投资的重点，国内一些服务企业纷纷到海外并购相关服务行业，成为世界经济低迷中的一个突出亮点。这对促进国内经济转型升级发挥着越来越大的作用。总的来看，服务业市场双向开放将推动我国服务贸易发展再上一个新台阶。

2. 服务业市场双向开放大趋势正在形成

（1）服务业成为吸引外资的“高地”。

——服务业利用外资总体呈现快速增长的势头。随着服务业逐步对外

资放开市场准入，大量外资开始投资我国服务业。据统计，2009—2017年，我国服务业实际利用外资规模由385.3亿美元增长到890.1亿美元，年均增速达到11.0%，并实现了规模的倍增（见图3.7）。

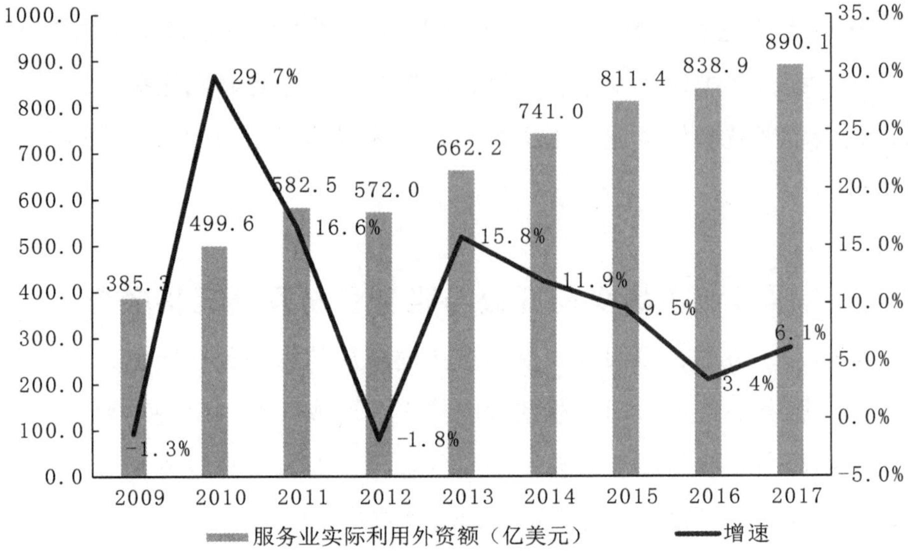

数据来源：中华人民共和国国家统计局国家数据库。

图3.7　2009—2017年服务业利用外资情况

——服务业利用外资占比超过工业，成为利用外资的主要领域。2010年，我国服务业实际利用外资在全国总量中的比重达到47.2%，首次超过制造业；2011年，我国服务业实际利用外资占比达到50.2%，超过第二产业，占比首次过半；2017年，我国服务业实际利用外资占比达到67.9%，是制造业的约2.7倍（见图3.8）。

（2）服务业成为对外投资合作的主要领域

——无论是从投资流量还是从投资存量看，服务业都是对外投资的主要领域。数据显示，2016年，我国对外直接投资存量的77.3%分布在服务业（见图3.9），金额达到10496亿美元①，主要分布在商务服务、金融、批发和零售、交通运输和仓储、房地产业等第三产业。

① 根据《2016年度中国对外直接投资统计公报》计算得出。

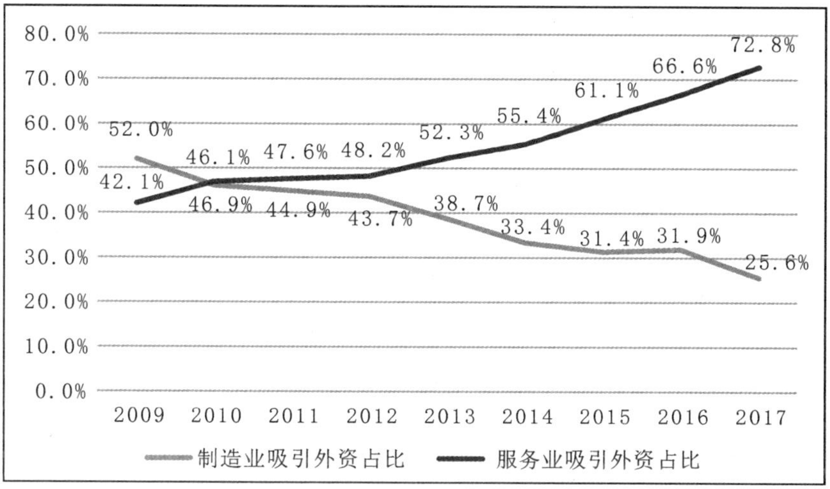

数据来源：根据2009—2017年中华人民共和国商务部发布的外商投资统计数据绘制。

图3.8　2009—2017年服务业与制造业利用外资占比情况

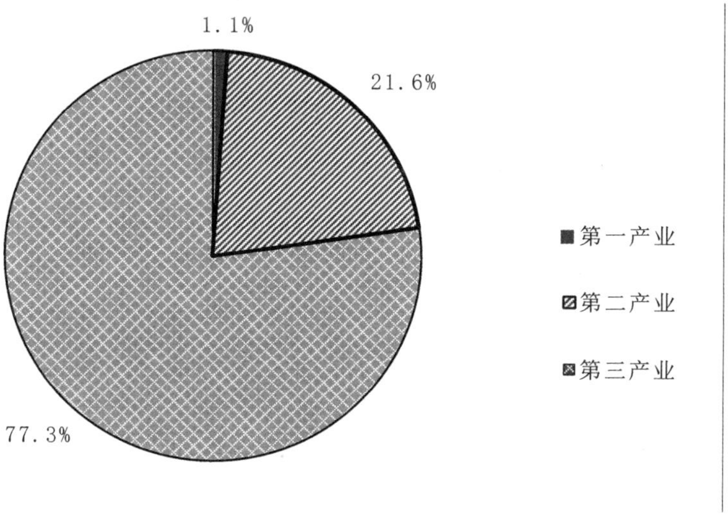

数据来源：中华人民共和国商务部.2016年度中国对外直接投资统计公报[M].北京：中国统计出版社，2017.

图3.9　2016年中国第一产业、第二产业、第三产业对外直接投资存量

——2016年，我国企业共实施完成并购项目765起，涉及74个国家（地区），实际交易总额1353.3亿美元，其中服务业496起，交易金额达969.7亿美元，占比71.7%。[①]

3. 在服务业市场双向开放中提升服务业发展水平

（1）在服务业市场双向开放中发展服务业。无论是扩大服务业市场对外开放，还是对外投资服务业，都不是为了简单地利用外资或资本输出，而是要通过服务业市场双向开放提升国内服务业发展水平。例如，欧美发达国家在金融、电信、旅游、健康、建筑等服务业领域有着丰富的管理经验和先进技术，吸引这些服务行业的外资，以及对发达国家这些行业进行投资，都对提升我国服务业的国际竞争力具有重要意义。

（2）服务业市场双向开放仍然面临诸多挑战。从“引进来”方面看，我国在服务业利用外资上尚未达到理想的效果，外资过多集中在房地产等生活性服务业领域，生产性服务业领域的外资并未达到带动国内产业转型升级的目标，以至于我国服务业长期处于产业链低端。从“走出去”方面看，我国服务业对外投资主要集中在投资租赁和商务服务业、金融业、批发和零售业等领域，一些高技术服务行业在海外并购时常因安全审查而失败，技术性贸易壁垒比较广泛，使我国难以通过对外投资提升服务业发展水平。

（3）以服务业市场双向开放实现优势互补。客观地看，服务业市场双向开放可以通过彼此开放相应的市场达到优势互补。通过市场的双向开放，发达国家可以进入我国近14亿人口的服务业大市场，我国可以获得发达国家先进的技术、服务和管理经验。

① 根据《2016年度中国对外直接投资统计公报》计算得出。

专栏 3.3

进一步扩大服务业对外开放

国务院印发的《关于扩大对外开放积极利用外资若干措施的通知》，对进一步做好利用外资工作作出部署。其中，对服务业领域进一步扩大开放明确提出："服务业重点放宽银行类金融机构、证券公司、证券投资基金管理公司、期货公司、保险机构、保险中介机构外资准入限制，放开会计审计、建筑设计、评级服务等领域外资准入限制，推进电信、互联网、文化、教育、交通运输等领域有序开放。"

资料来源：国务院.国务院关于扩大对外开放积极利用外资若干措施的通知[EB/OL].中国政府网，2017-01-17.

二、推进生活性服务业市场双向开放

为了形成生活性服务业市场双向开放的新格局：一方面，需要推进教育、医疗、文化等生活性服务业有序对外开放；另一方面，需要支持一批具备条件的生活性服务业企业"走出去"。

1. 提升生活性服务业双向市场开放水平

（1）只有向外资开放教育、医疗、文化等服务行业，才能有效发挥外资的特殊作用。从我国服务业领域利用外资的情况看，服务业利用外资结构单一，外商投资主要集中在房地产、金融等行业。据统计，2016年，房地产业外商投资占外商直接投资总额的15.6%，在服务业投资中居于首位；租赁和商务服务业、批发和零售业，占比分别达到12.8%和12.6%；而教育、卫生、文化等领域的外商直接投资占比不足1%（见表3.5），与我国服务型消费需求快速增长的大趋势不相适应。未来5~10年，为适应我国消费结构升级的大趋势，需要推进教育、文化、医疗、健康等生活性服务业领域有序开放，逐步放开外资准入限制，吸引外资更多地进入生活性服务业领域，发挥外资在管理、技术等方面的优势，推动国内生活性服务业发展水平不断提升。

表3.5　2016年服务业主要领域外商直接投资情况

服务业主要领域	实际使用外资金额（亿美元）	占外商直接投资总额的比重（%）
电力、燃气及水的生产和供应业	214677	1.7
建筑业	247744	2.0
交通运输、仓储和邮政业	508944	4.0
信息传输、计算机服务和软件业	844249	6.7
批发和零售业	1587016	12.6
住宿和餐饮业	36512	0.3
金融业	1028901	8.2
房地产业	1965528	15.6
租赁和商务服务业	1613171	12.8
科学研究、技术服务和地质勘查业	651989	5.2
水利、环境和公共设施管理业	42159	0.3
居民服务和其他服务业	49038	0.4
教育	9437	0.1
卫生、社会保障和社会福利业	25411	0.2
文化、体育和娱乐业	26732	0.2

数据来源：国家统计局. 中国统计年鉴2017[M]. 北京：中国统计出版社，2017.

（2）受自身发展水平限制，我国对外投资中生活性服务业占比偏低。尽管发达国家生活性服务业领域对外资的准入限制较少，但由于我国生活性服务业发展水平有限，对外投资中生活性服务业占比偏低。2016

年，我国对外直接投资中文化、体育和娱乐业投资额为41.5亿美元，占比仅为2.1%；住宿和餐饮业投资额为16.2亿美元，占比仅为0.8%[①]。

2. 推进生活性服务业有序对外开放

（1）扩大教育领域开放合作。落实中央《关于做好新时期教育对外开放工作的若干意见》，显著提高教育对外开放水平。依法完善中外合作办学办法，提高教育国际交流合作水平。从适应经济转型的教育结构调整趋势看，建议以职业教育为重点推进教育领域的开放合作。积极引进世界知名院校开展中外合作办学，允许并支持国外知名大学、职业教育机构以控股方式在国内设立合资分校，在特定地区设立独资分校；重点引进国家急需的自然科学与工程科学类专业优质资源，提升中外合作办学质量；鼓励外商投资设立外籍人员子女学校，支持外商通过中外合作办学方式投资设立教育培训机构及项目，支持高校加大引进国外优质教育资源力度，优化配置境内外教育资源，实现优势互补和教育资源良性互动。

（2）扩大文化、体育和娱乐业领域开放合作。在国家法律法规允许的范围内，支持国外著名文化创意、经纪、营销机构与国内文化企业合资合作；发展文化市场多元化服务模式，率先在国内自贸试验区选择文化娱乐业聚集的特定区域，允许外商投资者独资设立演出经纪机构，在特定区域内提供服务；鼓励外资按照国家产业政策和法律法规的规定以合作、参股、特许经营等方式投资体育产业，参与体育基础设施建设。

（3）扩大医疗、健康服务业市场对外开放。

——扩大医疗服务业市场对外开放。以有序开放、风险可控为基本原则，在对外资进行投资风险评估的基础上，逐步放宽中外合资、合作办医条件；允许、支持外资开办非营利性医疗机构，提供基本医疗卫生服务；逐步扩大具备条件的境外资本设立独资医疗机构试点；加快海南博鳌乐城国际医疗旅游先行区等医疗开放政策试点的建设，并逐步将这些试点的成功经验向全国推广。

---

① 中华人民共和国商务部，国家统计局，国家外汇管理局.2016年度中国对外直接投资统计公报[R].2017.

——扩大健康服务业市场对外开放。适应我国大健康产业发展的大趋势，积极引导外资投向康复护理服务、家庭护理服务以及母婴照料服务、心理健康服务等领域；推动具备条件的境外资本在国内设立独资、合资的健康服务机构；降低或取消外资股权比例限制，放宽经营资质和经营范围限制；积极引进境外知名健康管理等机构，建成一批集医疗、养生、科研于一体的医疗健康中心。

专栏 3.4

博鳌乐城国际医疗旅游先行区9项特殊政策

2013年4月，海南博鳌乐城国际医疗旅游先行区获得国务院批复的加快医疗器械和药品进口注册审批、允许外资举办医疗机构等9大优惠政策。具体包括：

（1）加快先行区医疗器械和药品进口注册审批；

（2）先行区可根据自身的技术能力，申报开展干细胞临床研究等前沿医疗技术研究项目；

（3）卫生部门在审批先行区非公立医院机构及其开设的诊疗项目时，对其执业范围内需配备且符合配备标准要求的大型药用设备可一并审批；

（4）境外医师在先行区内执业时间试行放宽至3年；

（5）允许境外资本在先行区内举办医疗机构；

（6）可适当降低先行区部分医疗器械和药品的进口关税；

（7）适当增加先行区建设用地计划指标；

（8）支持并指导先行区引入生态、医疗、新能源等相关国际组织，承办国际会议；

（9）鼓励先行区利用多种渠道融资，吸引社会投资。

资料来源：马跃峰，黄晓慧.博鳌乐城国际医疗旅游先行区获9条“黄金政策”[EB/OL].人民网，2013-04-06.

3. 鼓励生活性服务业企业对外投资，扩大文化产品和服务输出

鼓励中华老字号企业利用品牌效应，带动中医药、中餐等产业开拓国际市场；鼓励有条件的文化企业通过独资、合资、并购等多种方式在国外兴办经营实体；围绕创意设计、影视制作、数字动漫、网络游戏等重点产业领域，培育一批拥有自主知识产权的文化创意产品和服务项目，参与国际文化市场竞争，扩大出口贸易；促进文化出口企业建立健全生产经营体制和分配制度，提高企业国际竞争力。

三、推进生产性服务业市场双向开放

未来，在推动服务业市场开放进程中，要把生产性服务业市场双向开放作为扩大对外开放的重中之重，以放开市场准入限制为重点推进生产性服务业市场双向开放，并以此推动国内生产性服务业迈向产业链中高端。

1. 把生产性服务业双向市场开放作为市场开放的重点

（1）把提升生产性服务业发展水平作为双向市场开放的重要目标。从实践看，近年来由于国内许多生产性服务业的市场准入有所降低，外来投资在我国生产性服务业领域的投资比重快速扩大。据统计，2016年，外商直接投资在科学技术、信息、商务服务等生产性服务业领域的投资额占其在华投资总额的比重已经接近24.7%。①但生产性服务业市场对外资的准入仍有股权比例要求、经营范围要求、当地成分要求和技术转移要求等限制，并且许多外资企业主要从事服务外包业务，服务对象是跨国制造业企业，国内生产性服务业企业很难从中学到先进技术和管理经验。从对外投资看，企业对外投资生产性服务业仍面临形式各异的贸易投资壁垒尤其是技术性壁垒，对外投资生产性服务业的比重仍有待提升。双向市场开放不足，导致国内生产性服务业企业长期处在产业链低端，这也是我国生产性服务业发展长期滞后的重要原因。从经济转型升级的现实需求出发，应把

① 数据来源：根据《中国统计年鉴2017》相关数据计算得出。

尽快提升国内生产性服务业发展水平作为扩大生产性服务业市场双向开放的重要目标和衡量指标。

（2）提升高技术服务行业的对外投资水平。当前，我国对外投资主要集中在生产性服务业领域。据统计，2016年，租赁和商务服务业对外投资额以4739.9 亿美元高居榜首，占中国对外直接投资存量的34.9%。同期，科学研究和技术服务业对外投资额为197.2 亿美元，占比仅为1.4%。[①]这与发达国家高技术服务行业对外资设置的隐形壁垒相关，发达国家对我国企业投资研发、设计等高技术服务行业的限制较多。2016年以来，我国多个海外并购交易因美国海外投资委员会反对而被否决，比如否决飞利浦将旗下Lumileds照明业务出售给中资财团的交易、美国芯片制造商仙童半导体拒绝了华润微电子的收购邀约等。

2. 有序放开生产性服务业外资准入

（1）放开信息服务业外资准入。适应“互联网＋”的大趋势，促进信息服务业国内外资本合作。鼓励外资进入软件及信息服务、集成电路设计等领域；鼓励跨国公司在国内设立研发中心、离岸服务中心；延伸信息服务产业链，支持外资从事信息技术支持管理、财务结算等国际服务外包业务。

（2）放开商务服务业外资准入。有序放开会计审计、电子商务等领域外资准入限制，允许符合条件并取得中国注册会计师资格的专业人士担任合伙制会计师事务所合伙人；支持外资以参股、并购等方式参与国内商务服务企业改造和重组，允许外商投资资信调查公司，逐步扩大开放范围。

（3）有序放开技术服务业外资准入。逐步降低技术服务领域外资准入门槛，取消外资工程设计（不包括工程勘察）企业首次申请资质时对投资者的工程设计业绩要求，取消外商投资飞机维修项目中方控股的比

① 中华人民共和国商务部. 2016年度中国对外直接投资统计公报[M]. 北京：中国统计出版社，2017.

例限制。

3. 相互放开准入限制

（1）推动发达国家放开对华高新技术出口管制。中国与发达国家存在的贸易逆差，在很大程度上是因为贸易伙伴的对华出口禁令导致的。例如，商务部预测，如果美国放宽对中国的出口限制，对华贸易逆差可以减少35%左右。

（2）显著降低技术性贸易壁垒。目前，美国、欧盟等经济体对中国的许多领域设置了技术壁垒，其电子技术、航空技术、信息通信技术、生命科学技术、能源环境等领域尚未对发展中国家开放，并且缺乏统一的投资审批程序，容易滥用反垄断调查。国家市场监督管理总局的相关数据显示，2016年国外技术性贸易措施给我国出口企业造成的损失共计5300多亿元，较2013年增加近30%。[①]为此，需要多方努力，使美国、欧盟等经济体不再单独设置针对中国企业的技术壁垒、国家安全审查壁垒，进一步向中国开放服务市场，包括高新技术产业。

（3）推动发展中国家向中国开放服务业。尤其是在“一带一路”沿线国家和地区，要进一步降低旅游、医疗、教育、文化娱乐等领域的准入门槛，加强服务业合作，实现“一带一路”服务贸易的重要突破。例如，针对人员自由流动，可考虑对符合条件的申请人，实施更加便利的签证审发程序；探索发放电子签证，增加签证有效期和停留时间，放宽多次入境签证的发放条件。

---

① 赵宇飞，杨丁淼.发展中国家竞扎国际贸易“技术篱笆”[N].经济参考报，2017-12-12.

第四节　服务业市场开放的政策与体制变革

从现实情况看，目前我国绝大部分服务业领域已经实现了对社会资本开放。问题在于，社会资本在诸多方面的待遇与体制内企业严重不平等，由此抑制了社会资本投资的积极性。因此，在服务业市场全面向社会资本开放的同时，需要尽快出台相关的政策，实现体制内外服务业企业平等竞争。

一、服务业发展面临政策不平等的突出障碍

由于传统的政策与体制尚未打破，产业政策在支持工业发展和支持服务业发展上存在不平等，民营企业与体制内企业所享受的政策待遇严重不平等，因此制约了社会资本扩大对服务业领域的投资。

1. 工业发展和服务业发展的政策不平等

（1）政策不平等不利于服务业健康发展。国家“十三五”规划已经明确提出形成以服务业为主导的产业结构目标，并且在“十三五”新兴战略产业发展规划中也明确了鼓励信息技术、数字创意等新兴服务业发展的政策。但总的来看，国家支持工业发展和支持服务业发展的政策仍然存在不平等，有些方面甚至是严重的不平等，扭曲了资源配置的格局。

（2）服务业与工业用地政策不平衡。从实践看，在土地政策安排上，政府优先供应工业用地，而且商业服务用地价格也明显高于工业用地价格。统计数据显示，2018年第一季度，我国商业服务用地平均价格是工业用地的9倍（见图3.10）。不合理的用地成本不仅制约了服务业的快速发展，也影响了我国工业转型升级的进程。此外，服务业领域仍面临着体制内外的人才待遇、政府采购政策等方面的不平等。

（3）价格管制的重点在服务业。在价格管制上，不计基础领域的

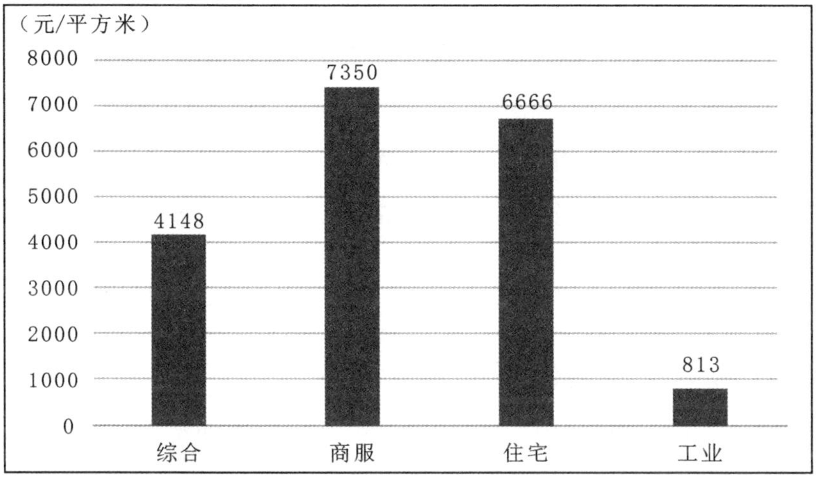

数据来源：中国土地勘测规划院城市地价动态监测组. 2018年第一季度全国主要城市地价监测报告[R]. 2018年4月.

图3.10　2018年第一季度各类用途平均地价

话，工业领域的价格管制远远小于服务业领域。据不完全统计，目前《中央定价目录》中16类涉及定价的项目总共有70多项，除去此前放开的项目，政府定价仍有50余类还没有放开，其中包括铁路、民航、港口、教育、邮政、银行等领域的收费标准等。

2. 体制内外企业享受的政策待遇不平等

（1）体制内外用地政策待遇的不平等。例如，社会资本投资建学校、建医院需要按照市场价来购买土地，而体制内的事业单位就能享受划拨地政策。

（2）体制内外人才政策待遇的不平等。多年来，由于体制内外政策的差异，绝大多数中高级人才更愿意到体制内单位工作，而不愿意到民营企业工作，尤其是教育、医疗等行业。

（3）体制内外政府采购政策待遇的不平等。体制内的单位仍是政府采购的主体。例如，公立医院能够顺利纳入医保定点单位，而民营医院尚未完全纳入医保定点医院报销，等等。

3. 政策不平等抑制服务业领域的社会资本活力

在放宽社会资本进入服务业领域的市场准入限制后，教育、医疗、养老、金融等服务业领域开始积聚的社会资本越来越多。问题在于，无论是在生产要素使用上，还是相关的政策支持上，体制内外的服务业企业享受的政策严重不平等。这是当前服务业领域社会资本规模较大，但所占市场份额偏低的重要原因。

二、以政策平等促进服务业发展

在放宽市场准入的条件下，发挥社会资本在服务业市场的积极作用，需要尽快实现体制内外服务业企业政策平等，彻底打破传统政策体制对社会资本的束缚，全面激发社会资本的活力。

1. 实现服务业与工业用地政策平等

（1）加大现代服务业用地供给。

——在土地利用总体规划和城乡规划中统筹安排服务业发展用地规模、布局和时序。实行有利于服务业发展的土地政策，将更多的土地应用到现代服务业领域。确保医疗、健康、养老等生活性服务业设施用地在土地利用年度计划和土地供应计划中得到落实。支持将集体建设用地用于乡村旅游业发展。

——支持利用工业、仓储等用房用地兴办符合规划的服务业。鼓励利用工矿废弃地建设旅游等服务业项目。涉及原划拨土地使用权转让或改变用途的，经批准可采取协议出让方式供应。

——开辟服务业项目建设用地审批“绿色通道”，加快用地审批速度；探索实施服务业用地出让“预公告”制度，缩短土地供应时限。

（2）多种形式加大生产性服务业土地供应。

——每年新增建设用地指标向生产性服务业倾斜，优先安排国家鼓励发展的高技术、高附加值、低消耗、低排放的新兴服务业项目用地。

——鼓励并支持企业兼并重组，利用过剩产能项目用地发展服务业。

鼓励工业企业利用自有工业用地兴办促进企业转型升级的自营生产性服务业，推动服务业与制造业融合发展。对提高自有工业用地容积率用于自营生产性服务业的工业企业，经依法批准可按新用途办理相关手续。

（3）实现服务业与工业用地“同地同价”。鼓励地方试点，加大政策调整力度，对列入国家鼓励类的服务业在供地安排上给予倾斜，大幅降低服务业用地价格，采取过渡式的办法逐步缩小服务业与工业用地价格差距，争取到2020年全国基本实现服务业用地与工业用地“同地同价”[①]。

2. 实现体制内外人才政策待遇平等

（1）实现体制内外人才评价政策平等。按照中央《关于深化职称制度改革的意见》要求，全面放开体制外人才职称评定门槛，打破户籍、地域、身份、档案、人事关系等制约。教育、医疗、科研、文化等领域民办机构专业技术人员与公立机构专业技术人员在职称评定等方面享有平等待遇；对于长期在非公单位工作、没有参加过职称评定的各类人才，打破逐级申报限制，允许根据工作能力、业绩等直接报评相应级别职称；对在非公单位、科技型中小企业发展中做出突出贡献的人才可以破格、越级评审职称。

（2）实现体制内外各类人才保障政策待遇平等。促进职称制度与用人制度的有效衔接，重点加快实现体制内外各类人才的社会保障水平平等。尽快出台实施细则，逐步提升非公有制机构和公益性社会组织各类人才的社会保障水平，最大限度地缩小体制内外各类人才基本社会保障水平差距；建立健全民办机构人才人事代理服务制度，保障各类人才在体制内外合理流动，鼓励高校毕业生、各类人才到民办机构就业；实现民办机构人才在户籍迁移、住房、子女就学等方面享受与当地同级同类公办机构同等的人才引进政策。

（3）加快改革科研体制，鼓励事业单位人员在现代服务业领域创新

---

① 张维.尽快出台垄断行业改革方案[N].法制日报，2015-03-11.

创业。从国际经验看，发展现代服务业，尤其是生产性服务业，需要有一大批中高级专业技术人才面向市场创新创业。

——鼓励科研事业单位设立各类创新创业机构，充分利用科研院所现有科研成果、设备设施发展各类生产性服务业，推动生产性服务业向专业化和价值链高端延伸。

——改革知识产权管理体制，鼓励中高级人才利用知识产权入股创办企业，或到企业兼职。

——支持鼓励中高级人才通过提前退休、保留社保待遇等方式“下海”创新创业。

3. 实现体制内外政府采购政策待遇平等

（1）在政府采购中平等对待各类所有制企业。除明令禁止社会资本参与政府采购的项目外，其他领域政府采购项目均向社会资本开放；参与政府采购和招标投标、高新技术企业认定、申报政府计划项目、科技奖励、取得许可证和资质等级证书以及安排使用的各类财政专项扶持资金，对各类所有制企业一视同仁，实行同等待遇。①

（2）在政府购买公共服务中实现事业单位、民营企业、公益性社会组织政策平等。尽快取消政府购买对市场主体和社会组织的某些歧视性规定，鼓励市场主体和公益性社会组织参与。凡政府购买公共服务，除明令禁止社会资本参与的项目外都应向公益性社会组织放开；在义务教育、基本医疗卫生、基本住房保障、基本社会保险、就业服务、公共文化等基本公共服务领域，尽可能采取政府购买公共服务的办法，对事业单位、民营企业、公益性社会组织实行同等待遇；逐步降低民营医院纳入医保定点单位的限制，实现公立医院与民营医院定点率“一碗水端平”。

三、放开服务业市场价格

价格真实反映供求关系，是市场在资源配置中起决定性作用的前提，

① 中国（海南）改革发展研究院课题组.放开服务行业　释放市场红利[N].上海证券报，2015-04-14.

这就需要尽快完善由市场决定价格的机制，合理区分基本与非基本需求，主动放开竞争性领域和环节的服务价格。

1. 全面放开竞争性领域服务业价格

实践表明，竞争性领域服务业价格放开有利于充分利用市场竞争扩大服务业供给，提升服务业发展质量。党的十九大报告提出“加快要素价格市场化改革”。按照党的十九大精神，要尽快放开竞争性领域服务价格。对经营者自主定价领域，要通过放管结合，强化事中事后监管，维护市场秩序，保障市场主体公平竞争。

2. 完善垄断行业价格形成机制

（1）区分竞争性和自然垄断环节，建立不同的价格形成机制。垄断行业需要一定的价格管制，但竞争性环节的价格可以放开。为此，需要对自然垄断环节的服务业，仍实行政府定价；对竞争性环节的服务业，政府全面放开价格控制，引入竞争机制，实行企业自主定价。

（2）加快推进水、石油、天然气、电力、交通运输等领域价格改革。坚持以市场化为导向，逐步放开竞争性环节价格，充分发挥市场决定价格的作用。例如，逐步放开铁路运输竞争性领域价格，逐步扩大道路客运、民航国内航线客运、港口经营等领域由经营者自主定价的范围，放开邮政竞争性业务资费；加快电力、天然气等能源价格改革，促进市场主体多元化竞争，择机放开成品油价格，尽快全面理顺天然气价格，有序放开上网电价和公益性以外的销售电价，建立主要由市场决定能源价格的机制。①

3. 完善公共服务价格形成机制

（1）区分基本公共服务与非基本公共服务，实施差别定价机制。基本公共服务是政府必须兜底的公共服务，可以由政府通过管制形成较低的价格，但非基本公共服务可以放开价格管制。在“保基本”的前提下，加快形成非基本公共服务领域主要由市场决定的价格形成机制。政府定价范

① 新华社.中共中央国务院关于推进价格机制改革的若干意见[EB/OL].新华网，2015-10-15.

围主要限定在重要公用事业、公益性服务、网络型自然垄断环节。

（2）对基本公共服务领域，政府仍保留定价权以保障公益性。例如，对义务教育阶段公办学校学生免收学杂费；合理调整医疗服务价格，建立以成本和收入结构变化为基础的价格动态调整机制，尽快理顺医疗服务比价关系；政府投资兴办的养老服务机构依法对“三无”老人免费，对其他特殊困难老人提供养老服务，床位费、护理费实行政府定价管理。①

（3）对非基本公共服务领域，全面放开价格管制。例如，对营利性民办学校收费实行自主定价；公立医疗机构医疗服务项目价格实行分类管理，对市场竞争比较充分、个性化需求比较强的医疗服务项目价格实行市场调节定价；社会办养老机构提供的养老服务由经营者自主定价。

四、全面推进政府购买公共服务

在全社会公共需求全面快速增长的新阶段，推进政府购买公共服务，既是创新公共服务供给方式的重大举措，也是激发服务业市场活力、提高公共服务供给质量和供给效率的现实选择。争取到2020年，在全国基本建立比较完善的政府购买公共服务的体制机制。

1. 公共服务社会化、市场化是大势所趋

进入发展型新阶段，尤其在全面深化改革的背景下，政府购买公共服务的主要目的是实现公共服务公开化、公正化和效益最大化。从改革实践看，政府既是公共服务供给主体，自己办事业机构，同时又是监管主体，这是公共服务既难以实现公平又难以提高效率的体制性根源。虽然我国在2003年就开启了政府购买公共服务的进程，但由于公共服务体制创新滞后，在传统事业单位体制下，政府购买公共服务发展相当缓慢。数据显示，2016年，我国政府采购规模占全国财政支出的比重为11%，其中，服

① 新华社.中共中央国务院关于推进价格机制改革的若干意见[EB/OL]. 新华网，2015-10-15.

务类采购占政府采购规模的18.9%[①]；而欧美发达国家政府采购规模占财政收入的比例为30%～40%，服务类采购占政府采购规模的50%以上[②]。因此，在事业单位改革进程加快的前提下，加快推进政府购买公共服务将是大势所趋。

2. 建立政府购买公共服务的新体制

（1）把形成多元供给主体作为完善政府购买公共服务的基本目标。利用社会资本的力量扩大公共服务供给的力度，取决于政府购买公共服务的规模。党的十八届五中全会明确指出："创新公共服务供给方式，能由政府购买服务提供的，政府不再直接承办；能由政府和社会资本合作提供的，广泛吸引社会资本参与。"适应近14亿人公共服务需求变化的大趋势，把形成多元供给主体、多元竞争主体作为完善政府购买公共服务的基本目标，重点发展政府向社会组织购买公共服务，尽快取消政府购买对市场组织和社会组织的某些歧视性规定[②]。

（2）争取到2020年，形成法治化、规范化、透明化的政府购买公共服务的体制机制，使政府采购规模占财政支出的比重达到30%左右，服务类采购占政府采购的比重达到40%左右。

3. 形成政府购买公共服务的制度安排

（1）细化政府购买公共服务的指导目录。2015年1月，财政部、民政部与国家市场监督管理总局（原工商总局）发布了《政府购买服务管理办法（暂行）》，对政府购买服务的基本原则、购买主体和承接主体、购买目录和指导目录作出规定。建议进一步细化政府购买公共服务的指导目录，使其更具有可操作性。

（2）建立公平竞争机制。除某些特殊领域外，多数公共服务领域原则上都要引入竞争机制，建立政府购买公共服务的公示制度，通过合同、

① 国库司.2016年全国政府采购简要情况[EB/OL].中华人民共和国财政部网站，2017-08-26.
② 迟福林，张飞. 推进政府购买公共服务："十三五"政府职能转变的重点[J].社会治理，2016（02）：30—35.

委托等方式向社会组织购买公共服务，最大限度地避免暗箱操作，以保证各类承接主体的公平竞争。实现体制内的事业机构与体制外的公益性社会组织之间的公平竞争，在同样条件下，谁能够提供更多的公益性，政府就向谁购买公共服务。

（3）将政府购买公共服务纳入《政府采购法》。从实践看，政府购买公共服务越来越普遍，但公共服务至今尚未纳入《政府采购法》。为此，需要尽快将公共服务纳入《政府采购法》，规定政府购买公共服务的范围和程序，使之规范化、制度化，实现政府购买公共服务于法有据。

五、以服务供给社会化为目标推进事业单位改革

在事业单位分类改革基本完成的前提下，需要以服务供给社会化为目标、以服务业市场开放为重点深化事业单位改革，走出一条扩大服务供给、改善服务质量、优化服务结构、提高服务效率的新路子。

1. 加快服务业发展的需求与事业单位改革滞后的矛盾突出

（1）事业单位改革滞后制约服务业有效供给。当前，我国以健康、教育、养老为重点的服务型消费需求全面快速增长。问题在于，健康、教育、养老等领域的供给主体主要为体制内的事业单位，运行效率不高、内部管理未有效理顺，社会资本进入门槛较高，制约了服务供给的总量、结构、质量与效率。

（2）事业单位改革滞后制约公平竞争市场环境的形成。从实践看，服务业供给严重不足的突出矛盾，根源不在于国内资本缺失，而在于服务业的行政垄断和市场垄断，以及由此形成服务业体制内外政策不平等。

（3）事业单位改革滞后制约自身发展。事业单位改革滞后，不仅制约服务业的快速发展，而且制约事业单位自身发展：一是事业单位行政化倾向严重，缺乏应有的公益性、专业性、独立性，在发展上严重依赖于政府支持；二是由于体制僵化，事业单位缺少竞争意识、服务意识，很难通过主动改革来提升服务供给效率和改善服务质量；三是国家财政对社会事

业的支持主要用于事业单位，而事业单位在促进创新创业、扩大服务供给上的潜力远未释放出来。

2. 加快形成社会化服务供给主体

（1）加快事业单位去行政化。党的十九大报告提出要“深化事业单位改革，强化公益属性，推进政事分开、事企分开、管办分离”。从实践看，加快事业单位去行政化，是培育多元化、社会化服务供给主体的重要前提。

（2）将部分事业单位推向市场，实现企业化运作。对于提供竞争性服务的事业单位，可以完全通过市场化获得利润，实施企业化运作。例如，在养老、健康、文化、体育等生活性服务业领域，可以将处于竞争性环节的事业单位推向市场；在研发、设计、咨询等生产性服务业领域，凡能够提供增值服务的事业单位，原则上转化为企业；能够推向市场的事业单位，尽快建立现代企业的法人治理结构。

（3）鼓励社会资本出资兴办事业单位。社会资本出资兴办事业单位，是拓宽民间投资渠道、推进经济转型的重大举措。建议尽快出台鼓励社会资本兴办事业单位的具体办法。

——实施负面清单管理，除涉及国家安全等不适合社会资本进入的领域，一律允许社会资本兴办事业单位。

——废除不合理的审批和烦琐的程序，支持社会资本兴办学校、医院、科研、文化、体育等各类社会事业。

——出台相关政策，对提供公益性服务的社会资本进行扶持，并给予必要的财政政策、土地政策、金融政策等支持。

（4）允许事业单位发展混合所有制，吸引各类资本参与事业单位改革。事业单位发展混合所有制，是调动各方积极性，做大服务业“蛋糕”的有效途径。

——鼓励包括国内社会资本、外资在内的各类资本入股、参股事业单位。

——取消对非公有制资本股权比例的不合理限制，在竞争比较充分的领域允许非公有制资本控股。

——积极探索事业单位员工持股，鼓励事业单位与员工形成命运共同体。

（5）探索建立公益法人制度。事业单位去行政化之后，公共服务领域的绝大多数事业单位都应成为公益法人。

——对教育、科学、文化、卫生、体育事业、环境保护、慈善事业等不以营利为目的、提供公益性服务的事业单位，凡是能够通过市场获取部分收入或通过市场运作满足社会公共需要的，原则上转化为公益性社会组织。

——明确界定公益法人从事活动的范围，清理公共服务领域不合理的审批手续，降低公益法人准入标准，鼓励、支持更多的社会组织提供公益性服务，并依法保护公益法人财产权。

——建议成立独立的公益法人认定机构，如公益法人认定委员会，对公益法人进行认定。参照国际惯例，对公益性社会组织的捐赠免税，对其从事的公益性活动实行免税。

——清理和修订不利于社会资本兴办事业单位的法规政策规定，建议尽快研究制定《公益法人法》。

3. 加快形成服务供给社会化的大环境

（1）统筹推进事业单位改革与服务业市场开放。这有利于快速形成服务供给的多元主体，有利于利用发达国家先进技术和管理经验提高服务质量，有利于形成服务供给社会化的大环境。

（2）改革完善事业单位法人治理结构。由于事业单位法人治理结构不完善，事业单位缺乏应有的决策能力、管理能力，缺乏应有的独立性、专业性。建议尽快出台建立事业单位法人治理结构的具体改革方案。

——凡是面向社会提供公益服务的事业单位，如公立学校、公立医院、公共就业服务机构、公共文化机构、科研院所等，都应当建立法人治理结构。

——以实现社会服务供给最大化为目标，实行所有权与管理权分离，由决策层、执行层、监督层三者组成现代组织结构及其运行机制。

——理顺事业法人与主管部门之间的关系。主管部门要把管理权交给事业法人，充分保障事业单位人事、财产管理及业务开展的自主权。

——依据不同事业单位法人性质组建董事会、理事会，实现“举办者”和“管理者”的分开，促使事业单位成为真正独立的法人实体。

（3）将国家对事业单位的财政投入转变为引导基金，平等支持各类公益性服务主体。实践表明，按照事业单位规模、行政事业编制人数确定财政投入规模的传统做法，难以对公益性服务供给形成有效的激励约束。

——形成公益性服务客观的评价标准，按照公益性大小确定对事业单位的财政支持力度，财政支持对体制内外的公益法人一视同仁。

——采取引导基金的方式支持公益法人，对社会资本、公有制资本兴办公益事业给予同等支持，放大政府财政资金在引导各类资本投资公益性服务中的杠杆效应。

第四章

以“一带一路”建设为重点推动形成全球自由贸易发展新格局

习近平主席在2018年博鳌亚洲论坛年会开幕式的主旨演讲中提出：“‘一带一路’建设是全新的事物，在合作中有些不同意见是完全正常的，只要各方秉持和遵循共商共建共享的原则，就一定能增进合作、化解分歧，把‘一带一路’打造成为顺应经济全球化潮流的最广泛国际合作平台，让共建‘一带一路’更好造福各国人民。”当前，贸易保护主义抬头，经济全球化面临严峻挑战，“一带一路”建设不仅承载着反对贸易保护主义，构建开放、包容、普惠、平衡、共赢的经济全球化的历史性任务，而且承载着以构建自由贸易区网络为目标、促进全球自由贸易进程的新使命。

第一节　推进“一带一路”产能合作与服务贸易融合

构建开放、包容、普惠、平衡、共赢的经济全球化，“一带一路”承载着三大历史性任务：一是以基础设施互联互通为依托；二是以产能合作和服务贸易为重点；三是以建立多层次、多种形式的自由贸易区网络为目标。这既是“一带一路”可持续发展的重要制度安排，也是“一带一路”推动经济全球化的重大任务。

一、以基础设施互联互通为依托

设施联通是“一带一路”建设的优先领域和“血脉经络”，不仅对降低贸易成本、促进贸易投资便利化、推动全球经济增长发挥着基础性作用，也对实现“一带一路”沿线国家和地区发展战略对接、构建“一带一路”自由贸易区网络具有关键性作用。

1. 加快形成互联互通的六大经济走廊

（1）继续推进国际大通道建设。截至2016 年12 月31 日，我国与南亚各国签署了15个基础设施建设项目协议，总金额达306.5亿美元；与非洲国家签署了12个基础设施建设项目协议，总金额达308.2亿美元；与北亚国家签署了4个基础设施建议项目协议，总金额达163.1亿美元；与东南亚和东欧国家各签署了5个基础设施建设项目协议，其中东南亚国家的项目总金额为97.3亿美元，东欧国家的为143.9亿美元。在“一带一路”框架下，一大批跨国基础设施已经开工建设或投入使用。截至2017年7月，“一带一路”框架内的基础设施在建项目已经覆盖了44个国家。[①]未来10年，要

① 王文，杨凡.“一带一路”与全球绿色基础设施投资的未来[EB/OL].新华丝路网，2017-09-26.

加快打通“一带一路”在陆上、海上、空中的贸易流、物流、人流、信息流通道，形成放射性、网络化的交通布局，着力构建连接我国与自由贸易伙伴的经济大走廊，提升贸易物流便利化水平。

（2）以“一带一路”基础设施投资实现互利共赢。我国与“一带一路”沿线国家和地区共建基础设施，既不是单方面援助行为，也不是“烧钱”，它为相关国家和地区经济发展带来的“溢出效应”已经超过基础设施投资收益本身，也必将带动我国经济的长远发展。例如，中国投资460亿美元与巴基斯坦共建的瓜达尔港，不仅对保障我国能源安全、降低运输成本具有重要的经济意义，也对我国突破马六甲海峡困局、保障地缘政治安全具有重要战略意义。

2. 以设施联通推进“一带一路”自由贸易区进程

2014年11月，习近平主席在主持召开加强互联互通伙伴关系对话会上指出：“今天，我们要建设的互联互通，不仅是修路架桥，不光是平面化和单线条的联通，而更应该是基础设施、制度规章、人员交流三位一体。”基础设施互联互通是加快实施自贸区战略的重要保障，其本身也会带来大量的自由贸易和投资需求，需要积极探索实行基础设施项下的自由贸易政策，加快推进“一带一路”沿线铁路、公路、油气管道、电网、信息网等关键基础设施的“无缝衔接”；推进通关便利化，尽快实现大通道、大通关，为推进双边、多边自由贸易区建设创造条件。例如，美国《福布斯》刊文认为，欧洲人开始接受并积极利用“一带一路”倡议的最大原因，是通往西方的火车开始行驶了。依托新亚欧大陆桥和西伯利亚大陆桥，我国已初步形成西、中、东3条中欧铁路运输通道。以最著名的中欧班列为例，截至2018年3月底，累计开行数量已经突破7600列，中欧班列国内线路有61条，到达欧洲的13个国家、41个城市，成为连接亚欧的贸易大通道。[①]

① 沈丹阳.“一带一路”新起点要有新重点[N].经济参考报，2018-04-11.

二、以产能合作和服务贸易为重点

目前，“一带一路”沿线国家和地区间的产能合作和金融合作已经展开。总的来看，以金融业为重点的服务业企业滞后于实体企业“走出去”的步伐，也滞后于产能合作的实际需求。在深化产能合作的同时，加快推进服务业领域的国际合作，成为“一带一路”可持续发展面临的重大任务。

1.“一带一路”沿线国家和地区产能合作实现互利共赢

（1）产能合作不断深化。5年来，我国同“一带一路”沿线30多个国家开展了国际产能合作。2017年，我国非金融类对外直接投资1200.8亿美元，同比下降29.4%；从行业分布情况来看，流向制造业191.2亿美元，同比下降38.4%，占15.9%，其中流向装备制造业108.4亿美元，较上年下降39.3%，占制造业对外投资的56.7%①。目前，跨境经济合作区中一半以上是与产能合作密切相关的加工制造类园区；中外产能合作基金设立以来规模迅速扩大，现在已经超过1200亿美元②。从产能合作水平看，我国在高速铁路、航天、船舶和海洋工程、冶金工业设备等领域具备世界领先优势，“走出去”的不是落后和淘汰的产能，而是优质、先进、高科技的产能。

（2）产能合作潜力巨大。“一带一路”沿线60多个国家和地区之间工业化水平差距较大，大部分国家处于工业化初期，工业基础薄弱，需要吸引外国投资来实现本国工业化。我国与这些国家和地区的经济互补性较强，在国际产能和装备制造业合作方面潜力巨大。

2. 在国际产能合作中加快培育服务贸易国际竞争力

（1）国际产能合作带来巨大服务贸易需求。基础设施互联互通以及直接投资项目、国际产能合作，不仅将在当地市场衍生出大量的工业品和消费品等长期而稳定的市场需求，而且还将衍生出大量相关服务贸易需

① 中华人民共和国商务部对外投资和经济合作司.2017年国际产能合作统计数据[EB/OL].中华人民共和国商务部网站，2018-01-16.

② 阎岳.中外产能合作基金超1200亿美元 助推优质产能出海[N].证券日报，2017-06-06.

求。尤其是在以信息技术为重点的高科技迅猛发展的背景下，各国在数字经济、服务贸易、智能制造等新兴产业进行技术合作的空间巨大。以服务外包为例，2017年，我国企业承接“一带一路”沿线国家的服务外包合同执行额达152.7亿美元，同比增长25.98%，占离岸服务外包执行总额的19.2%，比前一年提升2个百分点。其中，东南亚11国是规模最大的区域，承接该区域合同执行额78.81亿美元；西亚和北非16国是增长最快的区域，合同执行额同比增长44.9%①。截至2017年底，我国服务外包的业务范围已经遍及五大洲200多个国家和地区，服务外包执行额超亿元的国家和地区达到130个。②预计“一带一路”沿线国家的服务外包合作业务规模将保持20%左右的年均增长速度。

（2）国际产能合作要求服务贸易跟进发展。我国制造业企业“走出去”，不仅仅是产能的“走出去”，更是装备、技术、标准、服务同时“走出去”，带动关联产业的上、下游国际市场需求。在当前我国产能过剩、企业存在过度竞争的情况下，开展国际产能合作，尤其应该注重同时推动工程承包、研发设计、相关咨询、第三方认证、金融、保险、物流、采购企业“走出去”，以服务贸易合作提升产能合作水平。

（3）把“两结合”作为推动我国走向服务贸易强国的重要途径。在积极开展同发展中国家产能合作的同时，需要提升培育我国服务贸易的国际竞争力，把产能合作与服务贸易“两结合”作为推动我国走向服务贸易强国的重要途径。2017年，我国与“一带一路”沿线国家和地区的服务进出口额近987亿美元，高于整体服务进出口额增速13个百分点。③产能合作与服务贸易相互带动、融合发展的趋势正在形成。

3. *以服务贸易带动“中国制造2025”全球布局*

通过服务贸易合作，进一步建立健全区域合作的供应链、产业链和价

① 杨梅.中国服务外包转型发展路径更明晰[N].国际商报，2018-03-07.

② 程竹.企业去年承接服务外包合同额创历史新高[N].中国证券报，2018-02-06.

③ 沈丹阳.“一带一路”新起点要有新重点[N].经济参考报，2018-04-11.

值链，推动“中国制造2025”在全球范围内配置资源，实现转型升级。例如，通过技术服务贸易，促进制造业同信息技术密集型服务业高度融合，推动以服务型制造为核心的新业态参与全球产业链的结构再调整和价值链重构，并结合“中国制造2025”的升级换代，把生产要素的国内合理配置转换成立足全球资源禀赋的要素合理配置，形成“中国制造2025”的全球产业链，提升我国制造业的国际竞争力。

三、以建立自由贸易区网络为目标

以开放、包容、共享为目标，加快推进“一带一路”自由贸易区网络建设，使“一带一路”倡议成为反对贸易保护主义、维护经济全球化的新主角。

1. 建立“一带一路”自由贸易区网络的现实需求

（1）贸易投资合作潜力巨大。世界银行数据显示，2010—2013年，“一带一路”对外贸易、外资净流入年均增速分别达到13.9%和6.2%，比全球平均水平高出4.6和3.4个百分点。[①]国际货币基金组织预测，到2020年，“一带一路”沿线国家和地区货物贸易总额将达到19.59万亿美元，比2013年增长38.25%；占全球货物贸易总额38.93%，比2013年提高1.38个百分点[②]。

（2）沿线国家和地区间的贸易、投资成本居高不下。由于“一带一路”沿线国家和地区经济发展水平差距较大，部分国家采取贸易壁垒来维护本国市场，使得“一带一路”沿线国家和地区之间贸易成本居高不下，自由贸易程度较低。世界银行历年发布的《营商环境报告》显示，受经济基础、市场开放和成熟程度等诸多因素的影响，中亚国家营商环境排

① 张茉楠.着力推进“一带一路”贸易投资便利化[N].上海证券报，2016-11-08.

② 刘华芹.贸易畅通与发展：“一带一路”建设的基点[N].光明日报，2015-10-29.

名整体偏后[①]，成为制约区域贸易发展的主要障碍。《2018年营商环境报告》显示，中亚国家正在继续改善营商环境，创造就业岗位，促进经济增长。[②]然而，与欧盟、北美自由贸易区以及东盟等在区域一体化方面取得实质性进展的地区相比，“一带一路”相关国家面向区域内国家的出口和进口在全部对外贸易中的比重明显偏低。

（3）应对贸易保护主义挑战。未来5～10年，要以“一带一路”沿线国家和地区为重点建立更多双边、多边、区域性、全球性自由贸易区网络，显著降低与主要贸易伙伴的关税和非关税贸易壁垒，加快自由贸易进程。根据《2013年世界贸易报告》的相关分析，假设实施多哈回合谈判的贸易便利化措施，将低收入国家的贸易便利化分数提高到中等收入国家的水平，那么可降低10%的运输成本以及20%的贸易成本。

（4）形成规范、公正和透明的市场环境。通过签署一系列自贸协定或建立自贸区，打通自由贸易大通道，以自贸区为重点促进区域经济一体化，为沿线国家和地区之间的经济贸易往来提供一个规范、公正和透明的市场经济环境，不仅能够降低跨区域生产和贸易往来的成本，也可以在一定程度上防范由于地缘政治和地区不稳定因素造成的违约风险，提高贸易效率，促进双边、多边贸易投资和经济合作，从而形成“一带一路”沿线国家和地区开放合作大市场。

2. 把构建自由贸易区网络作为“一带一路”的重要制度安排

（1）以自由贸易区网络安排保障“一带一路”稳定性。未来“一带一路”面临的国际环境将更加复杂，干扰因素将明显增多。这既是“一带一路”的重大挑战，也是重要机遇。不管形势如何变化，制度安排可以保障“一带一路”的稳定性，而多种形式的自由贸易区网络就是基本的制度

① 丁志刚，潘星宇.“丝绸之路经济带”背景下中亚五国投资环境评估与建议[J].欧亚经济，2017（02）：53—72，128.

② 世界银行.2018年营商环境报告：改革以创造就业[EB/OL].中国国际贸易促进委员会网站，2017-11-02.

安排。同时，构建“一带一路”自由贸易区网络，可以巩固我国与周边及“一带一路”沿线国家和地区的经贸合作关系，拓展国际合作领域，创新合作机制，使“一带一路”在全球经济治理中发挥重要作用。

（2）以自由贸易区网络安排防范风险。在“一带一路”推进过程中，政治、经济、社会环境风险将明显增多，不确定性将显著增强。一方面，要加强风险研判，建立预警和防范机制；另一方面，要加快构建自由贸易区网络，通过这一制度安排来有效规避风险，以不变应万变，推进“一带一路”倡议的顺利实施。

（3）以自由贸易区网络赢得国内发展和国际竞争的主动。以“一带一路”沿线国家和地区为重点，加快建立跨国、跨区域自由贸易区网络，探索对外开放新的路径和模式，有利于我国在国际经贸规则制定中赢得主动，有利于拓展经济转型空间，有利于创造更好的外部发展环境，有利于在新一轮全球贸易自由化进程中发挥更大作用。

3. 建立“一带一路”自由贸易区网络的基本目标

（1）实现制度化、便利化的安排。无论是建立双边自由贸易区，还是构建多边自由贸易区，或是开展多种形式的自由贸易，都需要尽快形成制度安排，在投资贸易便利化上实现重要突破。

（2）实现双方、多方的优势互补。构建“一带一路”自由贸易区网络，需要立足沿线国家和地区的基本国情，发挥各自的资源优势，实现优势互补、互惠互利，形成利益共同体。

（3）推进“一带一路”的可持续进程，增强各方对全球经济一体化的信心。在全球贸易保护主义抬头的特定背景下，推进“一带一路”自由贸易区网络建设，对促进全球经济一体化和改善全球治理结构有重要影响；同时，有利于增强各方对全球经济一体化的信心，共同反对各种形式的贸易保护主义。

第二节　加快构建“一带一路”自由贸易区网络

在贸易保护主义抬头的背景下，推进“一带一路”建设与建立自由贸易区网络相融合，采取多种方式推进自由贸易进程，对促进“一带一路”沿线国家和地区间形成利益共同体、命运共同体、责任共同体具有战略意义，对我国实现更大程度的开放有重要作用，对全球经济增长和经济治理格局的改善将产生重大影响。

一、务实推进“一带一路”自由贸易区网络建设

“一带一路”沿线国家和地区发展水平参差不齐，既有发达经济体，也有发展中经济体，很难用一个标准、一个规则、一个模式来建立自由贸易区网络，必须依据开放、包容、共享的目标要求，打造多层次、多类型、灵活多样的双边、多边、区域性、全球性自由贸易区，或实施多种形式的自由贸易政策，以点连线、以线带面，重点突破，务实推进，逐步形成“一带一路”自由贸易区网络。

1. 推进“一带一路”与自由贸易区网络融合联动

总的来看，“一带一路”进程与建立自由贸易区网络融合发展的大趋势正在形成。随着“一带一路”进程的推进，将有越来越多的国家和地区参与进来，由此产生的自由贸易需求将不断增长，打破各种形式的贸易保护壁垒的愿望更加强烈。这就需要统筹推进“一带一路”与自由贸易区网络建设，实现相互促进、融合联动，以加快构建立足周边、辐射“一带一路”、面向全球的高标准自由贸易区网络，推动新一轮的全球自由贸易进程。

2. 最大程度增强开放包容性

根据“一带一路”沿线国家和地区的发展水平、发展优势、发展需求，打造多层次、多类型的自由贸易区，坚定地维护多边贸易体制，反对贸易保护主义，继续在推进贸易投资自由化、便利化、法治化的进程中，

让更多新兴经济体和发展中国家参与进来，分享经济全球化红利。

3. 优化自由贸易区网络布局

以亚太自贸区为重点，加快构建周边自由贸易区，力争与所有毗邻国家和地区建立自由贸易区，不断深化经贸关系，构建合作共赢的周边大市场；结合周边自由贸易区建设，推进国际产能和装备制造合作，积极同“一带一路”沿线国家和地区商建自由贸易区，形成“一带一路”大市场，将“一带一路”打造成畅通之路、商贸之路、开放之路。经过5～10年的努力，逐步形成全球自由贸易区网络，争取同大部分新兴经济体、发展中大国、主要区域经济集团和部分发达国家建立自由贸易区，构建金砖国家大市场、新兴经济体大市场和发展中国家大市场①。

4. 采取灵活多样的形式

充分考虑“一带一路”沿线国家和地区发展水平、发展需求、制度差异、承受能力，本着先易后难、循序渐进的精神，采用包括“早期收获计划”、框架协议、双边投资协定等多种合作形式，与“一带一路”倡议支点国家共建灵活多样的双边、多边自贸区，积极开创适合“一带一路”的自由贸易区网络新局面。例如，对于条件成熟的国家，采取双边自由贸易区的形式；对于条件尚不成熟的国家，实行基础设施项下、产能项下、旅游项下等多种自由贸易政策安排，实现双边自由贸易的突破。

5. 短中长期相结合分步推进

短期内，加快正在进行的自由贸易区谈判进程，逐步提升已有自由贸易区的自由化水平，积极推动与我国周边大部分国家和地区建立自由贸易区，使我国与自由贸易伙伴的贸易额占我国对外贸易总额的比重达到或超过多数发达国家和新兴经济体水平；中长期内，形成包括邻近国家和地区、涵盖“一带一路”沿线国家和地区以及辐射五大洲重要国家的全球自

---

① 国务院.国务院关于加快实施自由贸易区战略的若干意见[EB/OL]. 中国政府网， 2015-12-17.

由贸易区网络，使我国大部分对外贸易、双向投资实现自由化和便利化[①]。

6. 构建自由贸易区的方案选择

综合考虑各种因素，可采取高、中、低三种方案。高方案：与条件成熟的发达国家和地区，建立双边、多边自由贸易区，实施高标准的贸易投资政策、规则；中方案：与经济发展水平较低的国家和地区，通过承诺过渡期、产业项下贸易自由化以及“早期收获计划”、框架协议等多种合作形式，先达成浅层次一体化协议，如实施基础设施和产能项下的自由贸易政策；低方案：推动沿线国家和地区在基础设施、制造业、服务业、能源资源等多个领域开展广泛合作，建立跨境经济合作区和产业园区，建立多种形式的经济合作圈，对贸易和投资自由化、便利化的制度安排进行先行先试，务实推进自由贸易进程（见表4.1）。

表4.1 共建“一带一路”自由贸易区网络的总体思路

总体要求	主要内容	重点突破
目标任务	立足周边、辐射“一带一路”、面向全球的高标准自由贸易区网络	（1）加快推进亚太自贸区建设； （2）加快推进中欧自贸区建设； （3）打造中国—东盟自由贸易区升级版； （4）落实中韩、中澳自由贸易区协定
基本思路	相互促进、融合联动	（1）推进“一带一路”进程与建立自贸区网络相融合； （2）自由贸易区建设和推进国际产能合作相融合； （3）基础设施互联互通与发展战略对接相融合
发展原则	开放包容、互利共享	（1）最大程度增强自由贸易安排的开放性和包容性； （2）坚定地维护多边贸易体制； （3）推进贸易投资自由化、便利化

① 国务院.国务院关于加快实施自由贸易区战略的若干意见[EB/OL].中国政府网，2015-12-17.

续表

总体要求	主要内容	重点突破
建设布局	立足周边、优化布局	（1）力争与所有毗邻国家和地区建立自由贸易区； （2）积极推进“一带一路”沿线自由贸易区建设； （3）争取同大部分新兴经济体、发展中大国、主要区域经济集团和部分发达国家建立自由贸易区
推进方式	分类实施、灵活多样	（1）建立双边、多边自由贸易区； （2）实行基础设施项下、产能项下、旅游项下等多种自由贸易政策； （3）建立跨境经济合作区； （4）建立多种形式的经济合作圈
推进步骤	短中结合、重点突破	（1）近期：加快正在进行的自由贸易区谈判进程，逐步提升已有自由贸易区的自由化水平，积极推动与我国周边大部分国家和地区建立自由贸易区； （2）中长期：形成包括邻近国家和地区、涵盖“一带一路”沿线国家和地区，以及辐射五大洲重要国家的全球自由贸易区网络
方案选择	高低结合、务实推进	（1）高方案：建立多边、双边自贸区； （2）中方案：实行产业项下自由贸易政策，合作建立跨境经济合作区和产业园区； （3）低方案：建立旅游经济圈、能源经济圈等各种形式的经济合作圈

二、探索建设“一带一路”多边自由贸易区

多边贸易体制和区域经贸安排是驱动经济全球化的两个轮子。探索建立“一带一路”多边自由贸易区，支持开放、包容、共享的多边贸易体

制和区域经济合作，把促进贸易和投资自由化、便利化放在更加突出的位置，推动形成开放型世界经济格局。

1. 建立上合组织自由贸易区

（1）条件总体具备，要加快推进。习近平主席在上海合作组织成员国元首理事会第十八次会议上提出：“我们要继续在‘上海精神’指引下，同舟共济，精诚合作，齐心协力构建上海合作组织命运共同体，推动建设新型国际关系，携手迈向持久和平、普遍安全、共同繁荣、开放包容、清洁美丽的世界。”目前，上海合作组织拥有4个观察员国、6个对话伙伴，并同联合国等组织建立了广泛的合作关系，国际影响力不断提升，已经成为促进世界和平与发展、维护国际公平正义不可忽视的重要力量。

——上合自贸区蕴含巨大市场潜力。上海合作组织自2001年成立以来，逐渐形成了政治安全、经贸合作和人文交流三大支柱，成为全球经济增长较快的区域之一。随着印度和巴基斯坦的正式加入，上海合作组织成员国人口占世界比重从25%提升到44%，经济实力从占世界GDP的15%扩大到占25%。[①]2001年成立之初，我国与各成员国的贸易总额仅为120亿美元，到2017年达2176亿美元，增长了17倍。[②]建立上合自由贸易区，将带来近1000亿美元GDP的增长，进出口总额会增加近1300亿美元。[③]

——保障上合组织的安全与经贸两只轮子有力运转。在当前全球经济下行压力加大、多哈回合谈判受阻的背景下，建立上合组织自由贸易区，对推动中亚和南亚区域经济一体化，扩大上合组织的区域影响和全球影响，提升上合组织在国际重大事务中的话语权，都将发挥重要作用。

——直接关系我国向西开放格局。上合组织是衔接“一带一路”与“大欧亚伙伴关系”的重要平台。推进上合组织自由贸易区进程，直接关

① 李进峰.上海合作组织黄皮书：上海合作组织发展报告（2017）[EB/OL].社会科学文献出版社网站，2017-06-24.

② 郑青亭.聚焦上合青岛峰会[N].21世纪经济报道，2018-06-29.

③ 邓成功.上合自贸区呼之欲出　GDP增幅将破千亿美元大关[N].中国产经新闻报，2016-10-24.

系“一带一路”能源、交通大通道的建设，不仅为俄罗斯和中亚国家提供南下印度洋的通道，也将带动孟中缅印经济走廊、中巴经济走廊、中国-中亚-西亚经济走廊和中蒙俄经济走廊的建设，对中亚和南亚的地缘政治经济格局有重大影响。

（2）以WTO规则为基础启动自贸区谈判。建立上合组织自由贸易区的一个现实有利条件是多数成员国都是WTO成员，可把WTO的规则作为基础来启动谈判。

——尽快确立上合组织自由贸易区的发展目标，显著降低关税和非关税壁垒，提升贸易投资便利化水平，在欧亚大陆次区域内形成统一市场。

——消除在服务贸易领域的障碍，加强运输、物流、旅游、教育、建筑、通信等重点领域的合作，促进电子商务的发展。

——把投资保护和促进作为自贸区建设的重要内容，加强安全合作，保障机构、企业和人员安全。

——提升产能合作水平。根据共同需求，全面提升在交通、能源、电信、信息、农业、环保、科技、加工制造业等领域的产能合作水平，探索实行国际产能和装备制造业项下的自由贸易政策。

（3）加快制度与机制对接，提高贸易便利化程度。上合组织成员国合作的领域已经从传统的贸易、投资、能源、交通扩大到金融、科技、农业、环保、旅游等多个领域，但目前经贸合作主要是具体项目对接，应加快推进贸易投资、市场准入、海关监管等方面的制度与机制对接，提升贸易投资自由化、便利化水平。研究表明，如果将上合组织8个成员国间通关时间缩短25%，GDP总量将增加540亿美元，进出口总额会相应增加200亿美元。[①]

（4）加强重点产业领域合作。

——以可持续发展为导向，全面落实《2017—2021年上海合作组织进

---

① 赵静.区域经济杀出“黑马”　上合组织经贸项目步入落地期[N].上海证券报，2016-10-21.

一步推动项目合作的措施清单》，加快在贸易投资、金融、海关、农业、科技、环保、交通基础设施等领域取得突破。

——整合成员国能源优势，建立稳定的能源供求关系，在世界能源秩序中谋求有利地位。

——尽快成立上合组织开发银行和上合组织发展基金，加强银行金融领域的互利合作，推进人民币和成员国货币之间的合作，为促进贸易投资便利化创造良好的金融环境。

——依靠上合组织建立农业生产、农产品贸易以及食品安全等领域的合作，为农业领域合作提供平台。

（5）探索多种形式的自由贸易政策安排。全面实施基础设施项下、产能项下、农业项下的自由贸易政策；总结并推广中哈霍尔果斯边境国际合作园区的经验，与其他成员国共同建立产业项下的境内和跨境产业园区、工业园区和自贸区。

2. 推进中国–海合会自贸区进程

（1）时机条件比较成熟，近期有望完成自贸谈判。

——对提升双方在全球能源治理秩序中的影响力和话语权具有战略意义。中国–海合会自贸区一旦建成，将在构建“一带一路”能源经济合作圈中发挥重要作用，对双方在全球能源治理秩序中的影响力和话语权产生重要影响。

——中国与海合会国家经贸的互补性较强。从海合会国家看，大部分国家的经济结构单一，对我国的机电设备、信息通信等高新技术产品和轻工类商品需求较大。2014年，双方贸易额达1752亿美元，是2001年的20倍，年均增速高达25.7%；2015年，受油价下跌、全球贸易低迷等因素的影响，双方贸易出现暂时性下降，但贸易额仍超过1300亿美元，中国从海合会进口原油从2014年的1.05亿吨，增加到2015年的1.09亿吨[①]。截至2016

① 李伟.加强政策沟通　共创中国–海湾国家经济合作新格局[EB/OL].国务院发展研究中心网，2016–12–19.

年，海合会是中国第七大货物贸易伙伴、第一大建筑工程承包市场，中国是海合会最大贸易伙伴国和最重要的石油出口目的地。随着海合会国家推进产业多元化和贸易多元化战略的实施，对华贸易需求将进一步增加，对相关基础设施、制造业、金融及相关服务业的双边自由贸易需求将进一步增强。

——中国-海合会自贸区谈判已经取得重要进展。2004年以来，中国-海合会自贸区已经进行了9轮谈判，在货物贸易、服务贸易、投资、经济技术合作、海关核查程序、技术性贸易壁垒、卫生和植物卫生措施、贸易救济等领域达成一致。商务部的公开资料显示，中国-海合会自贸区谈判属于2018年商务部积极推动的十个自贸区谈判之一[①]。总体来看，建立中国-海合会自贸区的时机条件比较成熟，在近期有望完成谈判。

（2）推动双方发展战略的对接。在“一带一路”框架下，推动国际产能合作与海合会的经济结构多元化战略对接，相互借力，推动经济结构加快优化调整，带动中国与海合会经济合作。

（3）以开展能源项下的自由贸易为重点，打造能源经济共同体。推动能源价值链合作，推动油田工程技术服务、设备贸易、行业标准对接。加强可再生能源、绿色能源开发和技术创新领域的合作。加快建立中国-海合会石油战略储备机制，建立能源安全合作基金等。

（4）扩大服务贸易领域合作。推动我国与海合会成员国在旅游、交通、信息技术、电子商务、金融等服务贸易领域的合作，提升服务贸易项下的人员往来便利化水平。

（5）创新重点领域合作机制。结合双方基础和条件，围绕能源、金融、基础设施、产业园区、智慧城市等重点领域，创新合作机制。例如，将能源合作与货币合作相结合，将金融合作与基础设施建设相结合，将产能合作与共同开拓第三方市场相结合。

① 夏旭田，刘洋.中国自贸区“朋友圈”加速扩容 2018年将力推十大自贸谈判[N].21世纪经济报道，2018-01-03.

3. 把中国–中东欧合作（简称“16+1”合作）发展为多边自由贸易区网络

（1）把握中东欧国家在欧盟一体化中作用上升的趋势和机遇。中东欧16国[①]已成为促进欧盟一体化的重要力量，中东欧16国中已有11个欧盟成员国，8个申根区国家，5个欧元区国家[②]。推动与中东欧16国的贸易投资自由化、便利化，对促进中欧自贸区进程至少有三个方面的作用：一是扩大支持中欧自贸区的欧盟成员国范围；二是先行探索贸易投资自由化、便利化的制度安排；三是通过让中东欧国家分享我国发展红利，从而在欧盟产生示范带动效应。

（2）启动“16+1”自贸协定谈判。面对欧洲一体化格局的深刻复杂变化，在“一带一路”倡议下，构建“16+1”自由贸易区网络，对推动中欧自贸区进程将产生重要影响。为此，建议把尽快开展可行性研究、启动中国–中东欧自贸协定谈判作为制订《中国–中东欧国家合作中期规划》的一项重要内容。

（3）对接发展战略，推进互联互通。推进“一带一路”倡议与“16+1”合作机制的有效对接；加强在公路、铁路、港口、机场、电信、油气管网等基础设施建设领域的合作。2017年11月28日，匈塞铁路塞尔维亚境内贝尔格莱德至旧帕佐瓦段正式开工。[③]要以此为契机，与相关国家共同推动匈塞铁路建设早日完工，打造中欧陆海快线并加快推动通关便利化，扩大物流合作，推进中欧班列建设，扩大民航交流合作。

（4）提升中国和中东欧国家双向投资和贸易的便利化水平。

——在“16+1”合作框架下，与16国积极探讨形成降低贸易投资壁垒的制度安排，降低双方市场准入，加强技术标准、知识产权规则和市场监管方面的合作研究，对等放开政府采购市场。

---

① 中东欧16国包括波兰、匈牙利、捷克、斯洛伐克、斯洛文尼亚、爱沙尼亚、拉脱维亚、立陶宛、罗马尼亚、保加利亚、克罗地亚、马其顿、塞尔维亚、阿尔巴尼亚、波黑、黑山。

② 圣吉全.开创“16+1”合作共赢新局面[N].人民日报，2015-11-21.

③ 翟朝辉.匈塞铁路建设取得重大进展[N].经济日报，2017-11-30.

——加强海关通关便利化合作，加强信息共享和情报交换，推动更多符合条件的中东欧国家参与中欧安全智能贸易航线试点计划及其他中欧海关合作战略框架下的合作项目。

——扩大对中东欧的基础设施投资，建立中国-中东欧产业合作基金，建立中国-中东欧中小企业合作基金。

（5）探索实行产能项下和装备制造业项下的自由贸易政策安排。加强轨道交通、电力、工程机械、船舶和海洋工程、航空、汽车等装备制造合作；深化石油、化工、钢铁、有色金属、建材、铁路等领域优质产能合作；在此基础上，实行产能项下和装备制造业项下的自由贸易政策安排。

（6）合作建设自由工业港区和自由经济区。开展亚得里亚海、波罗的海和黑海“三海港区合作”，在有条件的港口合作建立产业聚集区，促进中国装备、欧洲技术和中东欧市场的结合；鼓励和支持中国和中东欧国家加强产业园区和自由经济区合作，深化产业链合作。

三、推进“一带一路”双边自由贸易区建设

考虑到我国与“一带一路”沿线国家和地区在合作领域、内容、机制等方面的差异，应采取多种形式、分类推进的方式，重点与周边、“一带一路”沿线以及产能合作重点国家加快商建双边自由贸易区。

1. 加快推进已取得实质性谈判成果的双边自贸区进程

（1）加快中国-马尔代夫自贸协定审批以及中国-斯里兰卡谈判进程。2017年12月7日，我国与马尔代夫在北京正式签署《中华人民共和国政府与马尔代夫共和国政府自由贸易协定》；下一步，双方将各自履行国内法律审批程序，推动协定早日生效实施①。据斯里兰卡海关统计，2017年斯里兰卡与中国双边货物进出口额达46.1亿美元，增长3.9%，我国是斯

① 中华人民共和国商务部.商务部国际司负责人解读中国-马尔代夫自由贸易协定[EB/OL].中华人民共和国商务部网站，2017-12-08.

里兰卡第六大出口市场和第二大进口来源地[①]。2017年1月，中国与斯里兰卡已经开展了5轮自贸区谈判，双方就货物贸易、服务贸易、投资、经济技术合作、海关程序和贸易便利化、技术性贸易壁垒、争端解决等议题展开了深入磋商，谈判已经取得积极进展。同时，中国–斯里兰卡自贸区谈判也属于2018年商务部积极推动的十个自贸区谈判之一[②]。需要加快审批与谈判进程，争取早日建成中马、中斯自贸区。

（2）积极推进中国–巴基斯坦自贸区谈判。巴基斯坦不仅是“一带一路”沿线重要国家，也是我国在南亚地区重要的经贸合作伙伴。中巴自贸协定自2006年签署以来，双边经贸关系快速发展，双边贸易总额从2006年的52.5亿美元增长到2017年的200.9亿美元；为进一步提高贸易自由化、便利化水平，双方于2011年启动第二阶段谈判[③]。抓住中巴经济走廊建设机遇，积极推进中巴自贸区谈判，争取早日建立中巴自贸区。

2. 升级已有的双边自由贸易区

我国已经同24个国家和地区签署了16个自贸协定[④]，但自贸协定主要集中在传统贸易领域，如人员劳务、商品流通、产业合作、消除贸易壁垒等方面。从短期看，要在条件具备的情况下逐步提升已有自由贸易区的自由化水平；从中长期看，适应服务贸易加快发展的大趋势，以建立高标准自由贸易区网络为目标，重点围绕提升贸易便利化水平、服务业市场开放、产能合作、双向投资实现自由化和便利化、规制合作、削减关税和非关税壁垒、保护知识产权、环境保护、电子商务、自然人移动便利化等方面，推动中国–东盟、中国–新西兰、中国–韩国、中国–澳大利亚、中国–

---

① 中华人民共和国商务部.国别贸易报告：斯里兰卡2018年第1期（2017年斯里兰卡货物贸易及中斯双边贸易概况）[EB/OL].中华人民共和国商务部网站，2018–02–13.

② 夏旭田，刘洋.中国自贸区“朋友圈”加速扩容　2018年将力推十大自贸谈判[N].21世纪经济报道，2018–01–03.

③ 中华人民共和国商务部.中国–巴基斯坦自贸区第二阶段谈判第十次会议在伊斯兰堡举行[EB/OL].中华人民共和国商务部网站，2018–04–03.

④ 孙韶华.我国已签署16个自贸协定　明年自贸区有望迎成果“丰收年”[N].经济参考报，2017–12–27.

智利、中国-秘鲁、中国-瑞士等自贸区升级版建设。

3. 启动与主要贸易伙伴的双边自贸区谈判

（1）启动中国与南非等非洲国家双边自贸区谈判。利用中非合作论坛机制，积极落实中非“十大合作计划”，统筹推进中非基础设施合作计划和中非贸易投资便利化合作计划，重点与南非、加蓬等非洲国家开展自贸合作，推进包括货物贸易、服务贸易和投资合作等在内的全面自由贸易协定，充分挖掘双方经贸合作潜力，提高贸易投资自由化、便利化水平，使更多非洲国家分享中国大市场的红利，为建立中国-全非自由贸易区奠定基础。

（2）加快中国与巴西、墨西哥等拉美国家双边自由贸易区谈判。巴西是我国在拉美的第一大贸易伙伴，同属金砖国家；应对特朗普压力，墨西哥寻求与中国贸易合作的积极性可能会有所提高。中国与拉美智利、哥斯达黎加和秘鲁三国的自由贸易协定实施情况良好，对拉美其他国家将起到一定的示范效用。利用中拉合作论坛机制，加快中国与更多拉美国家的自由贸易协定谈判，争取缔结更多的双边自由贸易区。

（3）推动中国与以色列自由贸易区谈判。中以经济结构互补性强，以色列是我国重要的对外投资国和引进高新技术的重要来源，我国是以色列经济发展极为重要的海外市场。近几年，双方在农业、医疗、食品、化工和高科技等领域的贸易和投资增长迅速，贸易规模继续扩大。我国已成为以色列亚洲第一、全球第三大贸易伙伴。2017年11月28—30日，中国-以色列自贸区第三轮谈判在以色列举行，中以双方就货物贸易、服务贸易、原产地规则及海关程序、卫生与植物卫生、经济技术合作、电子商务、争端解决等议题展开磋商，并取得积极进展。[①]应抓住机遇，尽快达成中以双边自由贸易协定。

（4）启动中国与尼泊尔、孟加拉国等南亚国家自贸区进程。推动

① 中华人民共和国商务部.中国-以色列自贸区第三轮谈判在以举行[EB/OL].中国自由贸易区服务网，2017-12-04.

“一带一路”倡议与尼泊尔、孟加拉国家重建和发展规划对接，加强在道路、口岸建设等领域合作，进一步提高互联互通水平；尽快开展中尼、中孟双边自贸协定联合可行性研究，在此基础上，启动中尼、中孟双边自贸区谈判，加快构建中尼、中孟自由贸易区。

四、实行“一带一路”基础设施和产能项下的自由贸易政策

“一带一路”基础设施互联互通、国际产能和装备制造合作与灵活多样的自由贸易政策安排相结合，是务实推进“一带一路”自由贸易区网络的重要选项。

1. *以设施联通为目标推进基础设施项下自由贸易*

（1）统筹推进基础设施合作和自由贸易区网络建设。加快构建“一带一路”沿线国家和地区互联互通的海运水运网、高速公路网、高速铁路网、航空网、通信光缆网，对沿线贸易和生产要素进行优化配置，促进区域一体化发展；构建基础设施合作的多边机制，把整合全球性、区域性的基础设施投资计划作为加快实施自由贸易区战略的重要任务，在“一带一路”自贸区网络建设的大框架下对基础设施投资合作进行战略布局，形成互为依托、互为促进、统筹推进的新格局。

（2）依托六大经济走廊（见表4.2）推进自由贸易区网络建设。依托中巴经济走廊，逐步将瓜达尔港打造成以能源资源储备加工为重点的自由贸易区；依托中蒙俄经济走廊，加快推进中国与俄、蒙毗邻地区跨境铁路、公路等基础设施互通互联，推进中俄、中蒙贸易投资便利化制度安排，推进以能源、矿产、电力等产业为重点的中蒙、中俄跨境自由贸易示范区建设；依托中印缅经济走廊，提速国家大通道建设，打造沿边自由贸易区；依托中国–中亚–西亚经济走廊，加快石油管道和天然气管道等能源基础设施互联互通，以实行自由工业港区发展模式为目标，积极开展能源项下自由贸易。

表4.2 六大经济走廊

序号	名称	范围	包含的具体地区	
1	新亚欧大陆桥经济走廊	江苏和山东沿海–哈萨克斯坦、俄罗斯、白俄罗斯–地中海	国内城市	连云港、青岛、日照、徐州、郑州、洛阳、西安、兰州、乌鲁木齐
			境外资源	里海盆地、南图尔盖盆地油气田、图尔盖洼地铁矿带、楚河–萨雷苏河铀矿区
			国内重点园区	霍尔果斯经济开发区、哈萨克斯坦阿斯塔纳–新城经济特区
2	中蒙俄经济走廊	天津、大连经二连浩特、满洲里、绥芬河经蒙古、俄罗斯抵达波罗的海	国内城市	北京、天津、大连、沈阳、长春、哈尔滨
			境外资源	西西伯利亚油气田、蒙古戈壁煤矿铜矿、蒙古乔巴山铀铅锌矿、俄罗斯远东金铁多金属成矿区
			国内重点园区	满洲里、二连浩特和绥芬河（东宁）、吉林延吉（长白）重点开发试验区

续表

<table>
<tr><th>序号</th><th>名称</th><th>范围</th><th colspan="2">包含的具体地区</th></tr>
<tr><td rowspan="4">3</td><td rowspan="4">中国－中亚－西亚经济走廊</td><td rowspan="4">乌鲁木齐，经哈萨克斯坦、吉尔吉斯斯坦、塔吉克斯坦、乌兹别克斯坦、土库曼斯坦、伊朗、土耳其，抵达波斯湾、地中海和阿拉伯半岛</td><td>国内城市</td><td>西宁、银川、喀什、乌鲁木齐</td></tr>
<tr><td>境外资源</td><td>卡拉库姆、费尔干纳、中里海、北乌斯丘尔特、南北阿扎德甘、雅达瓦兰、南北帕斯油气区、楚伊犁、境外天山金属矿带、高尔达克海盆地大型钾盐矿</td></tr>
<tr><td>国内重点园区</td><td>喀什经济开发区、二连浩特和绥芬河（东宁）、吉林延吉（长白）重点开发试验区</td></tr>
<tr><td>境外重点园区</td><td>哈萨克斯坦阿拉木图信息科技园、吉尔吉斯斯坦比什凯克、塔吉克斯坦所哥特自由经济区、乌兹别克斯坦吉扎克特区、鹏盛工业园</td></tr>
</table>

续表

序号	名称	范围	包含的具体地区	
4	中国－中南半岛经济走廊	昆明和南宁，分别经老挝、越南、柬埔寨，联通泰国、马来西亚，抵达新加坡	国内城市	昆明、南宁、贵阳、重庆、成都，向东至广州、深圳
			境外资源	马来盆地、泰国盆地油气区、越北断块－长山有色金属成矿带、红远－上传龙铝土矿产带
			国内重点园区	广西东兴、凭祥和云南勐腊重点开发开放区，中新（广州）知识城，中马钦州产业园
			境外重点园区	老挝赛色塔综合开发区、马中关丹产业园区、印尼－中国综合园区、新加坡裕廊工业园区
5	中巴经济走廊	新疆喀什经红其拉甫山口，伊斯兰堡，瓜达尔港	国内城市	西宁、银川、乌鲁木齐、喀什
			巴基斯坦园区	卡拉奇出口加工区（信德省） Risalpur出口加工区（沙浦） Sialkot出口加工区（旁遮普省） Gujranwala出口加工区（旁遮普省） Khairpur经济特区（信德省）

续表

<table>
<tr><th>序号</th><th>名称</th><th>范围</th><th colspan="2">包含的具体地区</th></tr>
<tr><td rowspan="4">6</td><td rowspan="4">海上丝绸之路</td><td rowspan="4">6个布点，连线，输出，吸纳，结对，搭台</td><td>线路（1）</td><td>沿海港口（福建）过南海、马六甲海峡，到印度洋，延伸至欧洲</td></tr>
<tr><td>线路（2）</td><td>从沿海港口过南海，经印尼抵达南太平洋</td></tr>
<tr><td>线路（3）</td><td>远期考虑北冰洋方向</td></tr>
<tr><td>海上战略支点</td><td>西哈努克港、雅加达港、比通港、新加坡港、皎漂港、瓜达尔港、关丹港、吉大港、塞拉莱港、索纳迪亚港、汉班托塔港、科伦坡港、亚丁港、赛得港</td></tr>
</table>

资料来源：王义桅.世界是通的：“一带一路”的逻辑[M].北京：商务印书馆，2016.

（3）以基础设施互联互通带动装备制造业“走出去”。把基础设施互联互通作为推进贸易投资便利化的重要内容，实行基础设施项下的自由贸易政策，获享关税优惠，带动我国机械、装备、零部件等相关产品出口以及金融保险、研发设计、科技咨询、信息技术、现代物流等服务产品出口。

（4）探索成立各种形式的国家间或地区间合作基金。积极探索成立“一带一路”相关国家和地区的双边、多边合作基金，专门用于基础设施建设。

2. 以产能合作为重点推进能源项下自由贸易

（1）与“一带一路”沿线能源生产国签订双边、多边能源自由贸易与产业合作协议。优先保障合作伙伴的石油供给，共同建立能源价格风险管理机制、建设石油合作战略储备基地、研究建立能源产业基金等，稳步推进能源项下的双边、多边自由贸易合作。

（2）推进能源技术合作。积极推进与“一带一路”沿线国家和地区在能源可持续开发使用、可再生能源和新能源开发方面的技术合作。形成互利共赢的能源合作规则，优化公平可持续的区域和全球能源治理格局，提高发展中国家和新兴经济体在全球能源定价中的话语权；积极开展与能源合作相关的服务贸易领域合作，实现产能合作与服务贸易融合发展。

（3）建设具有自贸区性质的能源产业园区。在“一带一路”沿线国家和地区的能源通道节点城市，建设具有自贸区性质的能源加工园区、能源保税港区、新能源产业园区、能源跨境经济合作区、以能源为重点的工业港区等，对能源贸易和投资自由化、便利化的制度安排进行先行先试，打造区域能源贸易中心、能源共同储备基地、能源合作创新中心等。

3. 以在全球范围内配置资源为目标推进制造业项下自由贸易

（1）推进制造业项下的自由贸易与投资便利化，逐步形成由我国主导的区域价值链。总的来看，我国制造业在全球价值链上仍处于中低端。要实现价值链升级，现实的路径是推进与“一带一路”沿线国家和地区制造业项下的自由贸易与投资便利化，引导制造业向周边和沿线发展中国家转移，打造由我国主导的区域价值链，实现产业链的整体升级。同时带动沿线国家和地区产业升级和工业化水平提升，通过重构全球价值链推动经济全球化。

（2）通过共建合作区模式加快推进制造业项下的自由贸易。利用我国在高端装备制造领域的优势，积极参与境外产业集聚区、经贸合作区、工业园区、工业港区、经济特区等合作园区建设，在合作区内实行自由贸易政策和相关制度安排，实现中国制造的全球布局和资源配置的全球化。

4. 开展多种形式的服务业项下自由贸易

（1）开展重点领域的服务贸易。适应我国城乡居民对高水平服务型消费需求全面快速增长的趋势，与“一带一路”沿线国家和地区开展以教育、健康、医疗、旅游、文化、金融、免税购物、会展为重点的服务业项下的自由贸易试点。

（2）推进服务业市场双向开放。参照发达国家和国际上高水平自贸区的服务开放模式和标准，以“负面清单”管理模式推进服务业开放；通过放宽准入门槛和经营范围限制、拓展开放领域等，吸引境外服务业投资者进入国内市场，有效促进服务业竞争、提升服务水平。

五、建立“一带一路”沿线国家和地区跨境经济合作区

与“一带一路”沿线国家和地区合作建立边境经济合作区、跨境经济合作区、境外经贸合作区等多种形式的经济合作区，为中国企业“走出去”搭建平台，提升双边经贸合作水平。

1. 在主要港口和口岸建立边境经济合作区

（1）增进与周边国家的互利合作。我国与周边国家之间有非常长的陆地和海上边境线，在沿边地区建立边境经济合作区，对推进优势产业集聚、促进双边贸易投资便利化、巩固边疆安全和维护民族团结具有重大意义。

（2）建立边境产业示范区和特色产业园。

——促进沿边地区与周边国家的特色产业互补发展，建立具有口岸特色和沿边特色的现代产业体系。吸引各国企业入园投资，形成产业示范区和特色产业园，通过产业园区来建设跨国产业链，形成沿边境线的跨国产业带，进一步建立健全区域合作的供应链、产业链和价值链。

——推动出口加工贸易转型升级。促进现代制造业、服务业、现代农业等相关产业融合发展，提高产品和服务的国际竞争力。

——以出口转型推动沿边地区经济结构转型。如结合东盟、南亚等“一带一路”沿线国家和地区的市场需求、消费习惯和资源条件，形成外向型加工制造业产业基地，推动沿边地区传统产业升级和产业结构优化。

（3）以加强口岸建设为重点，促进通关便利化。健全以物流、人流便利化为重点的政策措施；采取沿边地区省市县联动的方式，增加通关的道路、桥梁、查验货场等基础设施建设投入，推动口岸发展。开展多种形

式的投资合作。以能源、贸易、基建为主，以“资源换项目”、港口特许经营权等多种形式，推动大型能源和基建企业海外投资与运营，推动边境产业园区建设，进行多种形式的投资合作。

2. 在主要节点建立跨境经济合作区

（1）加快跨境经济合作区建设。

——加快推进在建跨境经济合作区建设。2016年，在建跨境经济合作区有11个[①]，其中与东盟国家合作建立跨境经济合作区的步伐相对较快，中蒙二连浩特-扎门乌德等跨境经济合作区也已进入基础设施建设与招商引资阶段。

——尽快批准建立一批跨境经济合作区。目前，部分地区已经积极启动前期协商谈判和基础设施建设工作，但仅停留在地方层面，尚未得到国家正式批复。建议尽快启动中俄蒙跨境经济合作区规划建设。通过加大对俄蒙对接口岸的基础设施投资，推进跨境电力通道、油气管道、铁路轨道的建设，形成中国东北地区、蒙古国东部地区及俄罗斯远东地区三个延伸区，并最终辐射到中俄蒙全境。

（2）实现与沿边国家“硬件”和“软件”的对接。

——推进基础设施互联互通。通过PPP模式，加大跨境双方在口岸对接、轨道对接、陆海联运、管网畅通等方面的投资力度。在跨境经济合作区及其辐射区域建立陆路、水路、空运的立体化交通运输系统，使跨境经济合作区的人员、货物能迅速运往内地、周边国家或第三方市场。

——建立跨境经济合作协调机制。借鉴广西和越南边境联合工作委员会、柬埔寨西哈努克港经济特区协调委员会等的经验，建立双边定期会晤机制和磋商机构，巩固和深化与外方交流合作的机制，共同推动合作区建设过程中各项工作的开展。

（3）发展特色产业合作，建立产业加工基地。推动以基础设施、现代服务业、高端制造业为重点的产业发展，逐步建成新型的国际化产业园区。

---

① 中国人民大学“一带一路”建设进展课题组. 坚持规划引领、有序务实推进：“一带一路”建设三周年进展报告[R].2016-09-26.

——将区位和资源特色结合起来，分别形成一批国际产能与装备制造合作基地、能源资源综合开发利用基地、农业资源生产加工基地、商贸物流节点体系、技术创新与研发基地。

——充分利用国际和国内“两种资源、两个市场”，通过以“跨境区内半成品—出口低关税—跨境区外成品销售”的模式形成沿边境线的跨国产业带，进一步建立健全区域合作的供应链、产业链和价值链。

3. 沿六大经济走廊建立境外经贸合作区

（1）重点与欧亚国家合作建立境外产业园区。欧亚地区正处于工业化加速发展和产业结构转型升级期，其经济发展战略与我国产能对接性强，建立欧亚经贸合作产业园区，对推动“一带一路”建设和欧亚经济联盟建设对接具有重要作用。与俄罗斯、吉尔吉斯斯坦等国家合作建立境外装配制造和物流集散基地；对接哈萨克斯坦“光明大道”新经济政策，建立境外工业园区，加强在交通、工业、能源基础设施等领域合作；加强与罗马尼亚、匈牙利等中东欧国家合作，建立境外装配制造园区和国际贸易集聚基地，进一步推动与欧美地区的商贸合作。

（2）将服务贸易作为境外经贸合作区建设的重要任务。如以跨境金融服务为重点的服务贸易作为境外经贸合作区建设的重要任务。推动优质金融机构“走出去”，既能解决我国企业海外投资需求，也能将金融服务向外延展，不断深化双边经贸关系，构建合作共赢的周边大市场。

（3）创新运用PPP模式开展基础设施投资和产能合作。考虑到基础设施项目建设周期长、回报低、融资难的特点，在促进产能合作的过程中，要更多采取BOT、PPP等方式。

4. 将有条件的跨境经济合作区提升为双边自由贸易区

随着跨境经济合作区的进一步深化，将有条件的跨境经济合作区升级为双边自由贸易区，简化通关流程，降低关税，消除贸易壁垒，推进资金流、物流、人员流动的便利化，逐步消除生产要素跨境流动的障碍，使其成为双边深化投资贸易合作的先行试验区。例如，把周边已经形成的黑龙江绥芬河、云南临沧等跨境经济合作区上升为跨境自由贸易区。

第三节 探索多种形式的“一带一路”经济合作圈

“一带一路”倡议重在推动沿线各国在基础设施、制造业、服务业、能源资源等多个领域开展广泛合作，为提振区域经济和世界经济注入新的动力。为此，应通过建立多种形式的经济合作圈，对贸易和投资自由化、便利化的制度安排进行先行先试，打造区域贸易中心。

一、打造能源经济合作圈

“一带一路”沿线既聚集了全球能源消费大国，也聚集了全球能源生产大国。深化能源合作，推进沿线国家基础设施互联互通，是共建“一带一路”和建立可持续能源战略合作关系的重大任务。

1. 建立沿线能源经济合作圈

在中国和“一带一路”沿线国家和地区的能源通道节点城市，建设具有自贸区性质的能源加工园区、能源保税港区、新能源产业园区、能源跨境经济合作区、以能源为重点的工业港区等。对能源贸易和投资自由化、便利化的制度安排进行先行先试，打造区域能源贸易中心、能源共同储备基地、能源合作创新中心等。

2. 共建中国–沙特–伊朗能源经济合作圈

中国与中东国家在能源投融资、勘探开采、运输物流、加工储存、技术研发等领域的合作空间巨大。沙特和伊朗都是中国重要的进口原油国，为实现三国的共同利益和促进能源战略合作，建议三方努力寻求建立更加紧密的能源战略合作的机制安排。

3. 建立能源共同储备机制，加强能源安全合作

建立能源共同储备机制对加强“一带一路”能源供给安全具有战略意义，尤其是对稳定当前世界能源市场价格具有重大作用。建议中国与

伊朗、沙特等“一带一路”沿线能源生产国共同建设石油合作战略储备基地。

4. 深入推进能源技术合作进程

我国应积极与东道国签订双边投资协定，加强对“走出去”企业的保护。鼓励智库、研究机构、非政府组织开展合作，促进能源规划、开发、储存、加工、贸易、金融等多方面的交流合作。

5. 构建“一带一路”能源治理新机制

在当前全球能源生产、消费和贸易格局深刻变化的背景下，“一带一路”沿线国家和地区要深化能源双边、多边合作，形成互利共赢的能源合作规则，优化公平可持续的区域和全球能源治理格局，以提高发展中国家和新兴经济体在全球能源定价中的话语权。

二、建立旅游经济合作圈

2013年以来，“一带一路”沿线国家和地区旅游交流合作明显增多，经济社会效益不断显现，中国已经成为“一带一路”沿线国家和地区的重要客源市场。在此背景下，需要以建立旅游经济合作圈为载体提升“一带一路”开放合作水平。

1. 以旅游经济合作圈提升开放合作水平

构建开放性的区域旅游经济合作网络，借助“一带一路”基础设施互联互通建设，促进区域内旅游交通设施便利化；加强“一带一路”沿线区域旅游合作，充分发挥各地区位优势和旅游资源优势，共同打造边境、跨境、境外旅游合作区；在我国丝绸之路沿线旅游枢纽城市和港口城市，建设一批丝路国际旅游港。

2. 实行旅游业项下的自由贸易政策

积极与“一带一路”沿线国家和地区开展旅游项下的自由贸易，建立旅游产业贸易和投资自由化、便利化的体制机制安排。例如，通过共建跨境旅游合作示范区、边境旅游试验区、旅游产品生产加工制造业产业园区、旅游高端装备保税港区，对旅游设备进口实行免关税政策，对旅游产品生产、加工、制造实行保税物流、保税展示、加工、保税维修服务等政策。

3. 提高沿线国家旅游签证便利化水平

在“一带一路”有条件的国家和地区完善旅游签证政策，逐步实施落地免签、过境免签和旅游免签等便利化措施和政策，推行无障碍旅游。例如，鼓励边境旅游试验区积极探索“全域旅游”发展模式，允许符合条件的试验区实施口岸签证政策，为到试验区的境外游客签发一年多次往返出入境证件。

三、建立医疗健康产业合作圈

医疗健康产业是“一带一路”沿线国家和地区合作的重要领域，也是健康中国建设的重点任务之一。加快建设“一带一路”医疗健康产业合作圈，为各国人民创造更多的健康福祉。

1. 加快建设以欧盟、东盟等为重点合作对象的健康医疗服务自贸园区

逐步对外资开放医疗服务业，吸引国际医疗服务机构、国际商业医疗保险机构进驻，推动我国医疗健康服务产业经济的升级和“一带一路”沿线国家和地区协同发展。例如，允许境外资本在园区内举办独资、合资医疗机构；在园区内实行欧盟的高水平医疗标准；放宽境外医师在园区内的执业时间；适当降低园区部分医疗器械和药品的进口关税；鼓励园区利用多种渠道融资，吸引社会投资；在园区内先行探索医疗保障制度对接试点。

2. 多平台、多形式、多领域地开展医疗健康合作

通过建立健康产业基金、健康科技园区、健康服务业合作示范基地等合作平台，形成“资金、政府、科研”的合作体系，打造一批面向“一带一路”沿线国家和地区的国际化医疗保健机构。加强在健康管理、健康职

业教育、健康技术研发等领域的互利合作。

3. 推动我国传统医疗保健产业“走出去”

充分发挥我国传统医疗保健产业优势，与多国开展业务合作，推广中医文化，积极发展中医药服务贸易，拓展与“丝绸之路经济带”沿线国家的合作。

四、建立新经济与科技创新合作圈

在当前世情、国情发生深刻变化的背景下，推动“一带一路”科技创新合作，是我国扩大开放、实施创新驱动发展战略的现实需求。

1. 建立数字经济和电子商务合作圈

依托“一带一路”建立全球性和区域性的数字自由贸易产业园区，协调国家间数字贸易政策和竞争政策，建立数字贸易、数据传递、数据安全、网络安全与监管等制度安排。立足我国电子商务发展优势，推进与沿线国家和地区跨境电子商务交易便利化，拓宽跨境电子商务的市场空间，建立跨境电子商务服务贸易规则。

2. 建立科技创新合作圈

充分发挥“一带一路”沿线国家科研机构和组织的地域特点及多学科综合优势，围绕“一带一路”建设重点领域，以及重大资源、环境、经济、民生和可持续发展等科技问题，组织、支持和实施国际科技合作研究计划[①]。搭建“一带一路”协同创新平台，加大重点科技基础设施建设。例如，在具备条件的“一带一路”沿线国家和地区建立联合实验室、联合研究中心、技术转移中心、技术示范推广基地和科技园区等国际科技创新合作平台；推进科技网络平台建设，促进科技创新等信息共享与合作；对联合开展科学研究和教学用品、科技开发用品实行免征进口关税和进口环节增值税、消费税等政策。

---

① 李大庆.“一带一路”科技创新国际研讨会发布《北京宣言》[N].科技日报，2016-11-09.

第五章
优化区域开放的新布局

我国改革开放40多年的实践证明，区域开放与区域发展直接相关。区域开放是促进区域发展的重要动力之一。开放程度高的区域，其发展水平一般都比较高。这些年，我国东部、中部、西部区域发展水平的差距就与区域开放的程度相关。例如，2017年东部地区外贸依存度达到61.4%，分别是中部、西部、东北地区的6倍、5倍和3.7倍。[①]在这个大背景下，党的十九大报告明确提出，“优化区域开放布局，加大西部开放力度”。

① 迟福林.推动形成对外开放新格局下的区域开放布局与区域协调发展[EB/OL].中国（海南）改革发展研究院官网，2018-04-03.

第一节 以优化区域开放布局增强区域发展协调性

在我国推动形成全方位对外开放新格局的趋势下，区域开放与区域发展面临着新形势、新挑战。在对外开放新格局中优化区域开放布局，提升区域发展水平和质量，发挥不同区域在开放中的不同角色，既是我国扩大开放的现实需求，又是推动区域协调发展的内在要求。

一、以“一带一路”建设为重点优化区域开放布局，促进区域协调发展

2018年6月，国务院发布《关于积极有效利用外资推动经济高质量发展若干措施的通知》，强调“优化区域开放布局，引导外资投向中西部等地区”。从现实情况看，“一带一路”建设是推动形成全面开放新格局的战略重点，也是促进区域协调发展的重要载体。

1. “一带一路”建设为西部等欠发达地区发展提供重要机遇

从现实情况看，“一带一路”沿线国家和地区在基础建设等方面刚性需求较大，成为新时期西部地区企业“走出去”的重要推动力。数据显示，2017年陕西省对外承包工程出口货物39.7亿元，比上年增长2.2倍；其中对“一带一路”沿线国家和地区出口达37.8亿元，增长5.3倍。[①]这说明，推动西部地区发展，需要以“一带一路”建设为重点优化区域开放布局，释放区域发展的巨大潜力。

2. 以“一带一路”建设为重点形成以区域开放推动区域转型升级的新动力

（1）推进东北振兴与“一带一路”建设的融合。以中俄蒙经济走廊建设为抓手，以推进基础设施投资合作和互联互通为依托，以制造业产业

① 阿琳娜.2017年陕西对“一带一路”沿线国家进出口值增长39.8%[EB/OL]. 中国新闻网，2018-01-16.

园区为平台，以发展生产性服务贸易和服务业市场开放为重点，加快构建东北对外开放的大通道、大平台、大布局，由此形成东北振兴的新动力。

（2）加大西部大开发与“一带一路”建设的融合力度，提升西部开放水平。例如，加快推进中蒙俄、新亚欧大陆桥、中国-中南半岛、中巴、孟中印缅等国际经济走廊建设。由此可见，“一带一路”建设的逐步推进，将使我国西部地区由开放的“末梢”变为扩大开放的前沿，从而带动这些区域的发展。

（3）推进中部地区崛起与“一带一路”建设融合。例如，依托武汉、郑州等国际航空港，打通“一带一路”沿线主要城市空中通道；完善中部地区各大城市口岸“一站式”大通关服务体系，推动与“一带一路”沿线国家主要口岸的互联互通；加强中部地区在钢铁、工程机械、装备制造、化工等领域与“一带一路”沿线国家的合作。

3. 以“一带一路”建设为重点优化区域开放布局

以“一带一路”为重点优化区域开放布局成为我国区域协调发展重大选项。例如，西部与东北地区如何以基础设施为依托，以产能合作为重点，发挥自身在“一带一路”建设中的重要作用。2017年，“一带一路”沿线国家（不含中国）人均发电装机仅为世界平均水平的54%。[①]这说明，西部地区与中亚国家能源合作的空间巨大。此外，新疆作为“丝绸之路经济带”上重要的交通枢纽，要积极推动面向中亚、西亚、南亚和欧洲的物流通道、能源通道、信息通道建设。东北地区在推动日韩等东北亚国家参与“一带一路”建设中可以发挥特殊作用。再例如，在“一带一路”建设中推动西部、中部、东北等地区同沿海地区的经济联系与合作，由此促进区域协调发展。

---

① 陈康亮.报告：“一带一路”沿线是构建全球能源互联网的重点地区[EB/OL].中国新闻网，2018-03-28.

二、以服务贸易为重点推动形成区域开放新高地，释放区域发展新动力

推动形成我国对外开放新格局，从国内来说，重点和难点大都集中在服务贸易领域。习近平主席在博鳌亚洲论坛2018年年会开幕式上的主旨演讲中强调，我国在服务业领域将“大幅度放宽市场准入”。在这个大背景下，需要把区域发展和服务贸易开放相融合，在打造区域开放新高地的同时，推动形成区域开放与区域发展的新格局。

1. 在东部地区实施更高水平的服务贸易开放，提升东部地区在扩大开放中的引领作用

改革开放40多年来，东部地区作为我国改革开放的最前沿阵地，在工业市场开放、货物贸易发展方面积累了丰富的经验。总的来看，进入发展新时代，东部地区有条件在更高水平的开放中先行一步。例如，广东省在服务业市场开放中先行一步；上海在金融等市场开放中有实质性突破。当前，东部地区需要加快在更加精简的负面清单等重大开放举措方面先行先试，并由此带动服务贸易的快速发展，推动本地区经济的高质量发展，在我国开放大局与区域发展中扮演更重要的角色。

2. 以服务贸易为重点推动东部地区优化发展

以粤港澳大湾区为例，党的十九大报告指出，“要支持香港、澳门融入国家发展大局，以粤港澳大湾区建设、粤港澳合作、泛珠三角区域合作等为重点”。这给粤港澳大湾区发展带来前所未有的机遇。从实际情况看，以服务贸易为重点推进粤港澳大湾区一体化，有利于加快粤港澳大湾区一体化进程，有利于提升粤港澳大湾区的国际竞争力。从现实情况看，相比于港澳，广东在服务贸易发展中的短板日益突出。2016年广东GDP是新加坡的2.9倍、香港的3.7倍；同年广东服务贸易规模仅为新加坡的35%、香港的85%；广东服务贸易占外贸的比重仅为13.4%，低于全国平均水平1.7个百分点，比新加坡低了19.3个百分点[①]。总的来看，加快推进粤港澳

① 李晨赫，李彦松.专家建议：发挥不同区域优势　推动形成对外开放新格局[EB/OL]. 中青在线，2018-04-03.

大湾区服务贸易自由化，率先在广东对标世界最高标准的服务贸易新规则与服务贸易管理新举措，不仅能使广东在我国对外开放新格局中继续扮演重要角色，也将使我国在以服务贸易为重点的新一轮全球自由贸易中赢得主动。

3. 在东部地区率先实施服务贸易项下的自由贸易政策

从不同区域的区位与资源优势出发，建议支持在东部具备条件的地区率先实行旅游、健康、医疗、文化、职业教育、电信、金融等产业项下的自由贸易政策。比如，海南可以探索健康医疗、旅游、职业教育项下的自由贸易政策。从区域发展的角度看，如果产业项下的自由贸易政策能尽快在一些有条件的地区落地，其影响和带动效应将是比较可观的，可能比建几个自贸区的实际效果更好。

三、以地区开放突破为重点推动区域一体化进程

在贸易保护主义不断抬头并形成严峻挑战的今天，双边、多边区域一体化成为经济全球化的重要载体和重大任务。由此，也给我国不同地区发挥自己在开放中的优势提供了重要机遇。在这个大背景下，需要把区域一体化与地区开放结合起来，以地区开放推动区域一体化，以区域一体化促进区域发展。

1. 发挥不同地区在推动区域一体化中的作用

在经济全球化的新趋势下，既要重视区域一体化对地区发展的重要影响，也要看到区域一体化背景下不同地区的机遇与角色。总的看法是，我国地区开放与区域发展合作的融合，在未来5年会成为一个重要趋势。例如，东北地区的发展与东北亚经济一体化的进程直接相关。从实际情况看，东北地区开放水平偏低与东北亚经济一体化进程滞后有直接关系。如果东北亚经济一体化有大的突破，那么东北振兴就会有一个较大的空间。

2. 区域一体化进程对地区开放提出了新要求

在加快推进“一带一路”建设的新趋势下，需要看到区域一体化的新

特点以及对地区开放提出的新要求。比如，着眼于形成“泛南海经济合作圈”，海南有条件在建设自由贸易港上率先发力。建设自由贸易港，在海南实施更大程度的开放，发挥海南在经略南海中重要先导区的作用，进而做好“泛南海经济合作”这篇大文章。再比如，着眼于推动形成上合组织的自贸区，东北和西北等地区可以加快特定产业项下的开放进程，进而推动上合组织投资贸易自由化进程。

3. 在区域一体化的新趋势下，务实推进地区开放与区域一体化的融合

我国地区开放的紧迫性，不仅来自地区发展的客观需求，也来自区域一体化的客观需求。这就需要把推进区域一体化进程与地区开放的突破有机融合在一起。例如，粤港澳服务贸易一体化的时机、条件已比较成熟，要把推动粤港澳大湾区一体化与广东全面实行服务业市场开放相融合，以尽快形成区域一体化新格局。在这方面，有许多重大问题需要顶层设计与顶层推动。

第二节 以西部大开放带动形成西部大开发新格局

实施“一带一路”倡议使我国西部从开放“末梢”变身为开放前沿。把握“丝绸之路经济带”建设的历史性机遇，把西部地区特色优势转化为现实的经济优势，以西部大开放带动西部大开发，成为落实党的十九大报告“优化区域开放布局，加大西部开放力度”的现实选择。

一、西部大开发重在抓住开放前沿的重要机遇

“一带一路”建设给我国区域协调发展带来前所未有的机遇，尤其是广大的西部地区，要抓住我国实施“一带一路”倡议的新机遇，乘势而上，以大开放带动大开发，以大开放、大开发带动大发展。

1. 开放程度低严重制约西部大开发

尽管西部地区处在我国实施“一带一路”倡议的最前沿，但由于西部地区长期以来开放程度较低，严重制约了该地区的发展。数据显示，2017年，东部地区和中部地区对外贸易占比分别为87.1%和6.5%，西部地区贸易占比有所下降，占比为6.44%，比东部地区低80.66个百分点；2017年，西部地区对外贸易依存度平均为12.2%，远远低于38.0%的全国平均水平（见图5.1）。总体上看，西部地区对外开放水平不高。

2. 新阶段西部大开发的关键在于经济转型升级

当前，一方面，在全球新一轮工业革命和能源革命交织融合的背景下，国际市场对传统能源及原材料的依赖程度大大减弱，使西部地区以传统能源及原材料为主的工业面临更大挑战；另一方面，从国内形势看，我国经济已由高速增长阶段转向高质量发展阶段，产能过剩不仅出现在传统工业领域，而且出现在风光发电等新能源领域以及战略性新兴产业。也就

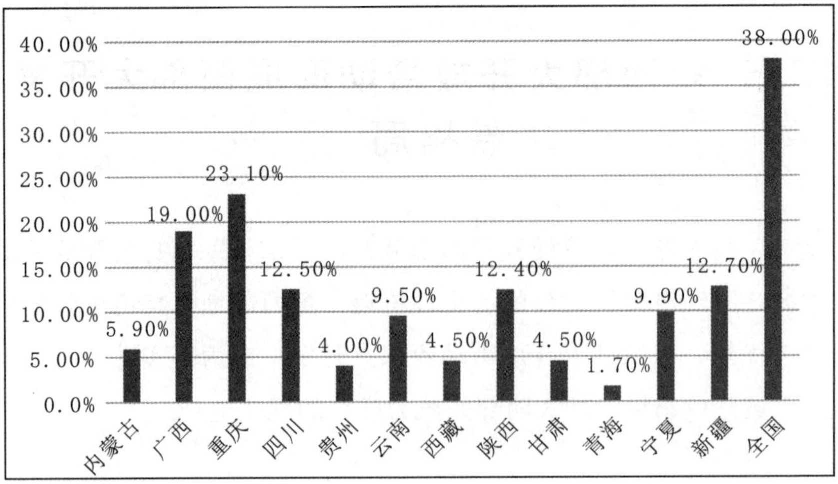

数据来源：根据2017年各省市自治区国民经济和社会发展统计公报相关数据计算得到。

图5.1　2017年西部地区对外贸易依存度与全国平均水平比较

是说，在内外形势发生深刻变化的背景下，如果西部地区无法尽快完成经济转型升级，将进一步拉大与全国平均水平的差距。

3. 以区域开放带动西部地区经济转型升级

从资源禀赋看，“一带一路”沿线国家和地区资源禀赋的丰富程度和种类差异较大，比较优势明显，与我国西部地区具有极大的互补性。从区位看，我国西部地区向西、向南、向北都具有开放优势：向西，通过亚欧大陆桥到中亚，到达欧洲；向南，可以加强与巴基斯坦、印度以及南亚和东南亚的合作；向北，则可以延伸至俄罗斯。“一带一路”倡议实施将打通我国边境通道、东中西部间的物流通道和保障东部与南部资源供应的战略资源通道，加强东中西部之间的联系，降低西部物流成本，发挥西部战略资源优势，密切与东部的经济联系，进而实现双向互动。[①]

① 章利斯，刘巍巍.彰显后发优势　“一带一路”促进西部大开发[J].大陆桥视野，2015（03）:76—77.

二、以西部大开放带动西部大开发

充分利用西部地区的能源资源优势，以“一带一路”建设为纽带，加强西部地区与“一带一路”沿线国家的经济合作，同时鼓励西部企业“走出去”，加快实现西部区域经济一体化。

1. 加强西部地区与“一带一路”沿线国家的合作

（1）加强西部地区与“一带一路”沿线国家产能合作。加强能源资源深加工技术、装备与工程服务合作，加大煤炭、油气、金属矿产等传统能源资源勘探开发合作，积极推动水电、核电、风电、太阳能等清洁、可再生能源合作，推进能源资源就地就近加工转化合作，形成能源资源合作上下游一体化产业链。

（2）推进能源矿产资源项下自由贸易区建设。能源矿产资源开发和深加工是西北地区的比较优势。中亚国家具有丰富的石油、天然气、矿产等自然资源，但开发能力有限，需要加强与我国合作开发和深加工。例如，哈萨克斯坦2015年太阳能和风能发电约占国内总电产量的1.33%；但据哈萨克斯坦环境与水资源部2013年的评估，到2020年，可再生能源发电比例将增长到总发电量的3%；根据《哈萨克斯坦-2050》战略目标，哈萨克斯坦能源的35%将来自可再生能源。[①]总的来看，西部地区与中亚国家能源合作的空间巨大。尽快启动能源矿产资源项下自由贸易区建设是与中亚合作比较务实的选择。

（3）以构建现代化交通运输体系为重点促进基础设施的互联互通。西部地区在“一带一路”倡议中具有重要和独特的区位优势，应统筹推进铁路、公路、航空、油气管道、城市轨道交通等多元化运输手段，逐步形成连接沿线国家和地区之间的基础设施网络，构建全方位、多层次、复合型的国际骨干通道网络，构建联通中国与中亚、西亚、南亚以及欧洲和非

---

① 刘琰.哈萨克斯坦将努力发展绿色能源[EB/OL].中华人民共和国驻哈萨克斯坦共和国大使馆经济商务参赞处网站，2016-04-15.

洲的综合交通运输体系。比如，新疆可以利用中巴经济走廊建设契机，完善交通软硬件设施，积极推动面向中亚、西亚、南亚和欧洲的物流通道、能源通道、信息通道建设。

2. 鼓励西部企业“走出去”

鼓励西部地区有竞争力的企业积极“走出去”，参与“一带一路”沿线国家基础设施建设和产业投资，在沿线国家主要交通节点城市和港口合作建设境外经贸合作区、跨境经济合作区等各类产业园区，实行多种形式的自由贸易政策，力争率先打造产业示范区和特色产业园，促进产业集群发展，形成区域产业协同融合、资源互补共享的良好发展格局①。

3. 推进西部区域经济一体化

以能源矿产资源项下的自由贸易为起点，连接陕西、新疆、青海、宁夏，促进大西北跨区域经济协作，推动区域经济一体化，强化大西北地区与中亚五国能源矿产资源领域的合作与交流，通过3～5年的努力，逐步扩大与中亚各国多方面的经贸合作领域，奠定中国–中亚自由贸易区的重要基础。

三、以沿边为重点率先实现西部大开放的重要突破

沿边开放在西部大开放中扮演重要角色。深化与周边国家和地区合作，实现沿边开放的重大突破，是沿边地区主动融入和服务“一带一路”建设的重要任务。

1. 积极融入“一带一路”

（1）发挥沿边开放在实施“一带一路”倡议中的重大作用。加快推进沿边开放，扩大其与周边国家的互联互通，逐步实现商品、人员、资本等在南亚、东亚和东南亚三大市场间的自由流通，有利于推进横贯东中西、连接南北方的对外经济走廊建设，改变我国以往“东快西慢、海强陆

① 王佳，舒杏，霍伟东.“一带一路”倡议下的西部机遇[EB/OL]. 人民网，2015-08-13.

弱”的对外开放格局，将对实施“一带一路”倡议具有重要作用。例如，沿边地区积极融入“一带一路”，对我国与东盟携手打造“10＋1”自贸区升级版、以周边国家为重点拓展区域经济一体化的战略空间极为重要。

（2）推进区域贸易投资自由化，扩大区域贸易投资规模。沿边地区与周边国家的经济结构和产业结构高度互补，相互扩大贸易投资的空间巨大。例如，历年中国统计年鉴数据显示，2000—2016年，中国与泰国、老挝、柬埔寨三国进出口总额年均增长16.82%，越南、老挝、缅甸三国已成为云南境外投资的最大对象国。扩大沿边开放，可以进一步深化我国与周边国家的经贸合作，促进其产业结构升级，由此释放我国与周边国家的贸易投资潜力。

表5.1　2000—2016年中国与泰国、老挝、柬埔寨三国贸易情况

年份	与三国进出口总额（亿美元）	向三国出口总额（亿美元）	从三国进口总额（亿美元）
2000	68.88	24.42	44.47
2001	73.53	25.97	47.56
2002	88.97	32.63	56.34
2003	130.85	42.21	88.64
2004	179.37	63.54	115.83
2005	225.03	84.59	140.45
2006	286.78	106.31	180.47
2007	358.36	130.34	228.02
2008	428.30	170.00	258.30
2009	398.87	145.70	253.17
2010	554.63	215.72	338.91
2011	685.34	284.86	400.48

续表

年份	与三国进出口总额（亿美元）	向三国出口总额（亿美元）	从三国进口总额（亿美元）
2012	743.95	348.38	395.57
2013	777.46	378.50	398.96
2014	800.46	406.27	394.19
2015	826.63	432.80	393.83
2016	828.35	421.12	407.22
2016/2000	12.03	17.25	9.16
年均增长（%）	16.82	19.48	14.84

数据来源：历年中国统计年鉴。

（3）带动周边发展，保障周边稳定。扩大沿边开放是保障我国周边安全、能源安全、通道安全的战略需要。尤其是在我国周边地缘政治和地缘经济格局深刻复杂变化的形势下，其战略地位不断上升。通过加快沿边开放进程，建设面向南亚、东南亚的辐射中心，让周边国家分享我国发展红利，带动周边国家发展，有助于增进我国与周边国家的政治互信，为"一带一路"倡议实施创造有利环境。

（4）促进沿边地区转型升级。扩大沿边开放对打通沿边地区发展瓶颈、促进区域转型升级、激发沿边地区改革发展活力具有决定性作用。以云南为例，云南产业结构高度依赖烟草、矿业、旅游、生物资源和医药制造等支柱产业，服务业发展相对滞后。2017年，云南服务业占比为47.4%①，低于全国51.6%的平均水平②。通过加快云南沿边开放，抓住国内产业转移的历史机遇，充分利用南亚、东南亚的大市场，可以加快产业结

① 张云松.跨越发展见成效　亮点纷呈展新姿[EB/OL]. 云南省统计局网站，2018-03-06.

② 国家统计局.中华人民共和国2017年国民经济和社会发展统计公报[EB/OL]. 国家统计局网站，2018-02-28.

构调整，推进经济转型升级。比如，通过吸引长三角与珠三角的加工制造业，发展面向越南、老挝、缅甸的出口加工业；利用云南大通道的优势发展边境跨境旅游等，将有效促进产业结构调整。

2. 实现沿边开放的新突破[①]

（1）设立沿边自由贸易试验区。鼓励云南瑞丽、孟定和猴桥以及广西东兴、凭祥等地整合沿边开放资源，设立具有国际贸易、转口贸易、国际物流功能的沿边自由贸易试验区，全面实施贸易投资自由化政策。

——创新贸易投资体制机制。在促进自由贸易、放宽产业准入等方面破除制约中缅贸易与投资合作的体制机制障碍，进一步扩大双边贸易投资规模。

——探索沿边金融开放的政策与体制机制。扩大人民币结算和交易范围，为人民币周边化、区域化创造有利条件。

——加强中缅双边在市场准入、海关监管、检验检疫等方面的管理体制创新与政策协调。

——加快中缅双边在环境保护、投资保护和政府采购等方面的谈判进程。

（2）发展沿边出口加工区。鼓励云南磨憨等地充分利用周边国家的资源优势和劳动力低成本优势，承接沿海地区加工制造业转移而带来的业务，建设跨境产业合作基地，形成以出口加工为主，以国际贸易、储运服务、国际旅游为辅，面向东南亚和南亚市场，具有自由贸易试验区功能的出口加工区。例如，加快建设中老产业合作基地，创新加工贸易模式，形成面向东南亚和南亚市场的出口加工贸易产业集群。

（3）发展跨境、边境旅游合作区。按照提高层级、打造平台、完善机制的原则，深化与周边国家的旅游合作，支持满洲里、绥芬河、二连浩特、黑河、延边、丹东、西双版纳、瑞丽、东兴、崇左、阿勒泰等有条件

---

① 中国（海南）改革发展研究院课题组.加快打造中国东盟自贸区升级版[N].经济参考报，2014-02-27.

的地区研究设立跨境旅游合作区。通过与对方国家签订合作协议的形式，允许游客或车辆凭双方认可的证件灵活进入合作区游览。鼓励省（区）人民政府采取更加灵活的管理方式和施行更加特殊的政策，与对方国家就跨境旅游合作区内旅游资源整体开发、旅游产品建设、旅游服务标准推广、旅游市场监管、旅游安全保障等方面深化合作①。

（4）创新跨境经济合作区发展。体制机制创新是加快跨境经济合作区发展的关键突破口和重要动力源。创新跨境经济合作区需在运营管理、跨境协调、投融资政策等方面，建立与国际投资贸易通行规则相衔接的机制，打造良好的营商环境。

——创新跨境协调合作机制。深化对中老磨憨-磨丁跨境经合区的监管服务改革，加快形成“两国一区、协同监管、封闭运行”的跨境合作机制②。将“一线放宽，二线安全高效管住”的分线管理模式复制推广到其他跨境经济合作区，进一步提高通关便利化水平。

——以服务贸易为重点推进贸易结构优化。形成中国企业“走出去”体制机制，促进双向投资贸易合作发展。扩大工程承包、技术合作、电子商务、金融保险、国际运输、民族文化等服务贸易出口，加快服务贸易发展。

——创新人才保障机制。推行公务员聘任制试点，突破身份限制，积极探索人才“飞地”，跨地区、跨行业、跨部门吸引紧缺急需的人才，形成人才集聚效应，保障跨境经济合作区工作积极高效推进。

3. 提速国际大通道建设③

（1）提速西线建设。加快往缅甸方向的国际大通道西线建设，尽快实现西线通道建设的重大突破：加快泛亚铁路西线（昆明—密支那—仰

① 国务院.国务院关于支持沿边重点地区开发开放若干政策措施的意见[EB/OL]. 中国政府网，2015-12-17.

② 云南省人民政府.支持勐腊（磨憨）重点开发开放试验区建设若干政策[EB/OL]. 云南省人民政府网，2016-07-14.

③ 中国（海南）改革发展研究院课题组.加快打造中国东盟自贸区升级版[N]. 经济参考报，2014-02-27.

光—曼谷—吉隆坡—新加坡）建设；尽快取得公路大通道西线（昆明—瑞丽—曼德勒—皎漂）建设的重点突破；有序推进中缅伊洛瓦底江陆水联运通道建设，加大对伊洛瓦底江航道疏通和境外关键航段整修、改造、升级的援助力度，形成瑞丽至曼德勒并经伊洛瓦底江进入印度洋航道的水陆联运大通道。

（2）加快中线建设。往老挝方向的国际大通道中线是中国-东盟自贸区基础设施互联互通的关键，也是大湄公河次区域经济合作（GMS）的重要交通枢纽。应尽快推进泛亚铁路中线（昆明—磨憨—琅勃拉邦—万象—曼谷—吉隆坡—新加坡）建设，重点加快玉溪至磨憨段建设；加快改善澜沧江—湄公河国际航运通道通航条件，提升航道运能。

（3）推进东线建设。往越南方向的国际大通道东线是中国-东盟自贸区基础设施互联互通的重要组成部分，应加快规划实施。推进泛亚铁路东线国外路段规划建设进度；加紧制订老街—河内—海防标准轨铁路线路规划；推进中越红河国际航运通道和港口建设，加快红河干线航道治理。

4. 形成基础设施互联互通的新格局

（1）提出互联互通的重大项目清单。尽快提出我国与东盟国家在交通、油气管道、电网、信息网等关键基础设施方面“无缝衔接”的项目清单；提出我国与东盟各国在检验检疫、海关、技术标准等方面推进通关便利化的项目清单。

（2）尽快形成互联互通的金融支撑体系。加快探索我国与东盟国家金融机构共同出资组建融资平台的路径。积极参与东盟基础设施基金建设；以多种形式积极引入社会资本参与“10＋1”基础设施互联互通建设。

（3）推进通关便利化，实现大通道、大通关。加快建设与东盟国家的“一体化”口岸管理机制，借鉴欧盟“单一窗口”经验，探索并推广区外货物进入区内后“一次报关、一次查验、全程放行”的“大通关”模式。

第三节 以扩大开放加快东北等老工业基地振兴

开放度低是制约东北经济发展的“最大短板”，是产业结构调整滞后、体制机制改革难以破题的症结所在。为此，东北地区应加快融入“一带一路”建设，构建东北对外开放的大通道、大平台、大布局，由此形成东北振兴的新动力。

一、开放度低、开放进程滞后是东北振兴的突出“短板”

东北经济增长乏力、民营经济活力不足，市场化水平不仅低于东部省市，而且低于很多中西部省区。这不仅反映出东北市场活力和增长动力的缺失，也反映出东北对外开放水平的滞后。

1. 对外开放程度低

相比全国平均水平和东部沿海地区，东北地区对外开放应当说是相对滞后的。以对外贸易为例，2017年，东北三省的对外贸易依存度为16.7%，约是全国平均水平的一半，比东部地区低43.0个百分点；东北三省GDP占全国GDP的比重约为6.5%，但其进出口总额仅占全国的2.9%（见图5.2）。

2. 市场开放程度滞后

统计资料显示，辽宁省国有经济占比超过30%，吉林省超过40%，黑龙江省超过50%，都远高出全国平均水平。①2016年，在全国民间固定资产投资增长3.2%的背景下，东北地区下降24.4%，占全国民间固定资产投资的比例由2003年的8.1%下降到2015年的5.9%。②全国工商联发布的2017年

① 顾阳，韩霁，杨忠阳.东北国有经济占比远超全国　民企多是国企配套[N]. 经济日报，2015-09-06 .

② 中国（海南）改革发展研究院课题组. 以“一带一路”形成区域开放新格局[N]. 上海证券报，2017-05-12.

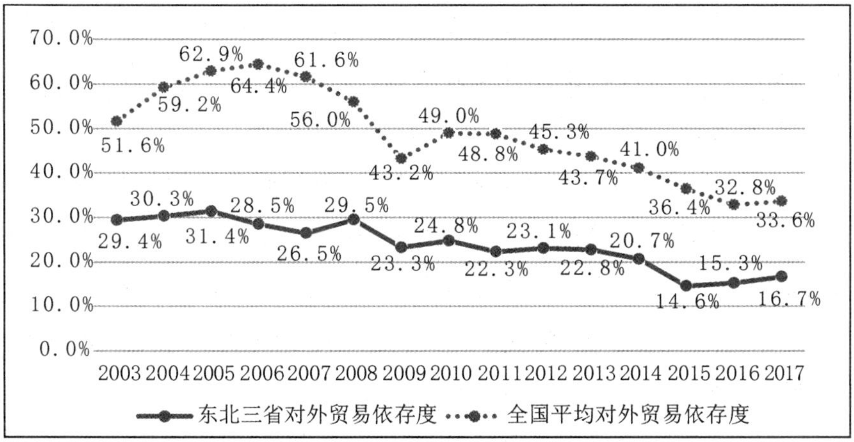

注：内蒙古仅部分地市为东北，《内蒙古统计年鉴》存在若干年份的数据缺失，因此东北地区仅包含三省份数据。

数据来源：根据历年中国统计年鉴以及全国、东北三省2017年国民经济和社会发展统计公报数据计算得到。

图5.2　2003—2017年东北三省对外贸易依存度情况

中国民企500强中，东北地区仅有9家，占比1.8%（东部地区392家，占比78.4%；中部地区57家，同比增加7家，占比11.4%；西部地区42家，占比8.4%），与排名第一的浙江省（120家）差距巨大。①

3. 产业开放程度低

目前，东北地区仍以传统工业为主，而且国有经济占主导地位。2016年，全国国有及国有控股工业企业资产占比为38.5%，而东北这一指标平均为53.2%，其中辽宁为51.5%，吉林为51.0%，黑龙江为60.2%，民营经济开放的程度没有达到全国平均水平。②

二、以扩大开放形成东北振兴的新动力

东北振兴面临的突出矛盾与问题，根源在于东北这些年转型改革相对

① 张珩.2017中国民企500强发布，制造业仍是主体[EB/OL]. 观察者网，2017-08-24.

② 李志勇.东北振兴政策加速　聚焦制造业升级[N]. 经济参考报，2017-12-11.

滞后，市场化程度与发达地区还有距离。这就需要以制造业转型升级为重要目标，加快对外开放进程，并由此形成东北经济转型升级的大环境。

1. 形成制造业转型升级的新动力

（1）制造业仍是东北的比较优势。东北地区拥有良好的装备制造业基础，是我国冶金矿山、数控机床、重型机械、轨道交通、汽车及零部件、航空及发动机、海洋工程等重大装备的产业基地。2016年，东北三省装备制造业总产值占工业总产值的比重为40.2%，装备制造业的利润总额占比为49.4%（见表5.2）。东北地区不仅传统工业基础雄厚，而且聚集了较多的高等院校、研究机构和科技人才。东北地区每万人中，专业技术人员数量高于全国平均水平。以辽宁为例，2017年末辽宁从事科技活动人员达25.3万人，其中科学研究与试验发展（R&D）人员14.2万人①。人力资本长期投资所产生的累积效应，将为东北地区制造业转型升级提供较好的智力基础。

表5.2　2016年东北三省装备制造业总产值占比及利润总额占比

地区	装备制造业总产值占比（%）	装备制造业利润总额占比（%）
黑龙江	11.5	−4.3
吉林	36.2	59.2
辽宁	59.9	55.3
东北三省合计	40.2	49.4

数据来源：根据《吉林统计年鉴2017》《黑龙江统计年鉴2017》和《辽宁统计年鉴2017》相关数据计算得到。

（2）全球制造业转型升级的大趋势为东北制造业带来重要机遇。当前，我国经济转型升级与第四次工业革命直接融合，快速促进互联网、大数据、人工智能与制造业的深度融合。例如，近年来我国数字经济高速发

① 辽宁省统计局.辽宁省2017年国民经济和社会发展统计公报[N]. 辽宁日报，2018−02−25.

展，已在多个领域实现了重大创新，成为全球数字经济引领者。以电子商务为例，十年前我国的零售电商交易额还不到全球总额的1%，如今占比已超过40%，超过英、美、日、法、德五国的总和。[①]随着科技进步，产业与产业之间、行业与行业之间的界限越来越模糊，工业革命将新技术与旧产业结合，创造出新的产业和工作岗位，企业要做的将不再是单一的产品提供者，而是以产品为中心向服务增值延伸，成为集成服务提供商。根据世界银行2017年出版的《制造导向发展的未来》报告，美国出口商品中，55%的增加值来自服务业，欧洲这一比重更高；作为农产品和制成品出口国的荷兰，服务价值占其总出口价值的70%[②]。这表明，"工业4.0"与其说是制造业的竞争，不如说是制造业背后的服务竞争。制造业与现代服务业的融合互动，成为东北制造的方向。

（3）制造业转型升级面临着突出挑战。应当承认，由于经济转型相对滞后，东北制造业的优势远未发挥出来，制造业转型升级面临严峻挑战，由此也加大了东北的经济增长压力。

——工业企业创新能力下降。《区域创新能力评价报告》显示，近年来东北三省创新能力排名持续下降。2016年，东北研发经费投入占东北GDP的比重为1.27%（其中辽宁、吉林、黑龙江分别为1.69%、0.94%、0.99%），低于全国2.11%的平均水平。从专利授权量来看，2016年，东北每万人专利授权量为4.87件（其中辽宁、吉林、黑龙江分别为5.73件、3.66件、4.75件），远低于全国12.69件的平均水平（见表5.3）[③]；2017年，东北每万人专利授权量为5.13件（其中辽宁、吉林、黑龙江分别为6.06件、4.08件、4.81件），仍远低于全国13.21件的平均水平[④]。

---

① 麦肯锡：2030年数字化三股推动力将创造高达45%的行业总收入[EB/OL]. 经济观察网，2017-12-06.

② 郭丽琴.反思贸易逆差：全球价值链共识为何唤不醒"装睡的"特朗普[EB/OL]. 第一财经网，2018-01-30.

③ 迟福林.以制造业转型升级为重点　加快东北振兴进程[N]. 辽宁日报，2017-12-08.

④ 根据辽宁、吉林、黑龙江以及全国2017年国民经济和社会发展统计公报相关数据计算得到。

表5.3 2016年东北三省创新水平与全国平均水平比较

地区	R&D经费占GDP的比重（%）	每万人专利授权量（件/万人）
辽宁	1.69	5.73
吉林	0.94	3.66
黑龙江	0.99	4.75
全国	2.11	12.69

数据来源：R&D经费占GDP的比重来源于国家统计局、科学技术部、财政部公布的《2016年全国科技经费投入统计公报》；每万人专利授权量根据辽宁、吉林、黑龙江、全国2016年统计公报相关数据计算得到。

——工业企业利润下滑。经济发展的一般规律表明，工业生产的专业化分工和社会大生产可以为制造业带来集群效应，从而降低生产成本、节约资源，获得规模效益。受发展过度依赖于资源优势、配套服务供给不足等影响，东北地区制造业生产专业化程度较低、产业发展较为分散，尚未形成真正的产业集群，规模效益也没有得到充分发挥。2011—2017年，东北三省规模以上工业企业利润年均下降7.8%，且呈现持续下降的趋势，同期全国规模以上工业企业利润年均增长5.5%。①

——制造业结构不合理。客观地看，生产性服务业发展滞后是东北制造业转型升级的突出“短板”。制约东北发展主要是结构性问题，就是产品结构、产业结构、技术结构与经济发展进入新常态以后的需求有很多不适应。2016年，东北三省生产性服务业占服务业的比重为35%～40%（见表5.4），低于全国平均水平约5～10个百分点，低于德国30～35个百分点②，生产性服务业发展滞后是制约制造业转型升级的突出短板。生产性服务业发展严重滞后，不能与制造业形成有效互动，严重制约着制造业转型升级。

① 根据辽宁、吉林、黑龙江、全国2011年、2017年统计公报相关数据计算得到。

② 迟福林. 以制造业转型升级为重点 加快东北振兴进程[N]. 辽宁日报，2017-12-08.

表5.4　2016年东北三省产业结构

地区	辽宁	吉林	黑龙江	全国
第一产业占比（%）	9.8	10.1	17.4	8.6
第二产业占比（%）	38.7	47.4	28.6	39.8
第三产业占比（%）	51.5	42.5	54	51.6
其中：批发和零售业占比（%）	24.6	19.2	21.6	9.6
交通运输、仓储和邮政业占比（%）	10.9	8.9	9.1	4.5
住宿和餐饮业占比（%）	4	5.9	6.3	1.8
金融业占比（%）	16	10.5	10.8	8.3
房地产业占比（%）	9	7.6	7.4	6.5
其他服务业占比（%）	33.7	46.7	42.6	20.5

数据来源：《中国统计年鉴2017》。

（4）以扩大开放提升制造业竞争力。东北三省需要扩大与先进制造业国家的技术合作，以市场换技术、以资源换管理，提升重大技术装备自主化以及核心技术与关键零部件研发制造水平，形成科技创新支撑东北国企转型发展的新动力。与此同时，以企业走出去为重点提升“东北制造”的国际竞争力。

2. 形成体制机制创新的新动力

（1）以开放倒逼改革。上海等国内自贸试验区的实践表明，建设自贸试验区不仅要为扩大开放探索新途径，也要成为制度创新的“试验田”，有利于理顺政府与市场关系，激发市场活力，也可以对营造国际化、法制化、公平高效的营商环境等形成倒逼机制。为此，抓住中韩自贸区建设契机，实施以自贸区为重点的全方位开放战略，以开放倒逼改革，可以形成东北全面深化改革的新动力。[①]

① 张哓哲.扩大开放是“十三五”东北振兴新动力[N]. 中国经济导报，2015-10-27.

（2）尽快改善形成民营经济大发展的经济社会环境。要通过产权制度安排，稳定民企预期，保障其合法权益，更好激发民企活力和创造力；要优化民企发展环境，降低实体经济领域民企成本，增强盈利能力；要激发民营企业家精神，依法保护其财产权和创新收益。从长远来看，东北地区民营经济发展潜力巨大，未来将成为东北振兴的重要支撑。

（3）深化国企改革，做强、做优、做大国有资本。党的十九大报告提出“推动国有资本做强做优做大”，这是对十八届三中全会提出的“要从‘管企业’向‘管资本’转变”的延伸与提升。深化国企改革是东北振兴的重头戏，也是东北制造业转型升级的重要支撑，牵动影响东北转型改革全局。一是要按照公益类和商业类的划分，改进对国有企业的管理，特别是放开、放活大量处于竞争领域的国有企业；二是要通过混合所有制改革，切实解决国有股一股独大和国有企业的行政化管理问题；三是探索新型的国有经济管理体制，以“管资本”为主实现国有资产的有效监管；四是进一步完善企业法人治理结构，提高治理的有效性。

3. 形成改善投资营商环境的新动力

（1）破解“投资不过山海关”的难题。东北经济社会发展面临着诸多矛盾和困难，重要原因在于以“官本位”为主要特征的软环境不优，突出表现在“政府太强、市场太弱”。党的十九大报告强调，“深化改革加快东北等老工业基地振兴”。客观地看，破解“投资不过山海关”的难题，主要不是靠政策和资金项目扶持，关键在于通过开放为经济运行营造国际化、法治化、公平高效的市场环境，为企业和创业者提供稳定的宏观经济环境和良好的法治环境，形成各类市场主体公平公正参与市场竞争的新格局。[①]

（2）为新经济发展营造宽松环境。以供给侧结构性改革为主线，着力推动行政管理体制、金融体制和科研管理体制等领域改革，促进更多的

① 迟福林. 以改革新突破形成发展新动力[N]. 人民日报，2016-10-09.

智力成果转化为技术成果和产业成果，消除创新机制障碍、资源合理流动和配置障碍，使人才、土地、资本等资源要素向新经济聚集，使各种生产要素配置更加便捷高效，为新行业、新业态、新模式的发展营造宽松环境，积极落实“互联网＋”行动。

（3）加快推动政府职能转变。无论是形成创新创业的环境，还是形成良好的营商环境，都需要加大政府改革力度。要通过全面深化改革和简政放权，从财政、税收、金融及服务等方面为创新创业提供最大限度的支持，使东北老工业基地成为创新创业的沃土。

三、构建“一带一路”东北开放的大通道、大平台、大布局

东北地区应加快融入和服务国家“一带一路”倡议的实施，以中俄蒙经济走廊建设为抓手，以推进基础设施投资合作和互联互通为依托，以制造业产业园区为平台，以建立东北亚自贸区网络为目标，以发展生产性服务贸易和服务业市场开放为重点，加快构建东北对外开放的大通道、大平台、大布局，由此形成东北振兴的新动力。

1. 以制造业转型升级为目标，形成“一带一路”东北大平台

（1）创新中德（沈阳）高端装备制造产业园、中以（哈尔滨）产业合作园等合作机制。以汽车等产业为重点，吸引国际知名跨国公司总部、生产性服务业企业和研发中心，加强与发达国家和地区在重点领域和项目方面的合作，引进先进技术、管理经验和高素质人才，推动“中国制造2025”与德国“工业4.0”战略对接融合。

（2）在东北设立国有企业综合改革试验区。从现实情况看，东北国企改革相对滞后，在某些领域严重滞后。例如，企业办社会、厂办大集体问题，在东北仍然十分突出。建议东北老工业基地积极申报设立国有企业综合改革试验区，争取在国企改革的关键问题上尽快有所突破。重点开展

混合所有制改革，通过多种形式使社会资本、国外资本参与国企改革，搞活国有企业；采取兼并重组、债务重组和破产清算等方式坚决让“僵尸企业”退出市场；采取特殊措施尽快剥离企业办社会、厂办大集体等国企非主业，扔掉包袱轻装前行。

（3）探索发展“飞地型跨区域特别合作区”。借鉴广东深汕特别合作区的“飞地”经验，通过引入市场机制，创新东北对外开放体制、机制、政策和管理模式，与东北地区向北开放的广阔空间相融合，探索设立“辽沪特别合作区”“吉浙特别合作区”“黑苏特别合作区”等，共同打造对外开放新平台，加快建设中国向北开放的重要窗口和东北亚地区合作的中心枢纽。

（4）推进跨境经济合作园区创新发展。发挥中韩俄蒙四国合作基础扎实的优势，按照自贸区标准推进黑龙江绥芬河–东宁重点开发开放试验区和图们江跨境经济合作区等沿边重点开发开放试验区建设，探索跨境经济合作区的运营模式、管理体制与多层次跨境协调机制。

2. 以服务贸易为重点，形成东北“一带一路”大布局

（1）全面推进服务业市场开放。加快向社会资本和外资开放服务业市场。例如，吸引俄罗斯、韩国、日本等国金融机构在东北地区设立分支机构，发展相关金融业务。

（2）积极推进东北地区融入“一带一路”建设，形成扩大对外开放大布局的总目标。借鉴上海、天津、广东、福建自由贸易试验区建设经验，立足东北地区对外开放的广阔空间及其开放目的地国家和地区的特点，加快建设中国（辽宁）自由贸易试验区，选择金融服务、航运服务、商贸服务、文化服务以及社会服务作为扩大开放的重点领域，全面实施负面清单管理。

（3）打造迷你型“沿边自由贸易试验区”。东北仅黑龙江对俄口岸就有15个，数量位居全国之首。适时选择辽宁丹东口岸、黑龙江绥芬河口岸、吉林珲春口岸等地全面实施贸易投资自由化政策，建设丹东对朝、绥

芬河对俄、珲春对俄朝的迷你型“沿边自由贸易试验区”，打造沿边开放的新高地。

（4）按照自贸试验区标准推进各类园区建设。在经济领域探索建立与国际通行规则接轨的制度框架体系，使保税区、出口加工区、边境合作区、国家级新区等各类园区成为“准自贸区”，进一步改善各类园区发展的体制政策环境，探索把各类园区作为国家实施自贸区战略的重要途径。

3. 以基础设施建设为依托，形成“一带一路”东北大通道

（1）凭借吉林省长春市的轨道客车适合北方高寒地区的技术优势，加快推动中蒙俄铁路网络建设。推动铁路网络与大连港、锦州港、营口港等出海口的互联互通，提升基础设施互联互通能力，将主要城市和港口打造成国际航运中心和国际物流中心。

（2）尽快启动东北东部快速铁路专线建设。积极争取亚投行资金支持，将东北东部5条东西走向的客运专线连通，加快建设哈大客运专线之外的第二条南北走向快速铁路专线，形成两纵五横快速铁路网络。

（3）打造江海联运水上丝绸之路。东北地区应进一步加大界河航道维护和航道疏通，维护通航水深在三级以上；构建黑龙江中下游、松花江干流高等级航道，畅通水上对俄经贸大通道，打造东北亚黄金水道。

第四节 以扩大开放推动中部地区崛起

党的十九大报告指出，“发挥优势推动中部地区崛起”。自2006年正式实施中部地区崛起战略以来，中部地区经济社会发展取得了显著成绩，在实现区域协调发展中发挥了重要作用。进入发展新时代，面对地区间发展不平衡不充分的突出矛盾，实施区域协调发展战略，以扩大开放推动中部地区崛起，是充分发挥中部地区发展潜力和比较优势的重要举措。

一、实施中部地区崛起战略，推动经济社会发展取得重要进展

实施中部地区崛起战略对促进中部地区发展起到了重要的推动作用。经过10多年的发展，中部地区经济社会发展取得了重要成就。

1. 中部崛起推动经济实现较快发展

（1）中部地区崛起：从提出到实施。2004年3月，《政府工作报告》首次提出“促进中部地区崛起”，并把促进中部地区崛起作为促进区域协调发展的重要内容之一。2004年召开的中央经济工作会议再次提及促进中部地区崛起，强调“实施西部大开发，振兴东北等老工业基地，促进中部地区崛起，鼓励东部地区率先发展，实现相互促进、共同发展”。2006年4月，中共中央国务院正式出台《关于促进中部地区崛起的若干意见》，提出要把中部地区建设成为全国重要的粮食生产基地、能源原材料基地、现代装备制造及高技术产业基地和综合交通枢纽。至此，中部地区崛起开始进入实质推进阶段。

（2）中部地区经济实力显著增强，经济增长保持较快势头。经过10多年的发展，中部地区经济实力明显增强，发展速度明显加快。据统计，2006—2017年，中部六省GDP总量由4.3万亿元增长到17.9万亿元，占全

国GDP总量的比重由18.7%上升到21.0%（见图5.3）；地方财政一般公共预算收入由2950亿元增长到1.63万亿元（见表5.5）。2017年，中部六省经济增长速度均超过全国平均水平。其中，江西为8.9%，安徽为8.5%，湖南为8.0%，湖北和河南同为7.8%，山西为7.0%。①

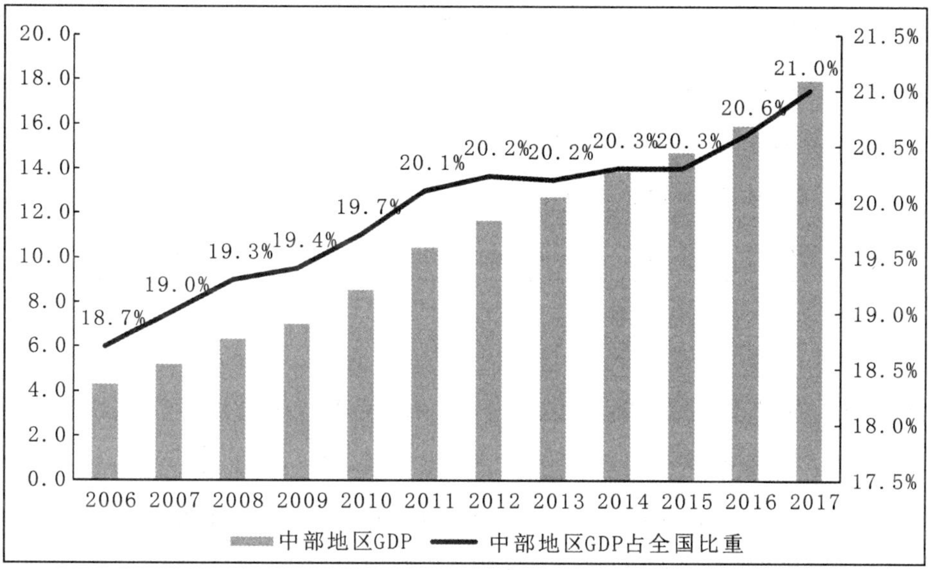

数据来源：2007—2018年中国统计摘要。

图5.3　2006—2017年中部六省GDP总量及占全国的比重

表5.5　2006—2017年中部六省地方一般公共预算收入

单位：亿元

年份	山西	安徽	江西	河南	湖北	湖南	合计
2006	583.4	428.0	305.5	679.2	476.1	477.9	2950.1
2007	597.9	543.7	389.9	862.1	590.4	606.6	3590.4
2008	748.0	724.6	488.6	1008.9	710.8	722.7	4403.7
2009	805.8	863.9	581.2	1921.6	814.8	845.0	5832.2

① 陈剑.建设现代经济体系　夯实市场经济基础[N]. 经济参考报，2018-04-18.

续表

年份	山西	安徽	江西	河南	湖北	湖南	合计
2010	969.7	1149.4	778.1	1381.3	1011.2	1081.7	6317.4
2012	1516.4	1792.7	1372.0	2040.3	1823.1	1782.2	10326.6
2013	1701.6	2075.1	1621.2	2415.5	2191.2	2030.9	12035.5
2014	1820.6	2218.4	1881.8	2739.3	2566.9	2262.8	13489.9
2015	1642.4	2454.3	2165.7	3016.1	3005.5	2515.4	14799.4
2016	1557.0	2672.8	2151.5	3153.5	3102.1	2697.9	15334.7
2017	1866.8	2812.0	2246.9	3397.0	3248.4	2756.7	16327.8

数据来源：历年中部六省统计年鉴以及全国2017年国民经济和社会发展统计公报。

（3）推动产业结构不断优化。这10多年来，中部地区在加快发展经济的同时，不断推动产业结构优化升级，并取得了显著效果，尤其是服务业取得了较快发展。据统计，2006—2017年，中部六省服务业增加值占GDP的比重由36.2%上升到45%，提升了8.8个百分点。与此同时，中部地区农业增加值占GDP的比重由15.3%下降到9.5%（见表5.6）。

表5.6　2006—2017年中部六省产业结构变化情况

年份	第一产业占GDP比重（%）	第二产业占GDP比重（%）	第三产业占GDP比重（%）
2006	15.3	48.5	36.2
2007	14.6	49.5	35.9
2008	14.6	50.9	34.5
2009	13.9	50.4	35.7
2010	13.0	52.4	34.6
2011	12.3	53.5	34.1

续表

年份	第一产业占GDP比重（%）	第二产业占GDP比重（%）	第三产业占GDP比重（%）
2012	12.1	52.8	35.1
2013	10.8	47.7	41.6
2014	11.1	49.6	39.3
2015	10.8	46.8	42.4
2016	10.4	45.4	44.1
2017	9.5	45.4	45.0

数据来源：根据历年中国统计年鉴以及全国、中部六省2017年国民经济和社会发展统计公报数据计算得到。

2. 城乡居民收入实现较快增长，城乡收入差距大幅缩小

中部地区的经济发展，不仅提升了城乡居民收入水平，而且较大幅度缩小了城乡居民收入差距。据统计，2006—2016年，中部地区城镇居民年人均收入由9902.3元增长到28879.3元，农村居民年人均收入由3283.2元增长到11794.3元，城乡居民年人均收入差距由3.02倍缩小到2.45倍（见表5.7）。同时，中部地区贫困人口大幅减少。据统计，按现有标准，2015年底，中部地区农村贫困人口为2160万人，比2010年底减少了2430万人。①

表5.7　2006—2016年中部六省城乡居民年人均收入比较

年份	城镇（元）	农村（元）	城乡差距（倍）
2006	9902.3	3283.2	3.02
2007	11634.4	3844.4	3.03
2008	13225.9	4453.4	2.97

① 王时丹.中部崛起战略提出十年来取得显著发展成就[EB/OL]. 国务院新闻办公室网站，2016-12-09.

续表

年份	城镇（元）	农村（元）	城乡差距（倍）
2009	14367.1	4792.8	3.00
2010	15962.0	5509.6	2.90
2011	18323.2	6529.9	2.81
2012	20697.2	7435.2	2.78
2013	22664.7	8983.2	2.52
2014	24733.3	10011.1	2.47
2015	26809.6	10919.0	2.46
2016	28879.3	11794.3	2.45

数据来源：《中国统计年鉴2014》和《中国统计年鉴2017》。

3. 城镇化进程明显加快

10多年来，中部六省城镇化进程呈现明显加快的态势，六省城镇化率均提升10个百分点以上。例如，2006—2017年，湖北省城镇化率由43.8%上升到59.3%，提升了15.5个百分点，高于全国平均水平（见表5.8）。数据显示，中部地区用10年时间实现了5000万人进入城镇生活，取得了突破性进展。在城镇化过程中，中部六省利用自身优势，加快发展城市群。目前，基本形成了以长株潭城市群、武汉城市圈、中原城市群、皖江城市带、太原城市群、环鄱阳湖城市群六大城市群为主的发展格局。

表5.8　2006—2017年中部六省城镇化率情况

年份	山西（%）	安徽（%）	江西（%）	河南（%）	湖北（%）	湖南（%）
2006	43.0	37.1	38.7	32.5	43.8	38.7
2007	44.0	38.7	39.8	34.3	44.3	40.5
2008	45.1	40.5	41.4	36.0	45.2	42.2

续表

年份	山西（%）	安徽（%）	江西（%）	河南（%）	湖北（%）	湖南（%）
2009	46.0	42.1	43.2	37.7	46.0	43.2
2010	48.1	43.0	44.1	38.5	49.7	43.3
2011	49.7	44.8	45.7	40.6	51.8	45.1
2012	51.3	46.5	47.5	42.4	53.5	46.7
2013	52.6	47.9	48.9	43.8	54.5	48.0
2014	53.8	49.2	50.2	45.2	55.7	49.3
2015	55.0	50.5	51.6	46.9	56.9	50.9
2016	56.2	52.0	53.1	48.5	58.1	52.8
2017	57.3	53.5	54.6	50.2	59.3	54.6

数据来源：历年中部六省统计年鉴以及全国2017年国民经济和社会发展统计公报。

二、开放滞后是制约中部地区发展的突出因素

中部地区地处内陆，与东部地区相比，缺乏明显的开放优势，这也是制约中部地区发展的突出短板。

1. 中部地区开放型经济水平逐步提升

过去10多年，尽管缺乏对外开放的突出优势，但是在实施中部地区崛起战略的背景下，中部地区外向型经济发展水平仍得到较大幅度的提升。第一，对外贸易额实现较快增长。据统计，2006—2017年，中部六省对外贸易总额由539.8亿美元增长到2733亿美元，占全国对外贸易总额的比重由3.1%上升到6.7%（见图5.4）。第二，利用外资水平大幅提升。2006—2017年，中部六省实际使用外资额由124.3亿美元增长到717.3亿美元，占全国实际使用外资总额的比重由18.5%上升到54.8%（见图5.5），已经占据全国利用外资的半壁江山。

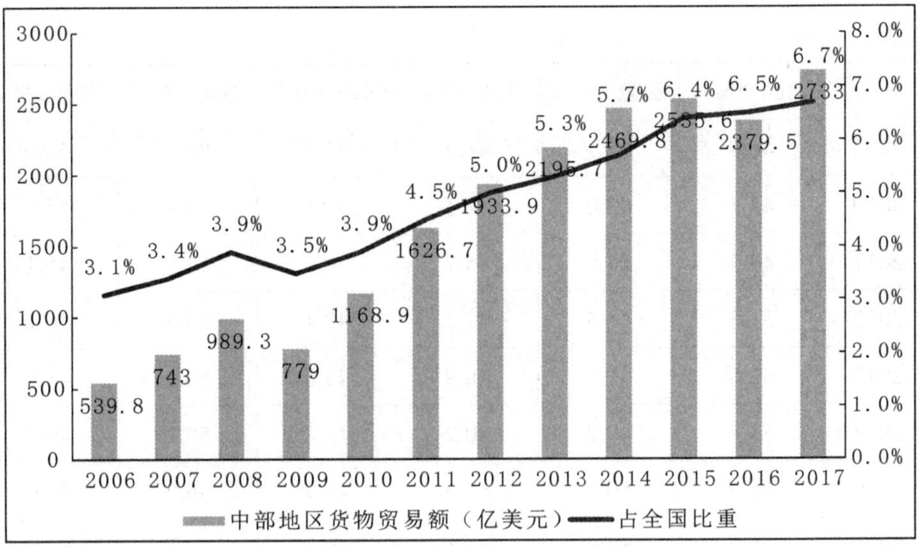

数据来源：根据全国、各省历年统计年鉴以及全国2017年国民经济和社会发展统计公报数据计算得出。

图5.4　2006—2017年中部六省对外贸易额增长情况及占全国的比重

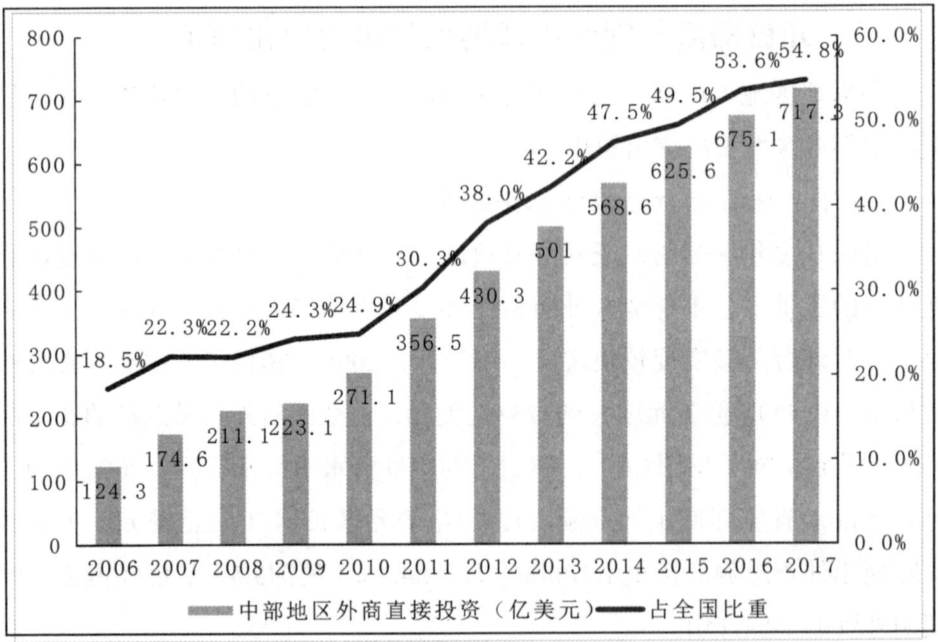

数据来源：根据历年中国统计年鉴以及全国、中部六省2017年国民经济和社会发展统计公报数据计算得出。

图5.5　2006—2017年中部六省外商直接投资情况及占全国的比重

2. 对外开放水平整体偏低

与东部地区相比，中部地区之所以发展滞后，很大程度是因为中部地区外向型经济发展水平总体较低。尽管过去10多年来，中部地区对外开放水平有了明显提升，尤其是在吸引外商直接投资方面，已经在全国居于领先位置。但总的来看，中部地区外贸依存度仍然较低，2017年中部地区对外贸易额占全国对外贸易总额的比重仅为6.7%。与全国总体趋势一样，中部地区外贸依存度不断下降，但与全国平均水平相比，中部地区明显偏低。以外贸依存度较高的江西省为例，2017年，江西省外贸依存度为14.5%，在中部六省中居于首位，但低于全国平均水平19.1个百分点（见表5.9）。

表5.9　2006—2017年全国及中部六省对外贸易依存度

年份	山西（%）	安徽（%）	江西（%）	河南（%）	湖北（%）	湖南（%）	全国（%）
2006	10.9	16.0	10.3	6.3	12.4	7.7	64.4
2007	14.7	16.6	12.5	6.5	12.2	7.9	61.6
2008	13.8	16.0	13.7	6.8	12.8	7.6	56.0
2009	7.9	10.6	11.4	4.7	9.1	5.3	43.2
2010	9.3	13.3	15.5	5.2	11.0	6.2	49.0
2011	8.5	13.3	17.5	7.9	11.1	6.3	48.8
2012	7.8	14.4	16.3	11.0	9.1	6.3	45.3
2013	7.7	14.7	15.8	11.6	9.1	6.3	43.7
2014	7.8	14.5	16.7	11.4	9.7	7.0	41.0
2015	7.1	13.5	15.7	12.4	9.6	6.3	36.4
2016	8.4	12.0	14.3	11.6	8.0	5.5	32.8
2017	7.8	13.1	14.5	11.6	8.6	7.0	33.6

数据来源：根据历年中国统计年鉴以及全国、中部六省2017年国民经济和社会发展统计公报数据计算得出。

三、抓住新一轮扩大开放的机遇，推进中部地区崛起

我国推进“一带一路”、长江经济带等建设，以扩大开放形成中部地区发展的新动力，有利于加快打造内陆开放型经济高地。

1. 抓住国家重大建设机遇

（1）抓住“一带一路”建设的新机遇。我国对外开放的全面推进，尤其是“一带一路”建设的深入推进，为中部地区扩大开放提供了难得的历史机遇。例如，目前中欧班列从欧洲运回来的货物中武汉回程货物是全国最多的，这为中部地区扩大货物贸易提供了难得的机遇。再例如，“一带一路”沿线国家和地区具有巨大的基础设施投资需求，而中部地区在钢铁、工程机械、建材、船舶、装备制造等方面具备优势，这就为中部地区优势产业“走出去”提供了重要机遇。

（2）抓住长江经济带建设的新机遇。建设长江经济带，不仅是我国新阶段推进区域协调发展的重大举措，也是深化改革开放、建立长江流域统一开放和竞争有序市场体系的重要举措，对打造陆海双向对外开放经济新走廊，培育国际经济合作新优势具有重要意义。从实际情况看，中部六省中的安徽、湖北、湖南、江西四省地处长江经济带的中心位置，向东连接长三角，向西对接成都、重庆等西部大开发的门户城市，具备承接东西的区位优势。在这个背景下，中部地区不仅是建设长江经济带的重要内容，更是推动长江经济带要素自由流动、市场统一融合、资源高效配置的重要力量。

（3）加强区域间合作。中部地区连接东西、贯穿南北，在推进区域合作上具有明显优势。例如，向北对接京津冀协同发展战略，有利于推动中部地区与京津冀在生态环境保护合作、创新合作、基础设施互联互通等方面取得重要突破；向南对接粤港澳大湾区建设，在符合环保标准和市场需求的前提下，加强与粤港澳大湾区的产业合作，有序承接产业向中部地区转移。

2. 大力发展内陆开放型经济

（1）积极发展货物贸易。中部地区各省份要发挥各自优势，积极开展合作，在更大范围内整合贸易资源。一是以扩大中欧贸易为重点创新中欧班列运营模式，打好中欧班列这张牌。二是推动加工贸易转型升级，支持有条件的地区建设沿海加工贸易梯度转移重点承接地。

（2）推动服务贸易开放，积极发展服务贸易。一是充分发挥中部地区自由贸易试验区的作用，全面复制推广自由贸易试验区在投资管理、贸易监管、金融创新等方面的改革创新成果。二是加快推动服务业领域开放，推动中部地区承接国际服务贸易转移，重点在物流、交通运输等服务行业扩大利用外资规模。三是大力发展服务外包，推动武汉、合肥、南昌等服务外包示范城市进一步提高服务外包水平。四是积极对接粤港澳，吸引港澳地区的现代服务业投资中部地区。

（3）鼓励、支持企业“走出去”。充分发挥中部地区在现代农业、钢铁、汽车、机械、化工和装备制造业等方面的优势，鼓励对外承包工程企业抱团参与“一带一路”建设，加强与沿线国家的产能合作。

3. 深化区域内部合作，推动区域一体化发展

（1）共建共享开放合作平台。一是抓住“一带一路”建设的重要机遇，中部地区要加快构建多层次对外交通运输通道。例如，依托武汉、郑州等国际航空港，打通“一带一路”沿线主要城市空中通道。二是共同打造对外交流与合作平台，实现商务信息彼此共享。三是做大做强“中部投资贸易博览会”等重要平台，使之成为中部地区对外招商及内部合作的重要平台。

（2）加强区域内经济合作。一是下决心打破地方保护和各类隐形壁垒，加快建立中部地区统一的大市场。二是发挥中部地区的高校、科研机构的科研优势，加强中部地区创新合作，推进科学数据开放运行服务和大型科学仪器设备开放共享。三是以长江经济带为纽带，促进中部地区城市群一体化发展。

（3）建立健全区域合作机制。建立健全各种形式的区域合作机制，包括政府间、非政府间、行业间的合作机制，打造真正意义的区域合作伙伴关系，保障区域务实合作顺利推进。

第六章
推进自由贸易试验区转型升级的新发展

党的十九大报告提出，“赋予自由贸易试验区更大改革自主权，探索建设自由贸易港”。当前，全球经济增长乏力与贸易保护主义抬头的双重挑战日益明显，国内经济新旧动能加速转换的同时内外不平衡问题凸显，我国改革开放格局需要有新的突破。在此背景下，适应经济全球化与我国开放转型的新趋势，以服务贸易为重点推动自由贸易试验区转型发展，成为新时期我国开放转型的重大任务。

第一节　建设全面对外开放新高地

设立自由贸易试验区，是党中央、国务院在新形势下全面深化改革和扩大开放的一项战略举措，是新时期我国加快建立开放型经济的重要“试验田”。经过近几年的探索，我国自贸试验区已经形成了“1＋3＋7”的发展布局，并成为新时期我国形成全面开放新格局的重要探索载体。

一、我国自由贸易试验区建设的实践探索

2013年9月，经党中央、国务院批准，我国第一个自由贸易试验区——中国（上海）自由贸易试验区挂牌成立，标志着我国新一轮改革开放路径探索的开始。

1. 第一阶段：上海自贸试验区先行先试

2013年9月，中国（上海）自由贸易试验区正式挂牌运作，中国产生了第一个与此前的经济特区、开发区、产业园区在指导思想、总体目标、功能定位、任务措施等方面均有所不同的改革开放新载体。上海自由贸易试验区重点实行政府职能转变、金融制度、贸易服务、外商投资和税收政策等多项改革措施，并大力推动上海市转口、离岸业务的发展，为自贸试验区模式在其他地区的推广积累可复制的经验。

2. 第二阶段：功能上突出引领区域发展

2015年，中国（广东）自由贸易试验区、中国（天津）自由贸易试验区、中国（福建）自由贸易试验区相继成立。广东自贸试验区要依托毗邻港澳的区位优势和对外开放优势，实现粤港澳深度合作，形成国际经济合作和竞争新优势；天津自贸试验区要在京津冀协同发展和我国经济转型发展中发挥示范引领作用；福建自贸试验区要创新两岸合作机制，增强闽台经济关联度，拓展与“21世纪海上丝绸之路”沿线国家和地区交流合作的深度和广度（见表6.1）。

表6.1 上海、天津、广东、福建自贸试验区基本情况

地区	上海	天津	广东	福建
定位	多功能、复合型和创新型的综合体，探索深化经济体制和实现政府管理体制改革新途径	京津冀协同发展平台，全国改革开放先行区，制度创新“试验田”	粤港澳深度合作示范区，新一轮改革开放先行地，“21世纪海上丝绸之路”重要枢纽	深化两岸合作示范区，改革创新“试验田”，“21世纪海上丝绸之路”核心区

资料来源：根据各自由贸易试验区方案整理。

3. 第三阶段：与“一带一路”倡议联动

随着“一带一路”建设进程加快，我国自由贸易区战略逐步与“一带一路”建设相结合，实现东中西联动发展。2016年9月，中共中央、国务院决定，在辽宁省、浙江省、河南省、湖北省、重庆市、四川省、陕西省新设立7个自贸试验区，自贸试验区开启“1+3+7”的扩展试点新格局。第三批7个自贸试验区中，有5个省（市）均位于内陆，与前两批自贸试验区构成了6个沿海省（市）、2个中部省份、3个西部省（市）的格局。在发展模式上，有了前两批自贸试验区的成熟范本，第三批的定位更加成熟化、差异化，并全面承接国家多个重大战略：辽宁着力打造提升东北老工业基地发展整体竞争力和对外开放水平的新引擎；浙江就推动大宗商品贸易自由化、提升大宗商品全球配置能力进行探索；河南着力建设服务于“一带一路”建设的现代综合交通枢纽；湖北主要发挥其在实施中部崛起战略和推进长江经济带建设中的示范作用；重庆主要是落实重庆战略支点和连接点的重要作用，带动西部大开发战略深入实施；四川主要是打造内陆开放型经济高地，实现内陆与沿海、沿边、沿江协同开放；陕西主要是落实中央关于更好发挥“一带一路”建设对西部大开发的带动作用。

4. 第四阶段：打造自由贸易试验区升级版

（1）四大自贸试验区深化改革开放方案陆续出台。在我国自贸试验区建设取得阶段性成果的基础上，为进一步深化改革、扩大开放，继续发挥自贸试验区的引领示范作用，2017年3月，国务院印发了《全面深化中国（上海）自由贸易试验区改革开放方案的通知》，并明确提出“全面深化自贸试验区改革开放，加快构建开放型经济新体制，在新一轮改革开放中进一步发挥引领示范作用”。2018年5月24日，为贯彻落实党的十九大提出的“加快形成全面开放新格局”的重大任务，国务院印发《进一步深化中国（广东）自由贸易试验区改革开放方案》《进一步深化中国（天津）自由贸易试验区改革开放方案》《进一步深化中国（福建）自由贸易试验区改革开放方案》，明确提出了未来2～3年广东、天津、福建自贸试验区深化改革开放的重大任务。

（2）发展目标：对标国际标准。例如，《全面深化中国（上海）自由贸易试验区改革开放方案的通知》中提出，“2020年，率先建立同国际投资和贸易通行规则相衔接的制度体系，把自贸试验区建设成为投资贸易自由、规则开放透明、监管公平高效、营商环境便利的国际高标准自由贸易园区”；《进一步深化中国（广东）自由贸易试验区改革开放方案》中提出“到2020年，率先对标国际投资和贸易通行规则”；《进一步深化中国（天津）自由贸易试验区改革开放方案》和《进一步深化中国（福建）自由贸易试验区改革开放方案》提出“率先建立同国际投资和贸易通行规则相衔接的制度体系”。

（3）开放领域：更强调服务业市场开放。例如，《全面深化中国（上海）自由贸易试验区改革开放方案的通知》中提出“最大限度缩减自贸试验区外商投资负面清单，推进金融服务、电信、互联网、文化、文物、维修、航运服务等专业服务业和先进制造业领域对外开放”；国务院印发的《进一步深化中国（广东）自由贸易试验区改革开放方案》《进一步深化中国（天津）自由贸易试验区改革开放方案》《进一步深化中国（福建）

自由贸易试验区改革开放方案》均明确提出“大幅度放宽市场准入，扩大服务业对外开放”；其中广东自贸试验区进一步提出“深入推进粤港澳服务贸易自由化”。

（4）服务国家战略：强调服务“一带一路”建设。例如，顺应粤港澳大湾区等国家战略需要，《进一步深化中国（广东）自由贸易试验区改革开放方案》创造性地提出，携手港澳参与“一带一路”建设，实现自贸试验区、“一带一路”建设、粤港澳大湾区三位一体、互动联动，推动广东自贸试验区在实施国家战略上发挥更大作用。《进一步深化中国（天津）自由贸易试验区改革开放方案》提出，建设面向“一带一路”沿线国家和地区的“走出去”综合服务中心，依托港澳在金融服务、信息资讯、国际贸易网络、风险管理等方面的优势，为企业对外投资提供投资备案、跨境金融、会计审计、外国法律查明和律师服务、国别咨询等综合服务。《进一步深化中国（福建）自由贸易试验区改革开放方案》提出，加强交流合作，加快建设“21世纪海上丝绸之路”核心区，为在新形势下推动与海上丝绸之路沿线国家大交流、大合作提供新经验、新模式，推动自贸试验区在“一带一路”建设中发挥更大作用。

二、自贸试验区在我国改革开放进程中扮演重要角色

近年来，自贸试验区以制度创新为核心，不仅在积极探索改革开放新路径，形成可复制、可推广的制度体系方面实现了重要突破，而且在营造国际化、市场化和法治化的营商环境，激发市场主体的活力等方面也取得了重要进展。目前，国内自贸试验区初步形成了以制度创新为核心、全面对接高标准国际经贸规则，在更广领域、更大范围各具特色、各有侧重的试点格局。

1. 以准入负面清单为核心的投资管理体制取得重要进展

（1）率先实行负面清单管理。总的来看，由正面清单向负面清单的转型是全球投资准入制度变革的大趋势。例如，目前WTO框架下的服务

贸易协定，实行的就是类似“正面清单”的准入模式；而为了提高投资效率、增加外资准入规则的透明度，这种对照目录式的“正面清单”准入模式逐渐被要求改进。从双边和区域自贸协定的发展现状来看，高标准投资规则成为谈判重点，而该高标准投资规则的表现之一就是“负面清单”外资准入模式。在此背景下，2013年中国（上海）自由贸易试验区成立，并制定实施了我国第一份外商投资负面清单，改变了“逐案审批＋产业指导目录”的传统管理方式。

（2）负面清单数量不断缩减。自贸试验区统一执行的2018年版负面清单项数从2013年的190个缩减至45个，缩减了76.3%（见表6.2）。负面清单的缩减意味着我国更多领域、更大程度的开放。

表6.2　分行业自贸试验区负面清单项数

单位：个

年份	2013	2014	2015	2017	2018
农、林、牧、渔业	7	6	6	5	4
采矿业	16	14	8	6	3
制造业	63	46	17	11	5
电力、热力、燃气及水生产和供应业	5	2	5	3	2
建筑业	4	4	0	0	0
批发零售	13	9	4	4	1
交通运输、仓储、邮政业	21	15	19	11	7
信息传输、软件和信息技术服务业	8	8	4	4	2
金融业	5	4	14	13	3
房地产业	4	3	0	0	0
租赁和商务服务业	13	9	9	5	3
科学研究和技术服务业	12	4	4	4	3

（续表）

年份	2013	2014	2015	2017	2018
水利、环境和公共设施管理业	3	3	2	2	1
教育	3	3	2	2	2
卫生和社会工作	1	1	1	1	1
文化、体育和娱乐业	12	8	24	21	8
所有行业	0	0	3	3	0
总计	190	139	122	95	45

数据来源：根据2013年、2014年、2015年、2017年、2018年自贸试验区外商投资准入负面清单整理。

（3）与负面清单相适应的投资管理体制改革取得进展。为与负面清单管理制度相适应，目前自贸试验区对负面清单以外领域的外商投资项目核准和企业合同章程审批改为备案制。以广东自贸试验区为例。目前广东自贸试验区内，对外商投资实行备案管理的项目数量占企业投资项目总数的比例已达90%左右。其中自贸试验区内99%的新设外商投资企业通过备案设立，办理注册时间由10多个工作日减少到最快2个工作日；同时在自贸试验区内，企业对境外投资一般项目率先实行备案制，提高了境外投资便利化程度。

2. *以“放管服”为重点的营商环境建设取得重要进展*

（1）商事制度改革全面加速。深化商事制度改革、推动政府职能转变是自贸试验区制度创新的重要内容之一。按照自贸试验区总体方案的要求，各个自贸试验区构建并优化高效运行的服务体系，完善企业准入“单一窗口”制度，推进“先照后证”“多证合一”“一照一码”等商事制度改革，并探索许可证清单管理模式，为全国完善商事制度提供了重要经验。例如，中国（辽宁）自由贸易试验区营口片区在“五证合一、一照一码”的基础上，推出了“四十六证合一”创新登记制度。改革前，企业办理相关证照需要65天，现在只需要2天；改革前，企业办理相关审批事项涉及23个部门，往返34次，现在实现企业办事最多跑一次。广东自贸试验区将企业登记注册与公安、发改、人社、食药监、检验检疫等部门的相关证照并联审批，实现“二十证六章”联办；建立“一门式、一网式”服务模式，并通过银行网点延伸商事登记窗口服务；开办企业所需时间平均为3天，接近新加坡等国家的水平。

（2）事中事后监管体制初步形成。

——建立健全社会信用体系。例如，广东自贸试验区南沙片区建立以信用风险分类为依托的市场监管制度，将全区企业分为A、B、C、D四个类别进行监管，并定时向社会发布失信名单，形成“一处失信，处处受限”的信用约束机制；前海蛇口片区通过招标方式引入第三方力量，建立了社会信用中心平台和评估机构并进行独立运营。与此同时，各自贸试验区均建立起完善的企业年度报告公示和经营异常名录制度。

——逐步健全信息共享和综合执法制度。广东自贸试验区珠海横琴新区片区综合执法局作为广东省综合执法改革试点单位，是全国综合执法改革最彻底的，整合了31项职能，设有3个内设科室、4个执法大队，对接30个市级部门，行政编制43人，综合执法局同时兼管横琴新区城市管理指挥中心，依靠大数据平台根据老百姓的需求实现管理和执法力量的倾斜。

——探索建立社会力量参与市场监督制度。《中国（广东）自由贸易试验区条例》明确提出，广东自贸试验区各片区可以探索设立法定机构或者委托社会组织承接专业性、技术性或者社会参与性较强的公共管理和服务职能，支持建立第三方检测结果采信制度。

（3）政府服务水平与能力大幅提升。例如，上海自贸试验区推行了窗口人员对企业需求只能说“行”、不能说“不行”的相关要求。窗口人员在受理环节，对于标件只说“行”，而对于非标件，特别是新情况、新问题，没有权说“不”；“能不能”“行不行”，要经过请示、审慎研究后，在规定时限内尽早、尽快答复申请人；多从保护创新、有利尝试、把事办成的角度，多设路标、不设路障，真正让改革创新源泉涌流。新规矩很快得以复制。截至2016年底，浦东20个区属部门、12个街道、24个镇和7个开发区，共有行政服务点291个，服务窗口1962个，全部实行了窗口无否决权制度。

3．贸易自由化、便利化水平不断提升

目前，国内自贸试验区均实行了国际贸易“单一窗口”、无纸化通关等，通关效率大幅提高。例如，广东自贸试验区南沙片区以“智慧口岸”为重点的贸易便利化促进体系已在全国形成示范，诞生了包括“单一窗口”“互联网+易通关”“智检口岸”和“智慧海事”等在内的多项改革创新成果，其中有14项属于全国首创，通关效率提高50%以上。此外，推行“先放行后改单”改革，使改单作业时间从平均2个工作日缩短至1个小时，整体时间压缩超过1万小时；取消区内报关企业跨关区从事报关服务的限制，允许区内报关企业“一地注册、多地报关”；允许区域外报关企业在区域内设立分支机构或在区域海关直接报关等。上海自贸试验区以“前所未有的便利化和有效管控”为目标，海关推出了“先进区后报关”“三自一重”（自主报税、自助通关、自动审放）等31项创新制度。全球17个高水平自由贸易协定的60条贸易便利化核心措施中，有55条已在上海自贸试验区实施①。2017年1—8月，上海关区货物进、出口海关平均通关时间分别为21.67小时和1.35小时，较2016年全年进、出口海关平均通关时间分别缩短26.44%和32.02%，压缩通关时间近三分之一②。

4．金融开放取得积极进展

在严格防范金融风险的同时，自贸试验区进行了较为广泛的金融开放改革，涉及自由贸易账户、人民币国际化、利率市场化、“沪港通”、“上海金”、两岸金融合作、公募房地产信托投资基金等诸多事项。以自由贸易账户为例，此前，外贸企业需要分别设立人民币账户和外汇账户两

① 曾姝，王烨捷.上海海关：深化改革，推进服务贸易便利化[N].解放日报，2017-01-23.

② 上海海关启动通关一体化改革：压缩时间近三分之一[EB/OL].中青在线，2017-09-29.

个独立账户，企业进出口涉及的资金往来必须通过一系列结售汇操作才能实现，程序较为烦琐、换汇成本较高；现在外贸企业设立的自由贸易账户可以跟境外账户便利流通，境外账户跟境内账户有限流通资金往来只需要通过一个账户就可以实现。2017年，上海自贸试验区共开设了6.7万个自由贸易账户，完成跨境结算超过11万亿元人民币，企业的本外币融资平均利率不到4%。[①]此外，黄金国际板块运行良好，“上海金”交易规模达到约2000吨；广东自贸试验区推进金融改革促进商业保险第三方支付等金融业务发展；天津结合自身特色推进融资、租赁制度创新，飞机、船舶等融资租赁规模领先全国；福建则开展非银行金融业对台开放，拉紧两岸金融纽带。

三、建设全面对外开放新高地的历史使命

无论是从国际经验看，还是从我国自由贸易试验区的实践看，自贸试验区就是要以高水平开放促进改革、创新与转型，并走出一条以开放倒逼改革、以改革促进开放的路子。当前，自由贸易试验区仍要以创新政府管理模式为重点，注重打造国际一流营商环境，再创新一轮改革开放红利，推动我国经济转型升级。

1. 以建设国际高标准的自贸试验区为奋斗目标

2008年的国际金融危机以来，全球经贸规则加速重构，开放水平、开放标准越来越高，涉及领域越来越广，影响程度越来越深。增强国际治理经济话语权需要实力作为支持，如果开放水平和开放标准偏低，就很难引领全球经贸规则走向。近几年来，自贸试验区在开放的广度、深度方面取得了长足进展，但在投资贸易便利、货币自由可兑换、监管高效便捷、法制环境规范等方面离“最高标准”还有明显差距。站在我国对外开放新的历史起点，自贸试验区要始终不忘初心，着眼发展大局，对照“最高标

① 韩正.增强“四个意识”努力当好排头兵先行者[N].解放日报，2017-08-16.

准”，为新阶段全国高水平对外开放试点探路。

2. 以制度创新为核心任务

创新是发展的不竭动力，也是全面建成小康社会、实现“两个一百年”奋斗目标和中华民族伟大复兴的关键所在。体制机制既是创新的对象，也是创新的保障。近几年来，自贸试验区勇于创新，形成了一批制度创新成果。比如，行政管理新模式放得更活、管得更好、服务更优，跨境双向人民币资金池业务提高了跨国公司资金管理效率等。制度创新需要协调配合推进，需要付出艰苦努力，是一件打基础、利长远的事情，一旦成功就可以长久受益。因此，自贸试验区建设要牢牢抓住制度创新这个核心，以开放为先，以深化供给侧结构性改革破解深层次矛盾和结构性难题，不断激发市场活力，培育经济发展新动能，加快经济转型升级。

3. 以可复制、可推广为基本原则

自贸试验区不是摆设“盆景”，而是培育“苗圃”，核心价值在于先行先试并带动全国改革开放进程。形成的经验成果如果离不开当地的特殊经济环境，在其他地方“水土不服”，就会失去自贸试验区的意义。上海自贸试验区经验复制到广东、天津、福建，此后又复制到其他7个省市，一批改革开放措施推广到全国，达到了服务全局、服务国家重大战略的目的。现在，有的地方或多或少存在“只见树木、不见森林”“为本地谋发展干劲强、为全国探新路动力弱”的情况。因此，各个自贸试验区要增强大局意识，努力为新时代的改革开放探路，将可复制、可推广作为推进试点试验的出发点和评价工作成效的落脚点，按照“边试点、边总结、边推广”和“成熟一批、推广一批”的原则，定期集成能给市场主体带来实实在在好处的试点经验，形成系统化、一揽子的经验成果，并进行多层次、宽领域、分类别的复制推广。

4. 以提高事中事后监管能力为根本保障

习近平总书记强调，要大胆试、大胆闯、自主改，争取取得更多可复制推广的制度创新成果，进一步彰显全面深化改革和扩大开放的“试验田”作用。李克强总理也对自贸试验区的下一步工作提出了明确要求。可从以下两个方面着力，不断提高自贸试验区建设的质量和水平：第一，在进一步扩大开放的同时，把工作重点从事前审批转向事中事后监管，在打开窗户的同时装上纱窗，既让风进来，又把苍蝇、蚊子挡在外面；第二，对外开放的尺度取决于监管能力的大小，自贸试验区要进一步提高事中事后监管能力，筑牢防范风险的防线，守住国家安全的底线。

第二节　以服务贸易为重点推动自贸试验区转型升级

从实际情况看，服务贸易占比偏低，既是我国对外贸易的“短板”，又是我国推进自由贸易进程的“短板”。在这种情况下，以服务贸易为重点推进国内自贸试验区转型升级，对加快以服务贸易为重点的开放转型、发挥自贸试验区先行先试示范作用至关重要。

一、自贸试验区转型升级的重大任务

自贸试验区建设的核心在于制度创新。适应全球服务贸易发展的大趋势以及我国经济转型升级的内在需求，争取在服务业市场开放与服务贸易开放方面实现重大制度创新，成为未来我国自贸试验区转型升级的重大任务。

1. 需要着眼于国家对外开放大局

（1）着眼于服务业市场双向开放大局。未来5～10年，服务业市场双向开放成为我国供给侧结构性改革与经济转型升级的关键一环。从现实看，我国服务业市场化程度低、开放水平低、服务水平低、服务产品价格高，这已成为我国市场化改革和对外开放的突出短板。自贸试验区作为新一轮全球化背景下我国改革开放的“试验田”，要在服务业市场双向开放方面，通过制度创新形成服务业开放的体制机制与风险防范机制，为全国范围内服务业市场开放与服务贸易发展提供可复制、可推广的经验。

（2）着眼于我国全方位开放大局。从布局来看，现有自贸试验区覆盖沿海、中部、西部、东北四大区域，初步形成了先行先试的区域发展布局，成为服务国家战略、差异化对外开放的引擎。从战略需要来看，现有自贸试验区与振兴东北老工业基地、西部大开发、中部崛起、长江经济带、京津冀、“一国两制”等重大国家战略相吻合。从现实发展情况看，自贸试验区与各部委、自贸试验区各部门与当地政府上级部门、自贸试验区内部各职能以及自贸试验区之间的互联互通水平较低，难以形成全方位开放的合力。为此，需要从国家层面加强对自贸试验区的总体谋划和战略考量，统筹考虑与国家重大开放发展战略的关系，同时结合各自特色，谋求自贸试验区转型发展的重大突破。

（3）着眼于参与国际贸易规则制定。自2008年的国际金融危机以来，世界经济复苏乏力，各国都在寻求重振经济的新动力。与此同时，贸易保护主义重新抬头，国际产业竞争与合作态势发生重大变化。围绕规则、秩序等问题的竞争日益激烈，尤其是服务业领域的投资与贸易规则成为新一轮全球化博弈的角力点。在此背景下，自贸试验区应着眼于全球贸易规则制定这个大目标，主动在符合我国现阶段发展水平与开放需求方面积极探索，为我国推动全球自由贸易进程、参与全球贸易投资规则制定、增加全球经济治理话语权提供实践依据。

2. 自贸试验区建设处于“尴尬”境地

（1）自贸试验区对服务贸易限制较多。服务贸易开放本是自贸试验区的一项重要突破，但从实际情况看，国内自贸试验区对服务贸易的限制还比较多。

——我国负面清单数量相对较多。美国、澳大利亚、日本等主要发达国家的负面清单三个附件条款总共在100条左右，而我国2017年《自贸试验区负面清单》包含15个行业40个条目、95项特别管理措施，而且95项中条例管理措施仅包括现有的限制性措施（即BIT协定负面清单的附件一），尚不包括未来可能加严的限制性措施（相当于BIT协定负面清单的附件二）。

——针对外国投资者的限制较多。发达国家较少对具体产业规定股份限制条款，越南等发展中国家的负面清单中保留了部分股比限制，但设定了有效期。目前，我国负面清单仍然在制造业与服务业中设定了外资股份限制条款。

——我国设置负面清单的法律法规依据有待进一步完善。目前，我国负面清单内限制性措施仍未对法律来源及内容进行具体说明。

——自贸试验区设立以来，国家各部委先后出台了一系列文件以支持自贸试验区的建设和发展，这些文件虽然充分体现了各领域对自贸试验区发展的特定要求，但在管理与政策制定方面也存在一定的部门化、碎片化等问题，使得政策的创新与实施效果大打折扣，削弱了自贸试验区在探索服务贸易发展方面的整体性和协调性。

（2）自贸试验区缺乏制度创新自主权。国际化、市场化、法制化、便利化已成为当前我国自贸试验区制度创新的方向。但从具体层面来看，我国自贸试验区制度创新的路径和边界不清晰。目前，我国自贸试验区的制度改革创新路径一般为自下而上，客观上要求地方在制度创新中拥有较大的自主权。然而，大量的创新措施属于中央事权，使得自贸试验区先行先试的权力大打折扣。例如，外商投资准入属于中央事权，自贸试验区在外商准入方面需要向国家相关部委申请。未来，应在进一步总结自贸试验区制度创新基本边界的基础上，赋予其在某些关键领域先行先试的自主权，实现制度创新方面的更大突破。

（3）压力测试不够。压力测试是自贸试验区开展制度创新的重要目的。自贸试验区需要进行风险管理，但更需要通过压力测试获得各种压力参数。总体而言，由于重点敏感领域的试点不足，我国自贸试验区在金融等重要领域的压力测试方面并没有实现既定目标。例如，在投资领域负面清单突破、金融领域资本项目开放以及特殊货物领域开放监管等方面仍需进一步加强压力测试。

（4）与国际化营商环境仍有较大差距。在企业注册方面，上海自贸试验区开办企业天数仍为4天，中国香港、新加坡则为2.5天（见表6.3）。在税负环境方面，我国主要依靠优惠的财税政策、土地出让金减免政策等吸引企业入驻，但在税制结构调整等方面尚未破题。

表6.3 我国自贸试验区营商环境的国际比较

地区	广东自贸试验区	上海自贸试验区	境内区外	中国香港	新加坡
开办企业程序（个）	3（内资） 4（外资）	4	13	3	3
开办企业时间（天）	3（内资） 外资需加审批或备案时间	4	33	2.5	2.5
开办企业成本（占收入的%）	0.4	2	2	0.8	0.6

数据来源：戴春晨.第三方评估报告：广东自贸区部分营商环境指标已比肩新加坡[N]. 21世纪经济报道，2016-04-22.

3. 加大服务贸易开放的先行先试

服务业对外开放与服务贸易便利化是国内自贸试验区先行先试的重要内容。总体而言，2013年以来，自贸试验区在贸易投资便利化以及市场监管等领域积累了一定经验，但在推进服务业市场开放与服务贸易发展方面，尚未取得实质性突破，与国际上大多数自贸区的做法仍存在较大的差距。在新一轮全球化的大背景下，我国自贸试验区建设的突出矛盾不在于数量的多少，关键是能否在服务业市场开放及服务贸易开放方面实现重大进展。客观地看，在以服务贸易为重点的更高标准的经贸规则上先行先试，不仅有利于我国进一步提升开放合作水平，助推“一带一路”建设，而且对我国参与国际经贸规则制定、以开放促进改革和发展、构建开放型经济体制，都具有重要影响。

二、重在实现服务贸易开放的重大突破

负面清单在我国自贸试验区的发展过程中起到了重要作用，对在全国推动以负面清单为重点的改革发挥了先行先试的作用。问题在于，当全球自

贸区已经进入以服务贸易为重点的新阶段时，我国的服务业市场开放已经成为解决供给与需求不相适应的矛盾的关键点。以缩减负面清单为重点加快对服务贸易开放的先行先试，是未来我国自贸试验区转型发展的重中之重。

1. 进一步完善与“准入前国民待遇+负面清单”相适应的制度体系

一是应尽快与国际接轨，对负面清单内的每一项限制性措施标明国内法律依据，并写明限制性措施的具体内容和详细要求；二是负面清单的体例应更加明了，如将限制性措施和禁止性措施分开规定；三是尽快完善一些无具体限制条件的特别管理措施，最大限度消除市场开放的隐性壁垒，减少寻租空间。

2. 加快对服务贸易开放的先行先试

（1）更大范围突破服务业对外开放的限制。引进国际惯例和市场准入规则与经营管理方法，突破服务业领域的政策与体制障碍，改善国内投资营商环境。通过放宽准入门槛和经营范围限制、拓展开放领域等，吸引境外服务业投资者进入当地市场，有效促进服务业竞争、提升服务水平，为我国在更高水平的国际服务业竞争中打造开放高地、形成国际竞争新优势。同时以放宽服务业市场准入换取其他国家国内服务业市场的相应开放，为我国服务业走向国际市场提供新的机会。

（2）加快服务贸易开放先行先试。自贸试验区可率先在重点服务贸易领域的开放深度和广度上大胆尝试，在总结经验的基础上逐步扩大开放试点内容，参照发达国家和国际上高水平自贸区的服务开放模式和标准，尝试以更加精简的“负面清单”的管理模式推进服务贸易与服务业市场开放①。

（3）在试验基础上提出服务贸易新规则。以国内自贸试验区为平台，借鉴国际服务贸易最新规则，先行先试，为全面对接重大国际贸易规则积累经验。探索、整合国内外规则，加快涉外经济体制改革，建立与国

---

① 赵晋平.自贸区的本质特征与创新点[EB/OL].人民网，2015-06-19.

际接轨的市场开放和市场运行体制与政策体系。在试验的基础上，将全球价值链、基础设施互联互通、发展援助、电子商务、产业园区等纳入新的双边、多边自贸协定。到2020年，初步形成中国版国际贸易规则，特别是服务贸易新规则。

3. 以服务贸易为重点推进自贸试验区扩容

推动一批跨境经济合作区、跨境特区和跨境产业园区升级为自贸试验区。创新开发模式，在服务贸易自由化和服务业市场开放上加大力度，形成特色鲜明的服务贸易基地。扩大我国与周边地区信息、金融、保险、物流运输等相关服务贸易范围，促进文化、中医药、软件和信息等新兴服务出口，培育服务贸易竞争新优势，形成服务贸易出口新的增长点。结合当地需求，争取中央支持并与当地政府协商，在境外合作贸易园区内推行服务贸易自由化、便利化政策，便于企业的跨境贸易活动。把以跨境金融服务为重点的服务贸易作为境外经济合作区建设的重要任务，不断深化经贸关系，构建合作共赢的周边大市场。

三、赋予自贸试验区更大改革自主权

总的来看，自贸试验区改革自主权较小，不仅制约了其自身改革开放进程，也制约了我国对标更高标准国际经贸规则进程。适应全球及我国服务贸易快速发展的大趋势，落实党的十九大报告提出的“赋予自由贸易试验区更大改革自主权”，重点是赋予自贸试验区在服务贸易创新发展与服务业市场开放方面更大自主权，更好地发挥我国新时期更大程度改革开放压力测试的重要作用。

1. 自主权不足制约自贸试验区改革开放进程

（1）改革方面存在一定的“上冷下热”。在自贸试验区建设过程中，各部委和地方在具体改革事项上的认识还存在差异，存在“上冷下热”的现象。地方基层，特别是自贸试验区要求加快简政放权和制度创新的积极性较高，而某些相关部委对于地方的创新和突破持审慎态度，把控较严，主动创新、积极服务的意识有待加强。

（2）改革举措受到现有体制政策制约。例如，自贸试验区投资体制改革涉及企业注册后开展经营的行政许可事项仍有上百个，且基本上每个行政许可事项都有法律法规依据，非经国家有关部委授权或法律法规调整无法改变。此外，如负面清单的优化改进为中央事权，必须逐级上报国务院审定后方可实施；所涉及的行业突破需要由地方逐个找行业主管部门单点突破，导致进一步开放难度不断加大，适应新型国际经贸规则的先行探索机制在地方试点区域尚未真正建立。

（3）自贸试验区推动部分综合性改革事项难度大。从“三证合一”发展至“五证合一”再飞跃到“多证合一”的执照革命，从“一表受理”发展至“承诺备案制”再到“容缺受理”制度和“超时默认”“缺席默认”法律责任倒查机制，自由贸易试验区在商事登记制度改革上不断推陈出新，但是这种行政引领的商事登记制度变革，不免出现碎片化局面，很容易成为单纯满足执政者政绩需求的工具，而忽视制度改革的整体性与系统性。例如，设立国际贸易“单一窗口”涉及海关、检验检疫、海事、边检、港务等多个部门，各部门都有独立运作的系统和机制，一方面收费问题需进一步解决，另一方面各部门数据标准和格式不统一，推动各部门之间的数据交换和信息共享难度较大。又如，健全事中事后监管体系，需要有完善的社会信用信息体系作为支撑，但地方部门数据难以与中央直属部门信息实现互联共享，具体协调以及实施都存在一定阻滞。

2. 赋予自贸试验区更大负面清单制定权

目前，各个自贸试验区共用一个负面清单，在保证“全国一盘棋”的同时，也忽视了地方的特殊性。例如，由于我国各自贸试验区所在地区经济发展程度与开放程度不平衡，如果采取步调一致的方法推动开放战略，容易造成重复劳动、效率低下等问题。因此，在中央层面明确自贸试验区建设与发展总体思路的前提下，允许其根据自身承载国家战略、发展需要及经济特点，探索尝试各种政策及体制机制创新，既有助于探索开放型经济发展的市场环境与体制环境，又便于进行风险防控，并根据形势变化随时调整。例如，可以在现有负面清单的基础上，允许各个自贸试验区根据本区域发展要求相应调整负面清单内容，分别实行不同的负面清单。如可以以工业设计、研发、智能制造为重点，允许辽宁自贸试验区在生产性服务业及生产性服务贸易领域实行更加精简的负面清单，在提升东北装备制造业竞争力和对外开放水平方面实现重大突破；允许广东自贸试验区在金融、健康、旅游等领域实行更加精简的负面清单，促进粤港澳服务贸易快速发展；允许四川、重庆、陕西等自贸试验区在物流、信息通信等领域实行更加精简的负面清单，为西部改革开放探索新路径。

3. 赋予自贸试验区在服务贸易创新发展方面更大自主权

为适应全球服务贸易快速发展与国内服务型消费需求全面快速增长的大趋势，国务院于2015年2月决定在天津、上海、海南、深圳、杭州、武汉、广州、成都、苏州、威海10个省市和哈尔滨、江北、两江、贵安、西咸5个国家级新区开展服务贸易创新发展试点。2018年6月，在3年试点期结束时，国务院印发了《关于同意深化服务贸易创新发展试点的批复》，要求试点地区“打造服务贸易创新发展高地，带动全国服务贸易高质量发展，不断培育‘中国服务’核心竞争优势，推动形成全面开放新格局”。一方面，从布局来看，服务贸易试点城市与自贸试验区布局具有很大的重合性；另一方面，服务贸易开放成为服务贸易试点城市与自贸试验区的共同任务。在具体推进工作中，某些制度创新需要分头向国家各部委申请，出现了重复劳动、效率较低等问题。建议将自贸试验区有关服务贸易开放领域的制度创新工作与服务贸易试点城市相关工作结合，赋予自贸试验区在服务贸易开放方面更大自主权。例如，争取国务院批准，允许现有服务贸易试点政策适用于自贸试验区，允许在自贸试验区内暂停实施与服务贸易发展相冲突的相关行政法规、国务院文件和经国务院批准的部门规章的部分规定等。

4. 强化自贸试验区相关立法工作

当前，自贸试验区相关立法工作相对滞后，既不利于形成稳定、可期的营商环境，也制约了自贸试验区自主权的扩大。例如，目前我国与自贸试验区投资经营业务相关的法律尚属空白，为实现更大程度的开放，虽然全国人大常委会授权国务院将三资企业法在上海、广东、福建、天津4个自由贸易试验区内暂停实施3年，但这种法律实施的调整犹如“达摩克利斯之剑”，悬在外国投资者的头上，让其质疑规范性文件的稳定性和连续性，进而影响其投资决心。此外，由于自贸试验区相关条例属于地方立法，其法律效力难以冲破现有体制机制弊端，只能进行地方性法规或规章的小修小补。为此，建议尽快启动自贸试验区立法工作，从法律层面明确自贸试验区的改革自主权，规范自贸试验区内各项改革行动，为在自贸试验区内开展更大力度的改革创新扫除制度障碍。

第三节 推进粤港澳服务贸易自由化进程

党的十九大报告明确提出，“要支持香港、澳门融入国家发展大局，以粤港澳大湾区建设、粤港澳合作、泛珠三角区域合作等为重点，全面推进内地同香港、澳门互利合作。”总的考虑是：粤港澳大湾区是一个大战略，需要有重大的项目和重要的政策来支撑。打好粤港澳大湾区这张牌，关键在于实现粤港澳大湾区一体化，突破口在于能否加快粤港澳服务贸易自由化进程。由此，不仅能为港澳融入国家发展大局提供重要抓手，也能为将粤港澳大湾区打造成国际一流湾区和世界级城市群提供重要动力，更能让广东在我国对外开放新格局中扮演重要角色。

一、服务贸易已成为粤港澳大湾区一体化的重大选项

当前，如何进一步实现粤港澳三地一体化的重大突破，成为粤港澳大湾区一体化面临的重大任务。无论从发展趋势看，还是从现实需求看，以服务贸易为重点推进粤港澳大湾区一体化，不仅有利于加快粤港澳大湾区一体化进程，而且有利于提升粤港澳三地经济竞争力，更是落实十九大报告提出的“支持香港、澳门融入国家发展大局”的务实选择。

1. 服务贸易是推进粤港澳大湾区一体化的现实选择

（1）服务业加快发展是粤港澳大湾区的必然趋势。从工业化进程看，工业化进入后期，服务业加快发展是个客观规律。2015年，粤港澳大湾区服务业占比达到62.2%[①]，高于全国平均水平12个百分点。这意味着粤港澳大湾区已经进入工业化后期。从发展规律看，全球湾区经济的发展一般呈现出由港口经济、工业经济向服务经济、创新经济演化的过程。世界

① 粤港澳大湾区研究院.粤港澳大湾区研究报告之一：创新合作方式 促进共同繁荣[R].粤港澳大湾区研究院网站，2017-08-17.

著名湾区无不是以高度发达的现代服务业为重要支撑。例如，2015年，东京湾区服务业占比为82.3%，旧金山湾区为82.8%，纽约湾区为89.4%。①可以看到，粤港澳大湾区服务业占比与旧金山湾区、东京湾区和纽约湾区等仍有20个百分点以上的差距（见图6.1）。也就是说，无论是从工业化进程看，还是从全球湾区发展的规律看，加快服务业发展是粤港澳大湾区的必然趋势。

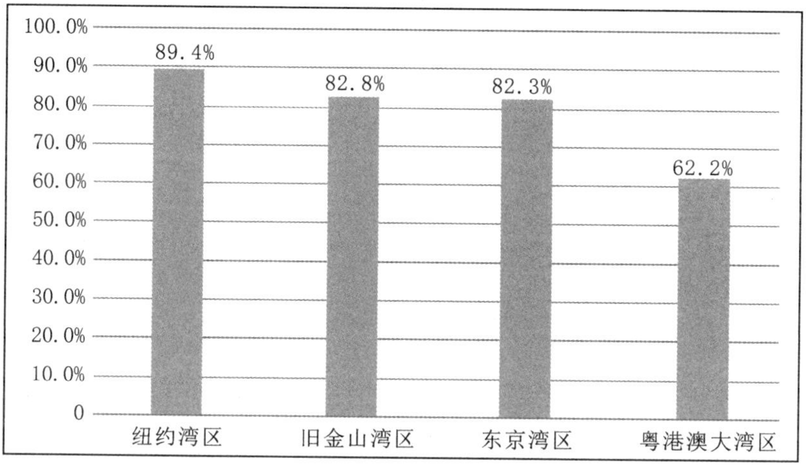

数据来源：粤港澳大湾区研究院.粤港澳大湾区研究报告之一：创新合作方式　促进共同繁荣[R].粤港澳大湾区研究院网站，2017-08-17.

图6.1　2015年世界四大湾区服务业占比情况

（2）服务贸易是推进粤港澳大湾区一体化的重点与难点。从现实情况看，推进粤港澳大湾区一体化，基础设施建设容易，产业融合相对较难。在港珠澳大桥等一批重大基础设施项目相继完工后，推进粤港澳大湾区一体化的重点与难点在于以服务贸易实现服务业市场一体化。

一方面，广东与港澳地区服务业互补性强。2017年，广东9市服务业占比为56.1%，香港和澳门分别为92.2%和93.4%，广东9市明显偏低。如果加快推进广东与港澳地区服务贸易发展，不断提升广东服务业发展质量和

① 粤港澳大湾区研究院.粤港澳大湾区研究报告之一：创新合作方式　促进共同繁荣[R].粤港澳大湾区研究院网站，2017-08-17.

水平，就能补齐广东服务业占比偏低的突出短板。初步估算，若广东9市服务业占比达到70%左右，粤港澳大湾区服务业占比有可能提升至80%左右，由此为粤港澳大湾区迈进国际一流湾区提供重要支撑。

另一方面，粤港澳大湾区产业一体化面临“一个国家、两种制度、三个关税区”的多元制度格局。近年来，中央在广东设立了自由贸易试验区，在推动广东与港澳地区服务贸易发展方面取得了重要进展。但受多种因素制约，粤港澳服务贸易领域深层次的体制矛盾尚未破题。例如，《内地在广东省向香港开放服务贸易的具体承诺》中，仅“商业存在”实行负面清单管理，共有134项限制措施，集中在教育、金融、会计等专业服务领域，而在跨境服务及文化、电信领域仍实行正面清单管理；广东自贸试验区负面清单中的95项限制措施中有70项是针对服务贸易的。可以说，推进粤港澳大湾区一体化，重点在服务贸易，难点也在服务贸易。

（3）以服务贸易为重点推进粤港澳一体化将释放巨大经济增长潜力。从经济增速来看，2017年粤港澳大湾区11城GDP之和已经达到了10.22万亿元（约1.5万亿美元），约占全国的12.6%，经济规模超过世界第12大经济体俄罗斯（1.28万亿美元），与世界第11大经济体韩国（1.41万亿美元）相当。经济名义增长9.3%，远高于纽约湾区、东京湾区、旧金山湾区的经济增速。研究显示，如果按照这种趋势，粤港澳大湾区只需要5年就可以超越东京湾区，成为全球经济总量第一的湾区，真正成为世界级的大湾区。

从资源产出效率来看，粤港澳大湾区与其他湾区仍有较大差距。例如，2017年粤港澳大湾区的人均GDP达14.7万元，约合2.18万美元，相当于东京湾区的一半左右，纽约湾区的三分之一，旧金山湾区的五分之一[①]；2015年，粤港澳大湾区地均GDP为每平方公里0.24亿美元，分别是纽约湾区、旧金山湾区、东京湾区的37.3%、49.7%、59.3%（见图6.2）。可

① 林小昭.粤港澳大湾区规划发布在即，区域GDP首超10万亿[EB/OL]. 第一财经，2018-06-01.

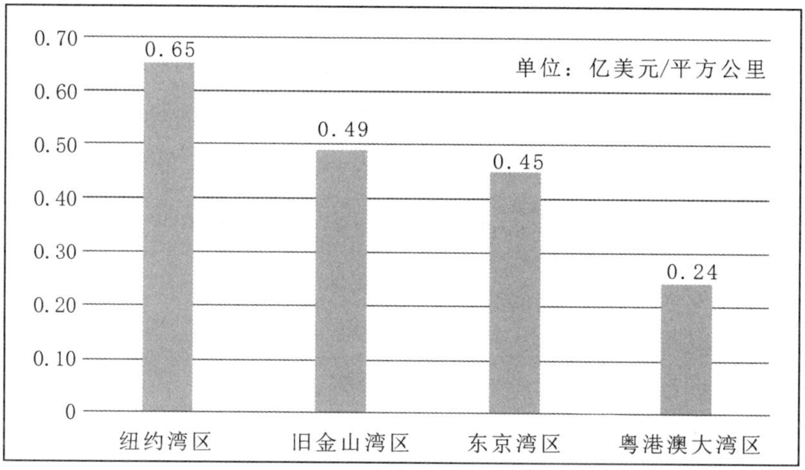

数据来源：粤港澳大湾区研究院.粤港澳大湾区研究报告之一：创新合作方式　促进共同繁荣[R].粤港澳大湾区研究院网站，2017-08-17.

图6.2　2015年世界四大湾区地均GDP情况比较

以判断，加快实现粤港澳服务贸易项下的人员、资金、技术、信息等要素的自由流动将释放巨大的经济增长潜力。

2. *以服务贸易为重点推进粤港澳一体化将实现粤港澳地区高质量发展*

（1）以服务贸易推动广东制造业转型升级。高质量的生产性服务业是制造业转型升级的主要支撑。但广东生产性服务业发展滞后成为其制造业转型升级的突出短板。2017年上半年，广东生产性服务业增加值占GDP的比重仅为28.1%，占服务业的比重为50%①，与德国等制造业强国相差20个百分点左右。与此相对应的是，2017年广东制造业全员劳动生产率24.2万元/人，仅为2013年美国的24%。广东出口产品中自主品牌占比不到20%。②在这种情况下，推进广东与港澳在研发、设计、金融等领域的服务贸易一体化显得尤为迫切。

① 广东省统计局核算处.2017年上半年广东生产性服务业有力支撑经济发展[EB/OL].广东统计信息网，2017-08-04.

② 许青青.广东自主品牌产品出口占比不到两成　将打造品牌强省[EB/OL].中国新闻网，2016-05-03.

（2）以服务贸易拓展港澳发展空间。香港要稳固提升其国际金融、贸易、航运中心地位，澳门要解决博彩业一业独大的问题，最直接、最有效的途径就是依托广东作为港澳重要经济腹地和进入内地的重要桥梁，通过与广东合作发展服务贸易，拓宽其服务业发展空间，并由此为更好融入国家发展大局提供重要支撑。例如，澳门的多所高校在中医药研发方面实力较强，但澳门并无制药厂，而医药制造业是广东的支柱产业之一。如果能尽快实施医疗健康产业项下的自由贸易，将大大拓宽粤澳医疗健康产业合作，并促进广东医疗健康产业的转型升级。

（3）以服务贸易释放粤港澳大湾区巨大的内需潜力。从人均GDP来看，粤港澳大湾区已进入高收入阶段，这意味着这个地区的教育、健康、医疗等服务型需求全面快速增长。问题在于，广东服务型消费产品供给难以满足广大居民消费快速升级的需求，由此导致居民购买力外流。例如，2016年，广东组团出境旅游人数达到1000万人以上，比2010年上升了131%，其中40%以上进入港澳地区。[①]在此背景下，加快粤港澳服务贸易发展，不仅能提升广东服务型消费产品的供给水平与质量，而且能为港澳经济发展注入新动力。

3. 推进粤港澳服务贸易自由化的时机条件总体成熟

（1）粤港澳服务贸易发展呈现加快的趋势。自2003年《内地与香港关于建立更紧密经贸关系的安排》（CEPA）签署以来，粤港服务贸易年均增长20%。2016年，粤港服务贸易进出口额突破千亿美元。广东服务业吸引港资大幅增长。2007年，广东服务业实际吸收港资比重为33.67%，到2016年达到76.36%，增长超过4成。[②]

（2）粤港澳基础设施互联互通进程较快。目前，粤港澳大湾区一批重大基础设施项目相继完成，如港珠澳大桥已建成并已通车，广深港高铁基本建成，将港澳纳入广东“一小时生活圈”，为加快推进粤港澳一体化

① 迟福林.服务贸易是粤港澳大湾区一体化重点[EB/OL].新浪乐居，2018-03-31.

② 根据《广东统计年鉴2017》的数据计算得出。

奠定了重要基础。

（3）粤港澳创新能力明显增强。数据显示，2012—2016年，粤港澳大湾区历年发明专利总量年均增长33.1%。2016年，粤港澳大湾区发明专利总量约为旧金山湾区的3倍。[①]

二、以体制机制创新实现粤港澳大湾区服务贸易自由化的重要突破

2018年5月，国务院发布了《进一步深化中国（广东）自由贸易试验区改革开放方案》。其中明确提出要“深入推进粤港澳服务贸易自由化”。总的来看，推进粤港澳大湾区服务贸易自由化，重点在于广东服务业市场要对港澳地区全面开放（见表6.4）。

表6.4　粤港澳服务贸易自由化的相关举措

序号	开放举措
1	对港澳在金融、法律、建筑、航运等领域进一步开放
2	拓展金融IC卡和移动金融在自贸试验区公共服务领域的应用，为粤港澳居民跨境往来提供便捷的支付服务
3	研究推进在自贸试验区工作的港澳金融专业人士通过培训测试的方式申请获得内地从业资格，其在港澳的从业经历可视同内地从业经历
4	允许自贸试验区内港澳与内地合伙联营律师事务所的内地律师受理、承办内地法律适用的行政诉讼法律事务
5	允许自贸试验区内港澳与内地合伙联营律师事务所以本所名义聘用港澳律师
6	研究在建设领域（包括规划、工程咨询、设计、测量和建造等）取得香港执业资格的专业人士在自贸试验区港商独资或控股的开发建设项目直接执业或开办工程技术服务有关企业的模式

① 广州日报数据和数字化研究院.粤港澳大湾区协同创新发展报告（2017）[N]. 广州日报，2017-06-30.

续表

序号	开放举措
7	允许港商独资或控股的开发建设项目试点采用香港工程建设管理模式
8	支持自贸试验区探索制定香港规划、建筑、设计、测量、工程、园境等顾问公司和工程承建商在自贸试验区注册成立公司或提供服务的准入标准和业务范围界定标准，以及香港企业参与自贸试验区内项目投标的资格条件
9	将自贸试验区内港澳航线作为国内特殊航线管理

资料来源：《进一步深化中国（广东）自由贸易试验区改革开放方案》。

1. 体制壁垒成为制约粤港澳服务贸易自由化的突出障碍

（1）服务业领域尚未对港澳完全放开。例如，广东在教育、医疗卫生、基本住房、公共文化等基础性公共服务行业还未实现彻底放开；在旅游、金融、电信、铁路、民航等垄断行业，市场开放仍面临种种限制。例如，在《内地向香港开放服务贸易的具体承诺》中仍规定，旅行社和旅游经营者服务领域内“独资设立旅行社试点经营内地居民前往香港及澳门以外目的地（不含台湾）的团队出境游业务限于5家”，大大限制了港澳业界来广东投资设立旅行社。

（2）资本难以在粤港澳三地之间自由流通。实现投资贸易便利化的关键是资本的自由融通。粤港澳仍然使用不同的货币，港澳的金融市场发展高度市场化，资金可自由出入金融市场，广东则实行较为严格的外汇管制，企业境外投资审批效率较低。例如，企业在300万美元以下的境外投资要由省级外汇管理部门审批，300万美元以上的则要到国家外汇管理部门审查批准，这就阻碍了粤港澳资金在各地区之间自由流动，增大了投资者进行跨境投资的换汇风险和换汇成本。

（3）服务人员难以在粤港澳三地之间自由流动。港澳对内地人员的进出限制较多，签证手续烦琐。某些广东企业工作人员在办理赴港签证时，还需要到其本人户口所在地公安部门办理有关审批手续；此外，内地在对待港澳人员上，仍然将其视为“境外人员”，三地在学位、培训、科研、执业资格上尚未实现互认，制约了人才在粤港澳三地之间的自由流动。例如，在医疗领域，香港大学和香港中文大学的医学（西医）专业本科以上学历的香港永久性居民，在香港完成了1年的实习期并已取得香港合法行医权后，仍需参加内地医师资格考试，考试合格后才能开展医疗服务。

（4）粤港澳三地服务行业管理标准、经贸规则不对接。在粤港澳区域经济合作过程中，广东与港澳地区在教育、卫生、科技、文化等方面的资质认证和评估标准差别较大，出现了实施合作程序多、实施步骤不同步、效率低下等问题。香港理工大学反映，其深圳研究院只能使用工业用电，运作成本较高。

（5）粤港澳三地关税制度与政策不对接。一方面，粤港澳三地实行不同的关税制度。港澳均为独立关税区，实行的是高度开放的自由贸易政策，而广东在对外贸易上存在更多的限制。例如，广东海关将港澳科研机构认定为“境外法人事业单位”，对港澳科研设备入境征收高额关税。另一方面，税收政策不统一。例如，国家将港澳科研人员视为“境外人员”。根据国家有关税法，香港高校派往内地工作的专家和高端人才，在内地停留183天后，须按照内地标准征收个人所得税，造成了对港澳科研人员双重征税的问题。

2. 率先实现广东服务业对港澳的全面开放

（1）率先将广东自贸试验区开放政策扩大到整个大湾区。近年来，南沙、前海、横琴三大片区在推动服务业对外开放方面取得了重要成果。但从粤港澳大湾区整体来看，仅靠三个片区不仅难以实现粤港澳服务贸易一体化的要求，也制约了广东其他地区服务业市场开放进程。为此，建议将广东9市作为一个整体来考虑，将原来赋予三个片区的服务业市场开放政策扩展到整个大湾区，从而实现广东对港澳服务业开放的全面突破。

（2）将对港澳资本“一视同仁”。港澳资本在进入广东时仍面临前置审批时间长、准入门槛高等诸多政策障碍。按照党的十九大报告提出的“凡是在我国境内注册的企业，都要一视同仁、平等对待”的要求，率先实现粤港澳资本在市场准入与经营范围的“一视同仁、平等对待”。

（3）为港澳制定“极简版”负面清单。尽快改变现有在跨境服务提供、电信、文化等领域的正面清单管理模式，在整合广东自贸试验区与CEPA负面清单基础上，赋予粤港澳大湾区在负面清单制定中更大的试点权，实行更加开放的服务贸易市场准入机制，取消或放宽对港澳投资者的资质要求、股比限制、经营范围等准入限制，推动广东服务业向港澳全面开放。

3. 全面放开粤港澳人文交流

（1）率先在广东9市实行对港澳居民的自由落户政策。广东率先对港澳居民全面实行居住证制度，保证港澳人才在广东获得与当地居民同等的待遇。例如，在教育医疗、社会保障、公积金缴纳、税制税率、购买住房资格等方面享受同等待遇。

（2）推进粤港澳职业资格互认试点。尽快落实和完善专业资格互认，逐步取消对港澳专业人员的各种限制，允许港澳地区取得专业资格的人员到广东提供专业服务。

（3）鼓励港澳人才到广东自贸试验区就业创业。比如，推行高科技人才的绿卡，让高端人才的流动和跨地域的发展能更加便捷。尽快形成粤港澳三地人才流动综合管理平台，消除人才跨境服务重复征税等问题。降低港澳企业在湾区的门槛设立，适用人口范围从只针对精英、优秀人才，到覆盖符合基本条件的普通港澳居民，同时对港澳人员在湾区的执业范围逐步放宽。

4. 加快实现粤港澳金融服务一体化

没有金融服务体系一体化的支撑就难以实现粤港澳大湾区服务贸易一体化。从现实情况看，粤港澳大湾区内三种货币互不流通，三地金融监管体系相对独立，金融市场分割问题仍很突出。因此提出如下建议。

（1）扩大广东金融业对港澳开放。进一步取消或放宽港澳资本进入粤港澳大湾区内金融服务市场的资质要求、股比限制、经营范围等准入限制，简化金融机构和企业办理业务的流程和方式，放宽金融业务范围。

（2）创新粤港澳地区跨境货币业务。一是推动粤港澳人民币信贷市场对接，开展广东与港澳地区双向人民币融资业务和跨境人民币信贷资产转让业务；二是建立粤港澳货币结算系统，形成人民币与港币、澳币联系汇率制度，逐步实现人民币在港澳的自由流动、自由兑换。

（3）建立粤港澳金融风险共同防范机制。成立粤港澳金融协调监管委员会，协调处理三地之间有关互设金融机构、货币互换和汇兑机制、互相信用支持、金融信息交换、金融风险防范和合作监管机制等金融事务；建立粤港澳金融调解与仲裁、诉讼的对接机制，依法维护金融消费者合法权益；建立粤港澳反洗钱和反恐怖融资监管合作机制，防范非法资金跨境、跨区流动。

5. 推进粤港澳服务业行业标准与管理规则的对接

（1）推进服务行业管理标准和规范全面对接。适应粤港澳服务业市场开放的趋势，将体制对接融合的范围从经济体制扩大到社会体制乃至行政体制。

（2）推进粤港澳市场监管执法标准对接。针对与港澳市场监管执法标准的差异问题，制订与港澳市场经营行为差异化责任豁免目录。

（3）充分发挥行业协会在对接行业管理标准和规范中的作用。借鉴港澳服务行业协会管理机制，探索把服务相关行业的管理职能交由社会组织承担，强化行业自律，探索与港澳的行业管理标准和规范衔接。进一步加强合作，拓展服务范围，为广东企业提供包括产品开发、研究咨询、人才培训、检验检测、金融等服务，有效推动广东服务业标准与国际接轨。

6. 建立粤港澳大湾区服务贸易一体化通关监管体制

（1）实行更加便利开放的人员出入境政策。2016年，香港和内地之间每天有65万人次跨境往来，相当于一个移动的中等城市。预计到2020年和2030年，粤港日均出入境客流分别为80万和120万人次左右，对通关便利化有着巨大的需求。建议将“一签多行”政策扩大到广东全省，加快实施港澳车辆在粤港澳三地便利进出；探索“一地两检”和“单边验放”；充分利用智能识别技术实现电子化通关等。

（2）实现与服务贸易相关的货物通关便利化。目前广东海关对港澳科研设备入境仍然征收高关税。未来，能否考虑对进入粤港澳大湾区内的教育、研发、健康、医疗等重点服务业领域的基础设备，在严格用途管制、使用范围管制的前提下，实行免关税或保税政策。

7. 加强顶层设计与顶层推动

推进粤港澳服务贸易一体化涉及开放理念、“一国两制”、三个关税区等一系列问题，仅靠三地区域自身力量难以实现突破。为此，需要从中央层面加大顶层设计与顶层推动，统筹协调粤港澳三地利益。例如，借鉴长江经济带、京津冀一体化等经验，从中央层面成立高规格的协调机制，加强对粤港澳服务贸易一体化的指导、督办、落实。探索建立核心城市间直接对话的合作机制，就服务贸易一体化进程中的具体问题进行协商对话。

三、以服务贸易为重点推进粤港澳大湾区一体化具有全局性影响

2018年全国“两会”期间，习近平总书记在广东代表团参加审议时，充分肯定广东工作，并赋予广东新时代新使命——“在构建推动经济高质量发展体制机制、建设现代化经济体系、形成全面开放新格局、营造共建共治共享社会治理格局上走在全国前列”。当前，以服务贸易为重点推进粤港澳大湾区一体化进程，不仅能加快形成我国区域发展的新优势、新动能，而且能促进广东加快完成中央赋予的新使命。

1. 在建设现代化经济体系上走在全国前列

（1）推动广东服务业发展再上一个新台阶。香港有着高度发达的金

融和高端服务业，澳门除博彩业外的其他现代服务业占比接近50%。与之相比，2017年，广东服务业占比仅为52.8%，现代服务业占比33.1%。加快推进粤港澳大湾区服务贸易一体化，提高自身服务业发展质量是广东建设现代化经济体系的重要抓手，由此将推动广东服务业发展再上一个新台阶。

（2）在推动区域经济一体化中扮演重要角色。近年来，在CEPA框架下，粤港澳合作虽然在不断推进，但实质性进展缓慢。广东与港澳地区之间出现了从合作大于竞争转向竞争大于合作的态势，这使得粤港澳在实现错位发展、优势互补上面临新的挑战。其中重要的原因之一在于尚未找到粤港澳大湾区产业合作的结合点。以服务贸易为重点，以广东自贸试验区为载体，推进粤港澳服务贸易一体化，是“一国两制”方针下发挥各自优势、创新区域合作模式、深化区域合作领域、谋求利益共同体的重要举措。

2. *在形成全面开放新格局上走在全国前列*

（1）推动广东在服务贸易开放上走在全国前列。在过去40多年的改革开放中，广东一直走在全国前列，并成为我国对外开放的重要窗口。港澳是全球公认的自由港，在服务贸易发展方面有着非常成功的经验。在这个大背景下，加快推进粤港澳大湾区服务贸易一体化，率先在广东对标世界最高标准的服务贸易新规则与服务贸易管理新举措，不仅能使广东继续在我国对外开放新格局中扮演重要角色，也将使我国在以服务贸易为重点的新一轮全球自由贸易中赢得主动。

（2）推动广东在服务“一带一路”建设中走在全国前列。近年来，广东在与“一带一路”沿线各国开展贸易、推动企业“走出去”方面取得了积极进展。2016年，广东与“一带一路”沿线国家贸易总额达1995.6亿美元，占全国的20.9%，对外承包工程完成营业额达181.64亿美元，占全国的24%。问题在于，以金融业为重点的服务业企业“走出去”的步伐滞后于实体企业“走出去”的步伐，企业对跨境保险、融资、法律、会计等商业服务业仍有巨大需求。加快推进粤港澳服务贸易一体化，推动粤港澳大湾区内实体企业与金融、会计、法律等服务业企业抱团“走出去”，将显著降低企业风险与“一带一路”建设成本。

3. 对“一国两制”产生重要影响

（1）推动“一国”前提下的“两制”深度对接。“一国两制”的核心目的是在凸显“一国”共同利益的前提下，突出两种制度之间的协调、互补、共生、共享、相融。由于粤港澳分属不同的独立关税区，推进粤港澳大湾区服务贸易一体化，重点是推进粤港澳三地的服务业投资自由化，由此扩大港澳在广东省服务业投资自由化的覆盖范围，并通过促进粤港澳区域经济一体化实现“两制”的有效衔接。

（2）实现港澳政治稳定和长治久安。以服务贸易为重点推进粤港澳大湾区一体化，将带动港澳与内地的社会和政治融合，为保持港澳政治长期稳定和经济繁荣发展提供重要条件。

第四节　探索建设海南自由贸易港

2018年4月13日，习近平总书记郑重宣布，“党中央决定支持海南全岛建设自由贸易试验区，支持海南逐步探索、稳步推进中国特色自由贸易港建设，分步骤、分阶段建立自由贸易港政策和制度体系”。这是习近平总书记亲自谋划、亲自部署、亲自推动的重大国家战略。海南拥有的独特优势，使之在我国改革开放大局中具有特殊地位和重要作用。探索建立海南自由贸易港，这是党中央着眼于国际国内发展大局，深入研究、统筹考虑、科学谋划作出的重大决策，是我国扩大对外开放、积极推动经济全球化的重大举措。

一、建立海南自由贸易港是我国扩大开放的重大战略

充分发挥海南独立地理单元的岛屿优势，借鉴自由贸易港的一般经济政策、运行机制、管理制度，结合海南实际，建立一个具有鲜明中国特色社会主义的自由贸易港，是新时期社会主义市场经济的拓展和提升，将成为新时期中国特色社会主义实践创新的一个重大突破。

1. 建立海南自由贸易港是推进经济全球化的重大战略

（1）建立海南自由贸易港是我国推进和引领经济全球化的重大战略。虽然当前世界经济面临“逆全球化”的挑战，我国坚持经济全球化方向不动摇，提出“一带一路”倡议，通过构建开放型经济新体制，形成全方位对外开放的新格局。在这个特定背景下，我国在试点自由贸易区的基础上，建立第一个中国特色社会主义自由贸易港，并不断扩大开放，是我国主动参与、引领贸易投资规则制定的重大举措，是推进经济全球化的“中国行动”，是有效应对贸易保护主义的一支“强心剂”。

（2）建立海南自由贸易港是我国引领全球贸易投资自由化的重大战略。建立海南自由贸易港，在坚持中国特色社会主义发展道路的前提下实

行最大限度的投资贸易自由化，将大大拓展我国对外开放的广度和深度，进一步彰显我国作为全球贸易投资自由化、便利化引领者的担当，进一步彰显我国“说到做到、言行一致”的负责任的大国形象，进一步提升我国在全球经济治理新格局中的地位和作用。

（3）建立海南自由贸易港是加快推进“一带一路”进程的重大战略。通过建立海南自由贸易港，实施更大程度的开放，将更好地发挥海南经济特区的区位优势和体制优势，在推进“一带一路”进程中发挥独特作用。

2. 建立海南自由贸易港是构建开放型经济新体制的重大举措

改革开放40多年来，我国探索和实践了各类开放形式，形成了开放型经济的大框架。当前，我国正处于全面深化改革的关键时期，也是完善社会主义市场经济体制的关键时期。建立海南自由贸易港，大胆闯、大胆试、自主改，推进投资与贸易的便利化，探索建立与国际通行规则相衔接的管理制度、运行机制和监管模式。在40多年实践的基础上，充分借鉴新加坡和中国香港等自由贸易港的通行规律、规则、模式，建设开放水平最高的海南自由贸易港，将为完善我国开放型经济新体制做出重大贡献。

3. 建立海南自由贸易港是促进区域经济一体化的重大举措

（1）海南位于中国最南部，与东南亚国家联系最紧密。海南是中国-东盟自贸区的腹地，是连接东北亚和东南亚的地理区域中心，与菲律宾、文莱、马来西亚、新加坡和印度尼西亚隔海相望。

（2）海南华侨大部分在东南亚。海南是我国三大侨乡之一，具有独特的侨务资源优势，拥有浓厚的侨务文化氛围。目前，海南拥有100多万归侨、侨眷，同时有300多万琼籍华人华侨聚居在东南亚各地，活跃于政、商、学各界，并拥有较大的影响力。海南同乡会、海南会馆等社会团体遍布东盟地区，200多个东南亚华人华侨组织与海南保持着经常性友好往来。

（3）海南与东南亚国家历史联系非常广泛。例如，早在唐宋时期，海南岛就是中西商船往来的避风港、补给港，以及中国、东南亚国家特产的重要中转集散地。

（4）南海海上旅游以东南亚国家为主要目的地。当前，从三亚、广州、深圳、香港等地出发，经过南海海域的邮轮旅游航线，其目的地大多为越南（真美、岘港、下龙湾、芽庄）、泰国（苏梅岛）、菲律宾（马尼拉）、新加坡等东南亚国家的旅游胜地。

二、从自由贸易试验区走向自由贸易港

海南大开放的目标是建设自由贸易港。自由贸易试验区建设只是建设中国特色自由贸易港的一个起步，一个过渡，其所有政策和制度都要朝着中国特色自由贸易港的大目标来设计、谋划，创造条件，加快推进中国特色自由贸易港进程。

1. 加快推进以中国特色自由贸易港为目标的自由贸易试验区进程

（1）建设海南自由贸易港是总体目标，建设自由贸易试验区是过渡和准备。从概念上来看，自由贸易试验区是对传统自贸园区理念的创新。其功能是在政府职能转变、投资管理制度改革、贸易发展方式和海关监管方式转型升级、金融开放创新、法治环境建设等方面开展制度创新试验，以便取得成功经验在更大范围内复制推广。而自由贸易港一般是指设在一国（地区）境内关外，货物、资金、人员进出自由，绝大多数商品免征关税的特定区域，是目前开放水平最高的特殊经济功能区。正如习近平总书记强调的，“自由贸易港是当今世界最高水平的开放形态”。

（2）凡是与中国特色自由贸易港不相适应的举措，都不应当出台。毫无疑问，自由贸易试验区和自由贸易港都是以投资贸易便利化、自由化为主要特征，但自由贸易试验区与自由贸易港有着重要区别，自由贸易港是一个“境内关外”的范畴，是全球开放程度最高的形式。因此，当前讨论海南全岛建设自由贸易试验区，一定要把握一点：这只是建设海南自由贸易港的一个起步，一个过渡。海南自由贸易试验区所有的规划与政策都要朝着自由贸易港的目标来设计和谋划。这个方向选择特别重要，要十分

明确，凡是和自由贸易港不相符的政策，坚决不能出；凡是和自由贸易港不相符的做法，坚决不能做。

（3）尽快研讨海南自由贸易港的总体规划。在主动争取部委支持单项突破性政策出台的同时，借鉴雄安经验，组织各方力量研讨从自由贸易试验区走向自由贸易港的总体规划，争取尽快报中央批准。

2. *以开放为先，形成海南服务贸易新高地*

（1）以服务贸易创新发展为主导。

——服务贸易创新发展是中央对海南提出的明确要求。习近平总书记在海南“4·13”讲话中明确提出“深化现代农业、高新技术产业、现代服务业对外开放，推动服务贸易加快发展”。海南服务业基础薄弱，需要以服务贸易创新发展为主导，推进海南服务业领域内的产业体系、市场体系、服务体系与全球其他国家尤其是发达国家的对接与融合。

——服务贸易创新发展符合经济全球化大趋势。服务贸易快速增长已成为新一轮经济全球化的突出特征。2010—2017年，全球服务贸易年均增速是全球货物贸易的2倍。随着服务贸易在全球贸易进程中的地位和作用不断提升，服务贸易已成为影响全球自由贸易进程的重点，也成为全球双边、多边自由贸易的焦点。

——服务贸易创新发展符合我国开放转型大趋势。目前，我国制造业领域已基本开放。但服务业领域仍面临着不同程度的市场垄断与准入限制。无论是消费结构升级还是产业结构升级，都蕴藏着对服务贸易的巨大需求。这就需要我国加快推进以货物贸易为主向以服务贸易为重点的开放转型。

——海南有条件在服务贸易创新发展上走在全国前列。海南岛是一个独立地理单元，且经济总量小。加快服务贸易创新发展，全面放开服务业市场，风险可控、影响较小，海南有基础、有条件、有潜力在以服务贸易为重点的开放转型方面走在全国前列。同时，为建设海南自由贸易港奠定重要基础。

（2）率先实现负面清单的重要突破。

——以负面清单推动形成海南服务业市场开放新局面。负面清单的本质特征是法无禁止皆可为，同时推动工作重心从事前审批向事中事后监管的转变。加快形成以服务贸易为主导的负面清单，有利于使社会资本成为服务业发展的主导力量，充分发挥市场在服务业领域资源配置中的决定性作用。

——借鉴先进经验，突出海南特色。一是学习借鉴国内自贸试验区的经验。在外商投资管理、商事制度改革、国际贸易“单一窗口”、事中事后监管、自由贸易FT账户等方面尽快复制推广。二是学习借鉴国际自由贸易港的先进经验。不同经济体的负面清单内容不同，但其共同点是“极简、透明、非歧视、可预见”。三是突出海南特色。目前，自由贸易试验区在金融、电信等服务业开放方面还面临比较大的挑战，海南在这方面可以加大突破力度，形成海南优势。

——分阶段、分步骤调整与完善海南负面清单。到2020年，以服务贸易为主导的负面清单框架基本建立，国际开放度显著提高，达到国内最高开放水平。到2025年，海南负面清单达到新加坡等地的水平，营商环境达到国际先进水平。到2035年，以服务贸易为主导的负面清单管理制度模式更加成熟，营商环境达到全球领先水平。

（3）以投资贸易自由化和便利化为重点打造国际化营商环境。建设海南自由贸易港，需要吸引大量资金、人才、企业。从现实情况看，关键之举在于尽快形成国际化的营商环境，实现资源要素的自由流动，降低制度性交易成本。

——全面推进投资贸易便利化、自由化。改革海关管理制度，按照“境内关外”的通行规则，大幅提高投资贸易便利化水平，重点是推进服务领域的投资便利化。在全面放开的时候，要尽快构建有效的二线监管制度；同时建立与区内自由流动相适应的事中事后监管制度。

——全面实施企业自主登记。海南建省办经济特区之初，大量企业来岛注册，一个重要原因在于海南在企业注册上实行“先上车、后买票”。

当前，海南大量招商引资，在出台具体举措的同时，需要对标香港等国际自由贸易港，尽快实施企业自主登记制度，全面推广法人承诺制等，保障企业自主投资权；实施企业简易注销制度。

——全面强化各类产权保护。在海南进一步建立市场经济法治化的产权保护环境。比如，一是保护所有产权公平竞争，无差别对待；二是建立特设产权法院，受理包括知识产权在内的产权纠纷；三是建议参照或者对标海洋法系，逐步采用判例法进行裁决。

（4）加快实现国际旅游消费中心的突破。习近平总书记在庆祝海南建省办经济特区30周年大会上的讲话中指出，“推动海南建设具有世界影响力的国际旅游消费中心，是高质量发展要求在海南的具体体现”。从国际看，香港是国际性的消费中心。当前，海南建设国际旅游消费中心面临两大问题：一是离岛免税限额；二是要保证海南城乡居民可以享受国际旅游消费中心的政策利好。第二个问题也是自由贸易试验区和自由贸易港建设惠及广大百姓的重大问题。为此，要根据国际消费中心内涵设计，突破现行某些不符合国际消费中心的政策规定。

——尽快实现全岛免税购物政策的落地。高标准建设国际旅游消费中心，要对标香港，在海关问题上核心是要实现零关税；在岛内，核心是妥善处理好与本岛居民的关系。

——加强与香港、澳门合作，尽快实现国际旅游消费中心建设的突破。以委托经营、独资经营等多种形式，引进港澳资本及先进的经营、管理经验和人才，尽快实现国际旅游消费中心建设的实质性突破。

——全面放开健康医疗市场。这对海南来说是十分重要的事情，是可以在海南做而在其他地方做不了的事情。目前的问题是，如何处理好博鳌乐城医疗旅游先行区和全岛的关系，才能既保持博鳌乐城的某些优势，又不制约全岛的开放。从自由贸易港建设的趋势看，博鳌乐城完全可以做成国际高端医疗合作中心，并采取某些特殊政策。例如，符合国际一流的健康医疗项目实行零地价；一些重大项目，如人体干细胞研发应用只能在博鳌乐城。与此同时，尽快把国家赋予博鳌乐城的政策向全岛推开。

（5）加快以三亚邮轮母港为重点的基础设施建设。

——全力推进三亚邮轮母港建设。要从服务于泛南海经济合作这个大局出发，积极做、主动做、加大力度做，同时需要得到中央部委的大力支持，争取更有实力的企业参与建设，尽快把三亚凤凰岛建成一流的邮轮母港。加快开辟泛南海邮轮旅游航线，使海南邮轮旅游产业成为构建“泛南海旅游经济合作圈”的先导产业，发挥海南在“泛南海旅游合作圈”中的主导作用。

——加快自由贸易港信息技术建设。高度信息化是海南自由贸易港建设的重要基础。目前，需要借助外部力量尽快形成行动规划。

——尽快形成航空港发展的行动规划。重点是加密海南直达全球主要客源国的国际航线。

（6）以构建国际性交易场所为重点加快海南市场体系建设。

——加快构建国际性交易场所。习近平总书记明确提出“支持海南设立国际能源、航运、大宗商品、产权、股权、碳排放权等交易场所”。要用好、用足“境内关外”的独特优势，在海南加快设立国际能源、航运、大宗商品、产权、股权、碳排放权等国际性交易场所。目前，企业方面有很强的积极性，关键在于尽快设计相关制度并出台具体可操作方案。

——建立对接国际市场的各类要素市场。例如，推动知识产权证券化，以此形成技术市场的重要基础；逐步建立海内外高端人才市场，吸引海内外高端人才。

——加快完善与现代化市场体系相适应的信用体系建设。要采取措施，着力发展国际性的信用评级、信用风险管理等中介机构。

3. 以制度创新为核心形成全面深化改革新标杆

（1）以简税制、低税率为重点构建自由贸易港的财税制度。

——率先推进税收结构转型，形成以直接税为主体的税制结构。争取中央支持，合并简化税种，适时开征财产税、环境税，实现海南税收结构从以间接税为主向以直接税为主的转型。

——实行更优惠的低税率。从国际经验看，新加坡等自由贸易港都采取低税率，以吸引海外投资。例如，新加坡的企业所得税税率为17%，个人所得税税率最高不超过22%。建议除争取尽快实施零关税外，大幅降低海南企业所得税，个人所得税率也相应下调，以增强对海内外投资的吸引力。

（2）以资本自由流动为重点构建自由贸易港金融体制。

——稳步推进以资本自由流动为重点的金融开放。创造条件，在海南率先放开人民币汇率的自由浮动，加快推进人民币资本项下的可自由兑换。

——构建与自由贸易港相适应的金融体系。以发展离岸金融为重点，加快吸引全球知名金融机构入驻，形成金融服务业高度开放、金融体系完善高效、金融法律法规健全的新格局。

——建立与金融开放相适应的金融监管制度。建议在海南建立央行海南总部，统筹协调海南自由贸易港的金融发展与金融监管。尤其是控制和防范金融开放中可能出现的洗钱、恐怖融资等风险。

（3）建立境内外人员和人才自由流动的体制与政策。

——实行更加开放的出入境政策。要及时总结59国外国人入境旅游免签政策实施效果，借鉴知名国际旅游岛免签政策，加大出入境安全措施建设，逐步扩大免签范围。

——开展国际人才管理改革试点。允许外籍和港澳台地区技术技能人员在海南就业、永久居留；实行更加宽松、便捷的工作签证制度。

（4）构建适应自由贸易港建设的法律法规体系。

——以特别法的形式明确海南自由贸易港的法律定位。包括海南自由贸易港的性质、地位、功能等基本内容。从法律上明确自由贸易港采取的管理体制，确保管理的权威性。

——明确海南自由贸易港的配套法律规范。例如，海关监管、企业设立、金融服务、外汇管理、税收征管、投资便利化等方面的法律规范。

——确立与海南自由贸易港相适应的地方法律体系。充分利用海南地方立法权，对标国际通行法律体系，结合海南实际，加快海南地方性法律体系建设。

（5）深化以“多规合一”改革为重点的行政区划和行政体制改革。从现实情况看，海南面临的突出问题是受市县分割分治的行政格局制约，全省土地、旅游等重要资源价值潜力远未释放。例如，2017年海南地均生产总值为0.13亿元/平方公里，仅相当于广东的26%。通过深化“多规合一”改革，破除资源利用的行政分割和地区壁垒，聚集市县、城乡协调发展的合力，激发政府、企业、社会等各方面的活力，推进海南自由贸易港建设。

——加快形成“六个统一”的整体布局。过去“多规合一”改革的一个重大进展就是实现了全省规划上的统一，在此基础上，建议加快推进土地利用统一、基础设施统一、产业布局统一、城乡发展统一、环境保护统一、社会政策统一，进而实现全省资源利用效率最大化，形成海南发展的整体优势。以土地为例。2016年，海南全省土地出让均价仅为广东的45.4%。如果统筹全省土地资源利用，把海南土地出让均价提高到广东的70%，则将新增土地出让收入140.8亿元，相当于2016年海南省地方一般公共预算收入的22.1%。如果每年把土地出让增值收益的1/3用于增加城乡居民收入，1/3用于增加公共财政收入、改善民生，1/3用于基础设施建设、改善生态环境，将为海南自由贸易港建设提供重要财力支持，也将赢得广大人民群众的支持。

——按照“全岛一个大城市”的思路推进行政区划调整。《中共中央国务院关于支持海南全面深化改革开放的指导意见》（以下简称《指导意见》）明确提出“推进海南行政区划改革创新，优化行政区划设置和行政区划结构体系”。海南省七届四次全体会议提出，“落实全省一盘棋理念，按照东、西、南、北、中五大行政区域进行整合”。海南就此已经讨论多年，当前可以采取分步走的方法：首先，率先做大、做强、做优“大海口”“大三亚”；然后，在此基础上，在全岛形成若干区域性中心城市，提升全岛土地、旅游等重要资源的综合利用效益。

——创新城乡融合发展的体制机制。海南自由贸易港的一个突出特点，就是有广大农村。从海南的发展前景看，最大潜力和后劲在农村。海南完全有条件在城乡融合发展、乡村振兴上走在全国前列。例如，率先取消城乡二元户籍制度，实施全省统一的居住证管理制度，促进人口自由流动；率先建立城乡统一的建设用地市场，完善承包地“三权”分置制度，赋予农民更多财产权利，增加农民财产性收入，由此走出一条城乡融合、共享发展的新路子。

——以全面改善营商环境为重点加快行政体制改革。海南自贸港建设重在“创造更有吸引力的投资环境”，这也是企业家反映较为强烈的诉求。建议把加大简政放权力度，营造国际化、法治化、便利化营商环境作为深化“多规合一”改革的重点任务，按照“能放的放、应统的统、可合的合”的原则，加快推动政府机构改革，切实提高政府效能，让企业家真正地感受到“政府围着企业转，而不是企业围着政府转”。

三、从自由贸易试验区走向自由贸易港需要解决的重大问题

习近平总书记指出，海南全岛建设自由贸易试验区，要以制度创新为核心，赋予更大改革自主权，支持海南大胆试、大胆闯、自主改，加快形成法治化、国际化、便利化的营商环境和公平开放、统一高效的市场环境。要按照习近平总书记的要求，解放思想，振奋精神，抓住重点，突出优势。

1. 以建立高层协调机制为重点争取更大改革自主权

（1）尽快建立高层次的统筹协调机制。海南自由贸易港建设是一项前所未有的探索，涉及到相当多的政策调整与体制变革，需要顶层协调与

统筹推进。借鉴雄安经验，尽快成立协调机构，由中央直接领导。

（2）争取全国人大授权海南省人大相关的立法权。授权海南省人大制定《中国（海南）自由贸易港基本条例》作为海南的基本法，全面理顺海南与部委的关系，使得海南自由贸易港“境内关外”的法律属性得到最高上位法的保障。

（3）赋予海南更大的改革自主权。海南作为一个岛屿经济体，如果没有体制创新的重大突破，许多政策是难以落实的。只有把体制创新与特殊政策相融合，才会产生巨大的活力、动力。《指导意见》提出，凡是各部委要交给海南的要尽快交给海南。这远比给某些具体政策重要得多。有了这一条，很多事情就有了重要前提：一是争取全国人大授权海南相关的立法权；二是全力争取重大改革的自主权，例如区划调整、行政体制改革等，由此释放巨大的发展能量；三是争取具体政策的自主决策权，例如在中央相关部委的监管下，把国际旅游消费中心的具体决策权全面下放给海南。

2. 解放思想，提振精神，尽快形成区别于其他自贸试验区的“海南模式”

（1）解放思想，发扬特区精神。习近平总书记在庆祝海南建省办经济特区30周年大会上明确提出，“没有思想大解放，就不会有改革大突破”。为此，要解放思想，继续发扬敢闯敢试、敢为人先、埋头苦干的特区精神，以更大开放办好最大经济特区。

（2）开放模式比开放政策更重要。从海南的发展历程看，岛屿经济体如果没有体制的突破，仅以优惠政策拉动发展，其效果十分有限。例如，建省办经济特区以及建设国际旅游岛，中央给了海南很多优惠政策，对海南的发展起了重要作用，但没有从制度上解决好海南开放先走一步的问题。政策虽然给了海南，但权衡政策尺度的权力仍然掌握在各个部委，导致一些政策难以落到实处。以离岛免税政策为例，建设国际购物中心是国际旅游岛发展的定位之一，但至今尚未实现实质性破题，免税额度、免税区域、免税人群等仍然严格受限。因此，海南需要在开放模式上创新突破，尽快形成有别于其他自贸试验区的“海南模式”。

（3）海南要有危机感和紧迫感。海南自身底子相对薄弱，经济发展缺乏广阔腹地支撑、缺乏制造业集群支撑。要把后发劣势转化为后发优势，需要用十二分的力气。当前，其他几个经济特区都在学习研究习近平总书记“4·13”重要讲话精神和“中央12号文”，都在从中寻找能在本地实现突破的改革开放举措。对此，海南要有紧迫感。

3. *以特别之举措办自由贸易港的特别之事*

（1）以建立多种类型的平台为主体吸引海内外人才。从现实情况看，海南要采取多种方式吸引国际化人才。例如，以市场平台建设来引进海内外优质企业和企业家、高层次人才向海南集聚，形成“环境吸引平台，平台集聚人才”的新格局。借鉴国际经验，通过法定机构的形式保障用人主体更大的用人自主权。

（2）吸引高端教育科研机构进驻海南。所有国际国内重点科研、教育机构进驻海南，均享受与本地同类机构相同的政策待遇。也可考虑把海南某些高校的新校区交给海内外名牌大学来办。

（3）未来5年左右全岛全面推广使用新能源汽车。初步测算，除农用等特殊车辆外，如果全岛取消燃油车，海南PM2.5浓度可降低30%左右，再加强扬尘等其他环境治理，有条件将PM2.5降低到10微克/立方米以内。海南也能够在新一轮汽车产业变革中占据领先地位，从而带动物联网、机器人、人工智能、新材料等一系列科技创新和产业变革。由此使海南环境质量达到世界一流水平。

（4）下大气力创新自由贸易港的社会环境。例如，要积极开展大文明行动，通过立法强制改变海南某些突出的陋习。按照“最多跑一次”的要求，提高政府办事效率。

第七章

以开放创新为重点培育国际经济合作与竞争新优势

第四次工业革命下的创新是一个全球现象，并呈现出开放创新的时代特征。习近平总书记指出，“我们强调自主创新，绝不是要关起门来搞创新。在经济全球化深入发展的大背景下，创新资源在世界范围内加快流动，各国经济科技联系更加紧密，任何一个国家都不可能孤立依靠自己力量解决所有创新难题。要深化国际交流合作，充分利用全球创新资源，在更高起点上推进自主创新，并同国际科技界携手努力，为应对全球共同挑战做出应有贡献”。把握自身优势，以开放创新为重点培育国际经济合作与竞争新优势，将为我国建设创新型国家、推动形成全面开放新格局提供强大的动力来源。

第一节 开放创新的大趋势

开放创新，创新无国界，是当今世界创新发展的重要趋势。开放创新能够使一个国家充分整合和利用全球的创新资源迅速提升创新能力。这为后起国家实现快速追赶提供了历史性机遇。把形成开放创新的新格局作为我国对外开放的重要目标，我国完全有条件在多个领域实现创新发展的"后来者居上"。

一、开放创新是一个大趋势

一个国家提升自主创新能力很重要，但同时也要看到，与以往的创新有很大的不同，第四次工业革命背景下的创新已经跨越国界，成为一个全球现象。

1. 在开放中创新

（1）第四次工业革命伴随着创新范式的变化。过去的创新时代是"创新1.0时代"；第四次工业革命正在开启一个"创新2.0时代"，主要特征是开放式创新[①]。所谓开放式创新，就是一个国家和一个企业不仅利用内部组织资源，而且充分利用外部组织资源实现创新。

（2）大数据技术为所有人参与创新提供了便捷。进入大数据时代，创新不仅仅是厂商内部的创新，越来越多的消费者也参与到创新中。iPhone手机的生产，容纳了许多消费者的创意，无论这些创意是来自哪个国家的，一旦有价值，就会为公司所采纳。

（3）开放创新能够获得巨大成功。以美国电视剧《纸牌屋》为例，

---

① "开放式创新（open innovation）"一词最初进入公众视野，源自美国加州大学伯克利分校哈斯商学院加伍德公司创新中心主任亨利·切萨布鲁夫（Henry Chesbrough）教授于2003年出版的专著《开放式创新》。"开放式创新"是指为了促进组织内部创新，有意图且积极地运用内部和外部的技术及创意等资源，增加将组织内创新扩展至组织外的市场机会。

《纸牌屋》是Netflix网站上有史以来观看量最高的电视剧，《纸牌屋》的编剧所使用的数据库包含了3000万用户的收视选择、400万条评论、300万次主题搜索等①，使编剧可以按照用户的喜好设计安排剧情。

2. 创新越来越表现为整合和利用全球创新资源

（1）开放创新是“让全世界的聪明人聚集起来”提供解决方案。无论是微软、苹果，还是谷歌等，都已经不再局限于内部创新资源的挖掘，而是面向全球，充分利用全球顶级的智慧实现创新发展。

（2）企业创新无国界。以宝洁为例，2000年之前，宝洁不愿意利用公司外的创新资源，只有15%的创新实现了收入与利润目标。10年之后，宝洁与全球约150万名科学家联手实现开放式创新之后，宝洁的创新成功率上升至50%。

（3）区域创新无国界。美国硅谷作为世界一流的创新中心，其开放创新模式正在向全球蔓延。当今世界各大科技创新中心，比如纽约、东京、伦敦、华盛顿、柏林、芝加哥、特拉维夫、波士顿等，都是采用全世界的创意服务于本地的创新。

3. 开放创新是新兴经济体实现赶超的秘诀

（1）开放创新加快了创新的速度。从历史的角度看，美国之所以超越了过去的大英帝国，而且在创新能力上雄踞全球首位，不仅是靠国内的组织和人才资源，而且是靠全世界优秀的头脑加快创新速度。以美国初创企业达到估值10亿美元的时间为例，在20世纪90年代，除谷歌以外大部分的初创企业，进入“独角兽”的行列都需要10年以上；2000年之后，不但数字领域的“独角兽”企业数量大大增加，而且绝大部分企业成为“独角兽”都花了不到10年，在2015年甚至出现了成立时间不满一年的“独角兽”。

（2）开放创新能够使一个国家或地区长期保持创新的活力。以美国

① 大星.“大数据”成《纸牌屋》噱头，国内视频仍在“大数据”门槛之外[EB/OL].观察者网，2013-05-17.

的硅谷为例，其能够长盛不衰，主要在于它采取的开放创新模式，使得它能够源源不断地吸引全球优秀人才加盟。

（3）越来越多的国家采取开放创新模式。作为创新强国的日本、德国、以色列等，都采取非常开放的创新政策。例如，德国作为“工业4.0”的发源地，并不是和过去那样，简单采取封闭式的创新模式，而是向全世界宣传和推广，并利用全世界的智慧完善这种模式。

（4）开放创新将为越来越多的新兴经济体实现赶超提供条件。第四次工业革命时代的创新，将呈现发散型、多维度的创新，即使是美国，也不能包揽世界上所有的创新，并在所有的创新上都做得最好。以中国为例，中国在电子支付等多方面，就有条件领先美国。

4. 我国逐步具备成为世界创新中心的多种优势

（1）我国拥有近14亿人的内需大市场，可以有效集聚创新资源。机器人、3D打印、智能穿戴等，尽管最新技术的原创可能不在我国，但是最大的应用市场在我国。如果我国的企业能够更多采取开放创新的模式发展，就有可能集聚全球的智慧实现产业创新。

（2）我国拥有最多的网民和移动互联网使用人数。大数据、云计算、物联网、智能化、传感感应技术等新技术的商业化，离不开与网民的互动，我国百度、阿里巴巴、腾讯超常规发展，甚至有些地方超越美国，很重要的原因是我国的市场优势可以通过开放式创新转化为商业模式和产业业态创新上的突出优势。例如，截至2017年6月，我国网民总规模达到7.5亿人，占全球网民总数的19%左右；其中手机网民达到7.2亿人，占全球的24.5%，稳居全球第一，而且这一数值仍在快速增加。①

（3）作为全球第一工业大国，我国有制造业体系齐全的突出优势。目前，我国已成为全球第一工业大国，拥有全球最完备的工业体系、最完整的产业配套和多层次的产业集群。世界500余种主要工业产品中，我国

① 中国互联网络信息中心.第40次中国互联网络发展状况统计报告[R].2017年7月.

有220多种产品产量位居世界第一。我国的海尔、康佳、三一重工、中联重科等，走出国门，整合国外的研发、人才资源，集聚全球创新要素，推动了传统制造业实现创新发展。就是说，作为一个世界性的大国，我国几乎在所有领域都有巨大的开放创新潜力。

5. 通过开放创新成为全球科技创新中心

经过40多年的改革开放，我国高科技领域发展取得明显成就，逐步推动我国科技实力进入世界前列。如果能够加快开放创新的步伐，我国有条件成为全球科技创新的高地：第一，加大与发达国家的科技合作，利用全球科技创新人才的智慧加快科技创新；第二，充分利用我国近14亿人的大市场优势，通过加快高科技领域的商业转化，吸引、集聚海外人才加入我国的高科技前沿技术研究；第三，近年来，我国科技领域的留学生回国人数逐步增多，加大开放创新力度，有望形成利用杰出人才集聚创新资源的新优势。

6. 通过开放创新成为全球企业创新中心

（1）近14亿人的大市场给我国企业开放创新提供巨大空间。华为、阿里巴巴等诸多企业采取开放创新模式，获得巨大成功。甚至在一些领域，这些企业的创新程度并不亚于美国企业，这主要得益于近14亿人的大市场。例如，以共享经济为代表的商业模式创新主要得益于我国巨大的应用市场。2016年，我国共享经济市场交易额达3.45万亿元，同比增长103%，参与人数超过5亿，参与提供服务者5000万。预计未来2～3年，我国共享经济年均增速仍将保持在40%左右，到2020年对GDP的贡献率将突破10%，出现5到10家“巨无霸”平台企业[①]。届时，共享经济将成为我国数字经济的突出亮点，推动我国进入“人人分享、万物分享”的新时代。

（2）我国有条件在全球市场竞争中诞生一批具有全球竞争力的开放创新企业。以阿里巴巴为例，马云在2017年底提出，阿里巴巴未来20年的

① 国家信息中心分享经济研究中心，中国互联网协会分享经济工作委员会.中国分享经济发展报告2017[R]，2017年2月

目标是打造世界第五大经济体，为世界解决1亿个就业机会，服务跨国界的20亿人，为1000万家企业创造盈利的平台。2017年10月11日，阿里巴巴更是宣布成立“达摩院”，投入1000亿元人民币，启动冲刺人类未来的技术远征。当天，3位中国两院院士、5位美国科学院院士等科技界泰斗宣布加入。作为阿里巴巴“NASA”计划的实体组织，达摩院将进行基础科学和颠覆式技术创新研究，为未来20年服务全球超20亿人口、赋能亿万中小企业的世界第五大经济体储备技术。①

（3）我国成为全球企业创新中心是大概率事件。在第四次工业革命中，如果开放创新能够取得实质性进展，我国有望在打造全球企业创新中心上有新的突破。例如，华为、阿里巴巴、科大讯飞等，都有望成长为具有全球领导力的企业。我国的中关村、深圳华强北等，有望通过开放创新，成为与美国硅谷相媲美的全球企业创新中心。

专栏 7.1

我国企业开放创新的几个案例

（1）阿里巴巴的开放创新。达摩院由三大主体组成，一是在全球建设的自主研究中心，二是与高校和研究机构建立的联合实验室，三是全球开放研究项目——阿里巴巴创新研究计划（AIR计划）。达摩院已经开始在全球各地组建前沿科技研究中心，包括亚洲达摩院、美洲达摩院、欧洲达摩院，并在我国的北京、杭州及新加坡、以色列、圣马特奥、贝尔维尤、莫斯科等地设立不同研究方向的实验室，初期计划引入100名顶尖科学家和研究人员。

（2）华为的开放创新。华为作为全球化的跨国公司，2015年以来业务遍及全球170多个国家和地区，58%的销售收入来自海外市场，

① 郭庆娜.港媒关注阿里巴巴云栖大会　成立“达摩院”专注前沿创新研究[EB/OL]. 参考消息网，2017-10-12.

海外员工本地化率达到了72%。华为的许多高管来自海外，例如，华为创意总监金峻绪（JoonSuh Kim）（曾经设计过三星Galaxy系列智能手机）、华为巴黎设计研发中心负责人马蒂厄·雷阿奴（Mathieu Lehanneur）、华为消费者BG执行副总裁赵科林（Colin Giles）等。

（3）海尔的开放创新。海尔开放创新平台（Haier Open Partnership Ecosystem，简称HOPE），由海尔开放式创新中心开发并运营，是目前中国最大的开放创新平台。海尔HOPE平台致力于打造全球最大的创新生态系统和全流程创新交互社区，面向全球所有的创新者和企业。依托于海尔的全球五大研发中心和平台自身所整合的全球领先资源，HOPE可实现多方用户、多维度、并联式交互，让技术供需双方零距离对接，为技术持有者寻找合适的客户，为技术需求者嫁接技术解决方案。

（4）科大讯飞的开放创新。科大讯飞目前已向15万家企业开放了它的技术和接口，间接催生出数十万个App。先进的语音技术对接上车联网，为大众购车、用车提供便利；医生的超声波检查结果也能使用语音记录，代替现在的听写和打字；而诸如京东这样的大型电商也在寻求合作，用人工智能为客户服务等。

资料来源：根据公开资料整理。

二、在开放中提升自主创新能力

习近平总书记在2018年两院院士大会上明确指出："自主创新是开放环境下的创新，绝不能关起门来搞，而是要聚四海之气、借八方之力。"我国作为开放中的大国，在开放中提升自主创新能力，这是我国实现科技追赶的捷径。在大数据时代，自主创新越来越表现为开放创新。从国家层面来看，哪个国家能够集聚全球最优秀的头脑解决科技革命和产业变革中的难题，哪个国家就能够在竞争中脱颖而出，并立于不败之地。

1. 处理好开放创新与自主创新之间的关系

（1）大国的科技追赶需要处理好开放创新与自主创新之间的关系。当今世界的科技强国之所以能够成为科技强国，很大程度上在于它们在科技追赶过程中，都比较好地处理了开放创新与自主创新之间的关系，在科技强国的路径选择上确立了全球视野。

（2）过去的“市场换技术”难以适应未来创新发展的需要。我国加入WTO后，曾经采取了“市场换技术”的策略。多年来的实践表明，以开放促进创新确实有成效，开放减少了我国的学习成本，但发达国家的核心技术很难拱手相让，很难通过“市场换技术”的途径获得。

（3）开放创新服务于自主创新。大国创新必须立足于自主创新，既需要加强原始创新，在各个生产领域内努力获得更多的科学发现和重大的技术发明，又需要突出加强集成创新，使各相关技术成果融合汇聚，形成具有市场竞争力的产品和产业。广泛吸收全球科学成果，积极引进国外先进技术，必须立足于充分消化、吸收和再创新。

2. 关键核心技术要立足自主创新

大国创新必须有原创性的关键核心技术，当今世界上的创新大国，都以掌握关键核心技术而称雄于世。正如习近平总书记2016年4月19日在网络安全和信息化工作座谈话上所说：“核心技术受制于人是我们最大的隐患。一个互联网企业即使规模再大、市值再高，如果核心元器件严重依赖外国，供应链的‘命门’掌握在别人手里，那就好比在别人的墙基上砌房子，再大再漂亮也可能经不起风雨，甚至会不堪一击。我们要掌握我国互联网发展主动权，保障互联网安全、国家安全，就必须突破核心技术这个难题，争取在某些领域、某些方面实现‘弯道超车’。”最关键最核心的技术要立足自主创新、自立自强。市场换不来核心技术，有钱也买不来核心技术，必须靠自己研发、自己发展。

3. 以开放创新促进自主创新

我国建设创新大国，需要有全球视野，需要善于通过开放创新提升自主创新能力，并在开放创新中提升我国在全球科技治理体系中的话语权，为我国更好自主创新提供外部环境。习近平总书记指出，“我国的经济体量到了现在这个块头，科技创新完全依赖国外是不可持续的。我们毫不动摇坚持开放战略，但必须在开放中推进自主创新”。[①]

三、尽快形成开放创新的新格局

坚持以全球视野谋划和推动创新，实施科技创新国际化战略，在全球范围内优化配置创新资源，积极融入和主动布局全球创新网络，探索科技开放合作新模式、新路径、新体制，促进创新资源双向开放和流动，全方位提升科技创新的国际化水平。

1. 把促进开放创新作为新阶段对外开放的重要目标

（1）对外开放要服务于国内创新发展的大目标。高质量发展阶段的对外开放与过去高速发展阶段有很大的不同，不是简单引进外资促进经济总量增长，而是要把侧重点放在促进国内创新发展上。近年来，随着大数据、人工智能等新一轮技术革命的加快推进，创新在经济发展中的地位日益凸显。如果在大数据、人工智能、云计算、移动互联网、物联网（简称“大、智、云、移、物”）等领域，在基础研究领域和应用研究领域再推出一大批重大科技创新成果，将为我国中长期发展注入强大的内生动力。

（2）以“引进来”促进开放创新。新阶段的“引进来”是有选择的“引进来”，是国际高科技和创新要素的“引进来”，而不是国外中低端产业向我国转移。

（3）以“走出去”促进开放创新。我国已经成为资本净流出国，资本输出也不单纯是国内传统产能的输出，而是中国创新的输出。企业“走

① 霍小光.习近平考察中科大：要在开放中推进自主创新[EB/OL].新华网，2016-04-28.

出去”更重要的是整合国际创新资源，提升自主创新能力。

2. 形成科技领域开放创新的新格局

（1）借鉴发达国家经验，实现部分科技计划对外开放。根据科技发展水平和需要有选择地开放科技计划，是发达的科技大国的通行做法。以美国为例，除涉及军事和敏感技术的计划外，其科技计划大部分对外开放，可以开展国际合作，邀请外国专家到其实验室工作。欧盟先后制定了多项跨国的高技术研究与发展计划，这些计划的实施以欧洲国家为主，但也通过招标或签订双边协议的方式向其他国家开放。

（2）创新国际科技合作机制。分类制定国别战略，丰富新型大国关系的科技内涵，推进与科技发达国家建立创新战略伙伴关系，与周边国家打造互利合作的创新共同体，拓展发展中国家科技伙伴计划框架。

（3）充分利用并整合全球科技资源来促进本国发展。以开放基础研究和重大全球化问题研究为主，开放应用研究为辅，允许拥有外国国籍的科学家、非本国独立法人或外资研究机构及企业参与本国的主体科技计划项目工作。

（4）推进国内产、学、研相互开放融合。围绕国家重大科技计划，推动产学研协同创新，实现产、学、研基础设施互联互通、信息共享、资源共享。打通军民融合的科技成果转化通道，加快国内高科技成果在应用领域的转化进程。

3. 形成企业开放创新的新格局

当前，我国企业开放创新平台建设加快。国家科技部2017年启动了新一代人工智能发展规划，宣布了首批国家新一代人工智能开放创新平台。例如：依托百度公司建设自动驾驶国家新一代人工智能开放创新平台，依托阿里云公司建设城市大脑国家新一代人工智能开放创新平台，依托腾讯公司建设医疗影像国家新一代人工智能开放创新平台，依托科大讯飞公司建设智能语音国家新一代人工智能开放创新平台，使得部分企业能够得到国家的相关支持，加快开放创新步伐。

从现实情况看，加快企业开放创新平台建设还需要从多方面深入推进：第一，围绕第四次工业革命的重点产业创新，在大数据、人工智能、云计算、移动互联网、物联网等诸多领域培育领军企业和开放创新平台，形成开放创新由点到面的普及推广；第二，从我国国有企业开放创新滞后的现实出发，选择部分创新型国有企业推动搭建开发创新平台的试点，在国有企业的开放创新上破题发力；第三，鼓励和支持企业在“走出去”中实现创新资源和创新人才的本土化，充分利用国际创新资源提升企业竞争力。

4. 形成区域开放创新高地

（1）注重区域开放创新中心建设。区域创新中心对一个国家的开放创新影响巨大。以美国的硅谷为例，截至2012年，硅谷注册专利数占全美的比重为12%，科技企业的现金储备占美国全部企业的三分之一；2013年，硅谷和旧金山所获的风投占全美的39%，涌现出苹果、惠普、谷歌、英特尔、思科、甲骨文等著名企业。①

（2）国内多个区域有望建成全球创新中心。2017年3月毕马威公布的调查报告显示，未来4年，上海被认为是排名第一的科技创新中心②。根据世界知识产权组织（WIPO）的PCT专利数据库统计数据，截至2016年底，深圳累计有69347件PCT专利。在全球创新能力活跃的城市当中，深圳位居第二名，仅落后于日本东京，但领先于美国硅谷、韩国首尔、法国巴黎、美国纽约、英国伦敦、德国法兰克福。根据2007—2016年的PCT公布量，只有深圳和东京呈现比较稳定的增长趋势。硅谷自2013年达到最高峰之后反而呈现下滑趋势，仅在2016年略微回升。再从2011—2016年五年的平均增长率来看，深圳的平均增长率为17.79%，远高于东京、硅谷、首尔③。

① 杜红亮.硅谷作为全球科技创新中心的主要特征及启示[J].全球科技经济瞭望，2016（03）:46—50.

② 毕马威.上海将成为仅次于硅谷的全球科技创新中心[EB/OL].新浪科技，2017-03-06.

③ 解冰.深圳创新能力位居全球第二[N].深圳商报，2017-03-11.

未来，我国的上海、北京、深圳、杭州等地区在创新上与美国硅谷的差距将逐步缩小，并呈现赶超的势头。

（3）在部分发达地区建成全球一流的区域创新中心。近年来，部分发达地区在区域创新中心建设上进行了前瞻性的布局。例如，上海张江打造世界级科技创新中心，粤港澳打造世界级科技湾区，中关村打造具有全球影响力的科技创新中心，杭州国家自主创新示范区建设全球有影响力的“互联网＋”科技创新中心。加大对这些创新中心的支持力度，这些地区有望率先达到或接近美国硅谷的水平。

（4）全面加快全国开放创新中心建设。促进国内众多的科技园区打造开放创新升级版，进一步提升创新资源的全球配置能力、国际化发展能力，形成一大批开放创新高地，带动各区域的创新发展。

第二节　以开放创新利用全球创新资源

以开放创新利用全球创新资源提升自主创新能力，是我国作为后起国家建设创新型国家的捷径。习近平总书记强调，“要深化国际交流合作，充分利用全球创新资源，在更高起点上推进自主创新，并同国际科技界携手努力，为应对全球共同挑战做出应有贡献”。

一、推动国家科技计划对外开放

从国际经验看，在对外开放中利用国际创新资源发展本国科技成为世界主要国家创新发展的重要实践，发达国家的国际科技创新合作日益深入。未来10～20年，以科技开放提升自主创新能力将成为我国对外开放的重要内容。

1. 科技计划对外开放是发达国家利用全球创新资源的重要途径

（1）经济全球化推动科技全球化。随着信息技术的快速发展，经济全球化推动各国科技创新相互融合，科技创新活动呈现出国际化、网络化、共享化的趋势。例如，一架波音飞机的零部件由70多个国家的545家供应商生产①，美国福特牌伊斯柯特型汽车的零部件来自15个国家②，等等。也就是说，经济全球化促进创新资源在全球范围内加速流动，并推动全球科技开放进程。

（2）不同国家科技开放程度不同。不同国家，由于国情不同，其科技发展水平与科技计划开放程度也不同。总的来看，这些国家的科技开放程度主要有三个层次：一是完全对外开放，例如，哈萨克斯坦的科技计划对外国政府、机构或个人给予国民待遇，允许其申请承担国家科技计划相

① 刘军红. 全球化的历史进程[J]. 时事报告（大学生版），2016（01）：119—120.
② 郭万超. 经济全球化[J]. 中国科技术语，2007（03）:63—64.

关项目；二是有限开放，例如，美国、日本、德国等国家，对国外机构参与本国科技计划项目存在部分限制，像美国除涉及军事安全、敏感技术及对国计民生产生重大影响的计划不对外开放，大部分科技计划都对外开放；三是完全不开放，例如，新加坡、丹麦等国家的科技计划项目完全不对外开放（见表7.1）。

表7.1 主要国家科技计划对外开放情况

开放程度	开放限制	开放国家
完全开放		哈萨克斯坦
有限开放	允许独立申请，但有协议限制条件	墨西哥、泰国
	要求本国有合作者	美国、韩国、以色列、挪威
	要求境内机构与个人，成果利用有限制	日本、德国、奥地利、瑞士等
	要求境内机构与个人，资金利用、商品化有限制	意大利
	只对特定国家开放	法国、捷克
	个别计划开放，且成果利用有限制	加拿大、澳大利亚、希腊、西班牙等
	专项国际科技合作计划或科学研究中心	如印度尼西亚国际合作研究计划，印度与法国、俄罗斯等国共同出资建立的科学中心
	只允许合作形式参与	俄罗斯、英国、荷兰、新西兰、瑞典、埃及等
完全不开放		新加坡、丹麦、乌克兰等

资料来源：张换兆. 关于深化和扩大我国科技计划开放的思考[J]. 高科技与产业化，2011（03）:18—21.

2. 我国科技计划对外开放明显滞后

（1）我国努力探索科技计划对外开放。从时间看，我国很早就开始在个别科技计划中对外国专家开放。1998年12月，中欧签订《中华人民共和国政府与欧洲共同体科学技术合作协定》，提出中国“863”计划、“973”计划与欧盟的框架研发计划相互开放，双方研究人员可以通过招投标方式相互申请对方的研究计划项目。2000年，外国科学家与我国科学家合作申请了一项“973”计划项目——分子聚集体的化学。近年来，我国不断加大科技计划开放力度。截至2017年1月12日，我国已经与158个国家和地区建立了科技合作关系，签订了111个政府间科技合作协定，加入了200多个政府间国际科技合作组织。[①]2017年，《“十三五”国际科技创新合作专项规划》提出，“加大国家科技计划（专项、基金等）的开放力度”。可以预见，未来我国科技计划开放力度将明显增大。

（2）现有科技计划开放限制条件较多。一是在2011年之前，我国“863”计划、“973”计划等要求承担者为境内注册具有法人资格的高校、研究机构等事业法人和中方控股的企业法人；2011年，新的“863”计划、“973”计划和国家科技支撑计划均要求课题承担单位是在中国境内注册的、具有独立法人资格的企业、科研院所、高等院校等。二是科研成果要求优先在国内转化，例如，国家“863”计划明确提出科研成果优先在境内转化。三是要求外方合作单位具备较强的科研实力和相关的人员、设备和资金投入。

（3）科技计划开放面临深层次的矛盾。目前，我国科技计划开放还面临着多方面的矛盾与问题，例如，我国融入全球科技创新网络的程度并不高，参与国际科技合作的人才储备明显不足，国际科技合作经费投入不足，科技计划对外开放管理体制不完善，等等。

3. 加快推进国家科技计划开放进程

（1）加大科技计划开放力度，充分利用国际科技资源。随着科技全

① 陈海波.我国已与一百五十八个国家和地区建立科技合作关系[N].光明日报，2017-01-13.

球化进程加快，建设科技强国必须加快国家科技计划开放步伐，主动融入全球科技创新网络。以国家科技计划为平台，最大限度地吸引全球拥有先进技术的外资研发机构、研发人员参与我国科技计划的实施，缩短我国相关技术领域的研发周期，通过开放合作，整合全球科技资源，提升我国自主创新能力。

（2）借鉴国际经验，实行分类开放。对国家科技计划中的不同领域，采取不同的开放政策。例如，对于涉及国家安全领域的科技计划，如航空航天、军事工业等完全不开放；对于基础研究领域的科技计划，应该扩大开放范围；对于能源、环保等领域的科技计划，应该加大开放力度，逐步取消相关限制。

（3）制定并完善国家科技计划对外开放管理制度。加快国家科技计划开放对科技计划管理水平提出了更高的要求，这就需要尽快制定国家科技计划对外开放的指导意见和实施细则，对外资机构和外籍科研人员参与我国科技计划的准入条件、经费使用规定、科研成果转化、知识产权管理等方面做出明确规定。

二、主动开展高水平的科技国际合作

国际科技合作是科技对外开放的重要内容。在经济全球化与科技全球化交织融合的背景下，积极开展高水平的科技合作，将对我国提升自主创新能力起到不可估量的作用。

1. 国际科技合作是创新发展的加速器

（1）国际科技合作取得重要进展。随着我国深度参与全球化，国际科技合作呈现快速发展的态势。数据显示，截至2017年初，中国已经与158个国家、地区和国际组织建立了科技合作关系，签订了111个政府间科技合作协定，加入了200多个政府间国际科技合作组织。《中国国际科技合作现状报告》显示，2006—2015年，中国的科研合作中心度由全球第10

位上升到第7位，中国在全球科研合作的规模由第6位上升到第4位。①

（2）国际科技合作推动我国科技水平再上新台阶。与欧美等发达国家和地区高层次的国际科技合作，推动了我国科技快速发展，提升了我国自主创新能力。例如，1992年，我国开始与俄罗斯合作，成功开发出6000米水下机器人；我国与美国及其他国家的高能物理学家共同研究改造北京正负电子对撞机及其探测谱仪，将其工作效率提高约100倍，成为当时国际上最先进的双环对撞机之一；中科院计算所与意法半导体公司合作研制64位龙芯2号增强型高性能通用处理器，成为当时性能最好的通用处理器之一。

（3）国际科技合作吸引了一批全球顶尖人才。通过国际科技合作和国际人才引进，我国吸引了一批全球顶尖科技人才参与我国科技计划。在2017年度国家科学技术奖励大会上，有7名外籍科学家荣获我国国际科学技术合作奖。同时，一批海外留学生回国参与科研事业。截至2016年底，我国留学回国人员总数达265.11万人，其中十八大以来的回国人数占70%。②

专栏 7.2

我国科技国际合作与交流的发展历程

我们大体上可以把改革开放以来中国科技国际合作与交流发展历程分为三个时期。

一是恢复期（1978—1985年）。在1978年3月召开的全国科学大会提出，“加强国际科技合作和技术交流”“邀请外国科学家、工程技术专家来华讲学”“加强我驻外机构的科技调研工作”等。在此时期，中国确定了该阶段国际科技合作的具体方针，调整了对科技外事工作的归

① 李秉新.过去五年，中国国际科技合作取得丰硕成果[EB/OL]. 人民网，2017-10-17.

② 彭颖.国际科技合作是创新加速器[N]. 中国科学报，2017-08-21.

口管理，建立了引进人才工作管理体制，加强了驻外机构的科技调研。

二是全面发展期（1985—2000年）。《1986—2000年科技发展规划》提出了进一步加强国际科技合作和技术引进的政策措施，指出要进一步抓紧组织制定统一的技术引进政策和规划等。在这一时期，国际科技合作政策进一步加强和规范了技术引进工作；加强了对合办研究开发机构的指导和管理；做出了积极加入国际科技组织的决定；规范了国际科技合作交流中的知识产权保护问题等。

三是大幅跃升期（2000年至今）。我国确立了“互利共赢”，全方位、多层次、宽领域开展国际科技合作的政策方针。在此时期，国际科技合作政策表现出四大特点：从国家战略层面上推动国际科技合作；加大国际科技合作力度，设立国际科技合作专项经费；积极参与并牵头组织国际大科学大工程计划；加强对发展中国家的技术援助。

资料来源：张采淑.中国科技国际合作成绩斐然[N].人民日报（海外版），2017-06-10.

2. 加强与欧美发达国家的科技合作

（1）与欧美发达国家的科技合作仍是重点。党的十八大以来我国科技实力有了较大的提升，但与欧美发达国家相比还有较大差距，欧美发达国家在一些重要领域或行业仍掌握着核心关键技术。因此，在未来很长一段时间，与欧美发达国家的科技合作仍是我国国际科技合作的重点，也是我国从科技大国走向科技强国的重要选项。

（2）加强与重点国家在重点领域的国际科技合作。服务于国家重大科技需求，以欧美日为重点，在信息技术、人工智能、高端装备制造、海洋资源开发等领域，与相关领域具有创新优势的国家合作建设一批联合研究中心和国际技术转移中心；支持国内高校、科研机构、企业与国外相关机构开展科技合作，通过委托研发、合作研究、联合开发等形式，实现重大关键技术突破；重点加强中欧创新合作对话、中美创新对话、中法创新对话、中国与德国“工业4.0”深度对接、中国高新区与意大利产业集群对接合作等。

（3）积极打造国际科技合作名牌。重点围绕国家优势技术领域和技术需求，积极策划举办国际科技合作论坛、研讨会、专题技术对接洽谈会等国际科技合作交流活动，提高国际科技合作层次和水平；加强科研人员国际交流，搭建国内外高校、科研机构联合研究平台，吸引全球优秀科技人才创新、创业。

专栏 7.3

国际科技创新合作重点领域

（1）政府间科技合作。完善政府间科技合作机制，落实双边、多边科技合作协定及涵盖科技合作的各类协议。分类部署与大国、周边国家、其他发达和发展中国家、国际组织和多边机制的科技合作。开展重大政府间合作。共同资助开展联合研发。支持科技人员交流。

（2）重大国际科技创新合作。重点推动农业农村、城镇化及城市发展、清洁能源和可再生能源、新一代电子信息及网络技术、地球观测与导航、新材料、先进制造、交通运输、资源环境、生物技术、海洋与极地、人口与健康、公共安全等领域的重大国际合作。促进在环保、气象预测、种质资源等领域的技术和设备引进，解决重大、核心和关键技术问题。

（3）国家国际科技合作基地。加强国际科技合作基地联盟建设。支持基地开展联合研究。开展国际培训、人才培养和信息服务。优化合作平台的集群建设。建立以国际科技与创新合作成果为导向的国际科技合作基地评估动态调整和重点资助机制。

资料来源：国务院.国务院关于印发“十三五”国家科技创新规划的通知[EB/OL]. 中华人民共和国科学技术部网站，2016-07-28.

3. 加强与“一带一路”沿线国家的科技合作

截至2017年5月，我国政府与“一带一路”沿线有关国家签署了46项政府间科技合作协定，涵盖信息技术、生命科学、新能源等领域，通过科技合作，使这些国家应用相关技术改善当地人民生活水平，促进经济发展。

加快推进“一带一路”建设，突出科技合作在“一带一路”建设中的重要地位。一是适应沿线国家科技合作的需求，全面提升科技合作层次与水平，打造“一带一路”协调创新共同体；二是加强与“一带一路”沿线国家人文交流，扩大科技人员往来，与沿线国家共同培养科技人才；三是鼓励国内科研机构与沿线国家相关机构合作，围绕重点领域共建联合实验室；四是鼓励科技型企业在“一带一路”沿线国家创新创业，推进新技术、新商业模式合作。

三、打造中国“硅谷”

硅谷在美国经济崛起中发挥了重要作用。我国进入创新驱动发展的新时代，实现经济的高质量发展，需要打造更多的“硅谷”作支撑，并由此形成科技创新的重要载体。

1. 硅谷是全球科技资源的聚集区

（1）美国硅谷是全球科技创新的火车头。由于有大量高校和强大研发实力做后盾，自20世纪以来，硅谷先后诞生了英特尔、苹果、谷歌、惠普等一大批高科技企业，一直是美国，乃至全球技术创新最活跃的地区。以授权专利为例，1990—2013年，硅谷授权专利占美国授权专利的比重由4%增长到13%，是美国专利授权量最多的地区。①

（2）硅谷拥有全球最多的科技资源。美国硅谷作为全球科技创新中心，集聚了全球最多的科技资源。第一，美国硅谷拥有全球顶尖的科

① 杜红亮. 硅谷作为全球科技创新中心的主要特征及启示[J]. 全球科技经济瞭望，2016（03）:46—50.

技队伍。硅谷共有40多个诺贝尔奖获得者，有上千名科学院和工程院院士，7000多名博士。①第二，硅谷吸引了世界一流的科技人才。据统计，2000—2013年，美国硅谷专业技术人才移民人数达到12.7万余人，其中，中国占50%、印度占20%、伊朗占7%、俄罗斯占6%、韩国占5%等。②

（3）硅谷成为拉动美国经济增长的火车头。早在1999年，硅谷地区的GDP总值超过3000亿美元，占美国GDP的3%左右，超过当年中国GDP的四分之一。③

2. 中国需要更多的“硅谷”

（1）中关村成为中国的“硅谷”。为了加快科技创新步伐，我国于2000年开始建设北京中关村软件园，就是希望通过建设中国的“硅谷”来提升科技水平。经过近20年的发展，中关村已经成为我国名副其实的“硅谷”。美国商业资源企业“专家市场”公司公布的2017年度全球最大科技城市排名显示，北京被评为2017年度全球最大科技城市第一名④，中关村已取代美国硅谷成为全球最大的科技中心。

专栏 7.4

中关村成为我国名副其实的“硅谷”

（1）中关村拥有一大批海外高层次人才。截至2016年底，中关村拥有外籍人才和留学归国人才约4万人。

（2）中关村拥有大量的创新型企业。截至2017年9月，中关村的上市企业数量达到312家，总市值超过5.5万亿元；新三板挂牌企业

---

① 周欣.构筑特色人才高地　强攻产业决战工业[EB/OL]. 南昌新闻网，2017-03-01.

② 刘园园.关于构建人才集聚机制的若干思考——以硅谷地区为例[J]. 中国商论，2016（15）：166—167.

③ 王金湘.透析硅谷创新优势[J]. 中国高校科技与产业化，2003（01）：4.

④ 李坚.美国商业资源企业“专家市场”公司公布了2017年度全球最大科技城市排名[EB/OL]. 新浪财经，2017-11-04.

> 1612家，约占全国的1/7，其中创新层企业238家，约占全国的1/6。
>
> （3）中关村成为拉动北京经济的主要引擎。2016年，中关村高新技术企业实现总收入4.6万亿元，约占全国高新区的1/6，对北京经济增长的贡献率达到39%，成为引领北京经济发展的核心动力。
>
> 资料来源：刘天思．“中关村指数2017”发布[EB/OL]．央广网，2017-09-15.

（2）我国有能力打造多个“硅谷”。中国作为一个发展转型中的大国，实现经济转型升级需要更多的“硅谷”作支撑。目前，北京、上海、广州、深圳、成都等中心城市已经成为我国科技创新中心。2016年，我国政府宣布将投资15亿美元改造中关村①，推动这一地区成为国际企业的所在地。随着经济实力的增强，我国完全有条件建设多个“硅谷”，加快形成全球科技创新的洼地。美国麦肯锡公司董事华强森也认为，在中国出现15至20个“硅谷”是完全可能的。

3．打造符合中国实际的“硅谷”

（1）以中心城市为重点，建设全球科技资源配置中心。从全球来看，实现全球资源配置是当今世界全球城市的基本功能，也是中心城市提升竞争力的必然要求。截至2017年，我国已有北京、上海、广州、天津、重庆、成都、武汉、郑州8个中心城市。建议：一是依托国家中心城市，对标国际领先水平，优先在科技基础条件较好的北京、上海、广州等城市建设全球科技资源配置中心，提升全球资源配置能力；二是各中心城市根据自身资源条件进行差异化定位，实行错位发展，避免恶性竞争。例如，北京定位为“全国科技创新中心”，上海定位为“具有全球影响力的科技创新中心”，广州定位为“全球科技创新资源配置中心”，等等。

---

① 王晓涛．“独角兽”扎堆之地，就在中国“硅谷”[N]．中国经济导报，2017-11-15.

（2）全面改善中心城市营商环境，积极吸引跨国公司落户。麦肯锡的一份报告显示，全球前20个大城市拥有全球跨国公司总部数量的34%，拥有跨国公司全球收益的47%，东京、纽约和伦敦是全球公认的顶级资源配置城市[①]。这就需要我国加快打造国际化、法治化的营商环境，形成内外资公平竞争的市场环境。

① 刘茜.深读：广州如何建设全球资源配置中心？[N].南方日报，2016-12-14.

第三节　构建“一带一路”开放创新网络

以“一带一路”为重点构建人类命运共同体，是我国新时期对外开放的重要目标。“一带一路”倡议为全球治理带来全新的“中国方案”，主要在于它是一个开放创新的方案，能够使沿线各国人民联结在一起实现合作共赢、创新发展。推进新时代的“一带一路”建设，需要适应全球科技革命和产业变革的新形势，把搭建沿线国家之间的开放创新网络作为重中之重。

一、开放创新为“一带一路”建设提供新动力

“一带一路”沿线国家都处于转型发展的关键时期，实现创新发展，是各国转型发展的根本出路。向开放创新要动力，是“一带一路”引领全球化进程的大趋势。

1. 以开放创新加快发展是“一带一路”沿线国家的共同愿望

“一带一路”沿线国家多数为新兴经济体。截至2017年7月，与我国签署共建“一带一路”合作协议的国家涵盖了南亚、东南亚、西亚、北非、中东欧等世界大部分地区，包括中国在内，这些国家的国土面积占全球的38%，人口总量占全球的62%，而国内生产总值却只占全球GDP总量的31%。[①]按照世界银行以人均国民生产总值为标准的划分，“一带一路”沿线国家仅有18个国家跻身发达国家行列，其他绝大多数为中等收入国家，如伊拉克、不丹、东帝汶、老挝、孟加拉国、柬埔寨、缅甸、巴基斯坦等。“一带一路”倡议之所以在全球范围内产生广泛影响，很重要的原因在于它能够以开放创新的姿态包容不发达国家，并能够高度聚焦不发达国家的发展问题。

① 聂莹.“一带一路”沿线国家社会发展[J]. 经济研究参考，2017（15）：16—45.

2. 以开放创新提供跨越中等收入陷阱的“中国方案”

2017年，中国社会科学院工业经济研究所与社会科学文献出版社共同发布的《“一带一路”国家产业竞争力分析》指出，按2015年世界银行的标准，“一带一路”沿线国家中的绝大多数属于中等收入国家。所列64个国家（包括中国）中，2个国家属于低收入国家，44个国家属于中等收入国家，其中，22个属于中等偏下收入国家，22个属于中等偏上收入国家。[①]从“一带一路”沿线国家的发展历程看，一些国家早已迈入中等收入国家之列，但一直没有迈过高收入国家的门槛，如菲律宾、马来西亚、泰国等就十分典型。“一带一路”沿线的多数国家所面临的最大挑战就是如何不落入中等收入陷阱。因此，以开放创新促进“一带一路”沿线国家产业迈向中高端、收入迈向新水平，是“一带一路”建设的根本动力。

3. 以开放创新提供科技创新和产业变革的“中国方案”

当今世界已经进入数字经济时代，但“一带一路”沿线不少国家仍是欠发达国家，很多地区还处于“工业1.0”的时代。以通信为例，一些落后国家地理状况复杂、被崇山峻岭阻隔，加上科技落后、通信事业严重滞后，如果按照传统发展路径，要先普及电话电报通信，再普及固定宽带互联网通信，最后普及移动互联网通信，但事实上并不现实。依托我国在数字经济领域的发展优势，完全可以推动这些国家和地区越过传统发展阶段，直接进入移动互联网时代，从而实现数字经济领域的跨越式发展。就是说，新时代推进“一带一路”建设，构建人类命运共同体，关键在于为发展中国家提供科技创新和产业变革的“中国方案”。通过开放创新，使不同发展水平的国家把握第四次工业革命的历史机遇，在相互学习中提升各自的发展水平。

① 李钊.《“一带一路”国家产业竞争力分析》报告论创新[N].科技日报，2017-05-17.

二、构建“一带一路”数字经济开放创新网络

2017年5月14日的“一带一路”国际合作高峰论坛开幕式上，习近平主席发表主旨演讲时明确提出，“中国将加强与沿线各国在数字经济、人工智能、纳米技术、量子计算机等前沿领域合作，推动大数据、云计算、智慧城市建设，连接成21世纪的数字丝绸之路”。

1. 面向“工业4.0”构建21世纪的数字丝绸之路

构建21世纪数字丝绸之路是“一带一路”面向“工业4.0”的战略选择，反映了“一带一路”沿线国家的共同愿望，是“一带一路”走向开放创新的重大举措：第一，构建21世纪的数字丝绸之路，将为政策沟通、设施联通、贸易畅通、资金融通、民心相通等“五通”的实现提供强有力的现代化技术支撑；第二，构建21世纪的数字丝绸之路，有助于帮助“一带一路”沿线国家在数字革命中找准自身定位、突出自身优势、扮演重要角色；第三，构建21世纪的数字丝绸之路，可以通过有效的贸易联结带动科技领域的创新合作，使得“一带一路”沿线国家有条件在科技领域的开放创新中广泛受益，并找到适合本国产业创新的有效路径。

2. 充分发挥中国互联网经济的引领作用

中国具备引领“一带一路”互联网经济发展的实力。当前，世界互联网企业市值10强中，中国占有4席（阿里巴巴、腾讯、百度、京东）。根据2017年《快公司》（*Fast Company*）公布的世界最具创新能力的公司名单，中国互联网企业滴滴、阿里巴巴、腾讯、小米入围，其中滴滴是第二次蝉联此榜单。①总的来看，构建21世纪的数字丝绸之路，中国具备互联网技术、互联网新业态、互联网经济模式三重优势。充分发挥中国互联网经济的引领作用，不仅有利于拓宽中国互联网经济发展的战略空间，还有利于将中国互联网经济发展的成果在“一带一路”沿线国家普及。

---

① 吴起龙.中国公司何以进入2017全球最具创新力公司榜单？[EB/OL].中国网，2017-02-16.

3. 以发展“一带一路”跨境电商为突破口

（1）中国与“一带一路”沿线国家之间的跨境电商发展势头迅猛。根据天猫国际的统计，2016年，超过50个“一带一路”沿线国家的商品通过跨境电商走进了中国；我国通过跨境电商平台与泰国、新加坡、以色列三国的进口商品总成交额分别比上年增长152%、183%、371%，马来西亚更是增长了140倍。[①]

（2）中国跨境电商引领21世纪的数字丝绸之路建设。例如，阿里云在新加坡、中东、欧洲等“一带一路”沿线设立14个地域节点[②]，以中国自主研发的飞天技术为沿线国家和地区提供云计算大数据服务。尤其在迪拜，阿里云是全球主要云计算公司中第一个也是唯一一个设立数据中心的公司。

（3）以发展跨境电商为突破口带动“一带一路”沿线国家数字经济领域的开放创新。一方面，发展跨境电商既有利于为“一带一路”沿线国家和地区分享我国消费大市场提供全新平台，又有利于快速扩大自由贸易网络的覆盖范围；另一方面，发展跨境电商有利于发挥我国的突出优势，带动“一带一路”沿线国家基础设施和相关产业的数字化进程。

4. 以数字化的互联互通为重点

（1）推进数字化基础设施互联互通是关键。数字化的基础设施互联互通是开放创新的重要支撑，是“一带一路”沿线国家迎接数字革命的重大任务。根据国家信息中心的测评结果，半数以上的“一带一路”沿线国家信息基础设施发展处于中等以下水平。

（2）加快我国信息领域企业向“一带一路”沿线国家“走出去”。例如，2017年，菜鸟在“一带一路”沿线国家布局17个海外仓库，加快物流体系在国际间的运转；蚂蚁金服用技术助力“一带一路”沿线国家，通

---

① 零时差.阿里“出海”试水一带一路　以色列跨境进口增速371%[EB/OL]. 北京时间，2017-04-22.

② 孙冰.“一带一路”上的“云”：云计算能否成为中国又一张“新名片”？[J]. 中国经济周刊，2017（22）：50—53.

过技术出海的方式，帮助印度、泰国、菲律宾、印度尼西亚等国打造本地版支付宝，促进跨境贸易；阿里云在新加坡、迪拜等地建设数据中心，用我国自主研发的飞天技术为“一带一路”沿线国家地区提供云计算大数据服务。[①]

（3）以数字化的互联互通促进贸易畅通。例如，阿里巴巴打造的全球速卖通平台覆盖“一带一路”沿线所有国家和地区，其用户总量仅用1年半的时间破了1亿，其中“一带一路”沿线国家和地区用户超过45%。[②]

（4）以数字化的互联互通促进资金融通。金融服务在化解“一带一路”项目建设风险、提供项目建设资金等方面发挥重要作用。总的来看，以金融业为重点的服务业企业“走出去”滞后于实体企业“走出去”的步伐，也滞后于产能合作的实际需求。未来，随着区块链等新型数字技术在金融领域的快速利用，将有效解决交易中的信用与风险问题。

（5）以数字化的互联互通促进民心相通。以旅游为例，2016年，通过飞猪订购泰国旅游度假产品的人次比2015年增长了63%，“一带一路”沿线的小众旅游目的地，开始迎来更多中国人到访。[③]

5. 全面扩大数字经济领域的开放合作

在第四届世界互联网大会上，中国、老挝、沙特、塞尔维亚、泰国、土耳其、阿联酋等国家相关部门共同发起《“一带一路”数字经济国际合作倡议》。该倡议标志着以中国为主导引领的“一带一路”数字经济合作迈出了重要一步。以落实该倡议为重点，建议尽快出台21世纪的数字丝绸之路建设行动方案，加强我国区域数字经济发展与“一带一路”沿线国家之间的对接，支持鼓励我国数字经济领域领军企业“走出去”扩大业务范围，为“一带一路”沿线国家提供发展数字经济的“中国方案”，吸引更多国家加入中国主导的数字经济开放创新网络中来。

---

① 李文瑶.大数据告诉你　中国与“一带一路”哪个国家最亲密[EB/OL]. 环球网，2017-04-21.

② 王琼慧.速卖通：海外消费用户覆盖“一带一路”国家地区[EB/OL]. 财新网，2017-04-11.

③ 同注释①。

专栏 7.5

《“一带一路”数字经济国际合作倡议》的15项任务

（1）扩大宽带接入，提高宽带质量；

（2）促进数字化转型；

（3）促进电子商务合作；

（4）支持互联网创业创新；

（5）促进中小微企业发展；

（6）加强数字化技能培训；

（7）促进信息通信技术领域的投资；

（8）推动城市间的数字经济合作；

（9）提高数字包容性；

（10）鼓励培育透明的数字经济政策；

（11）推进国际标准化合作；

（12）增强信心和信任；

（13）鼓励促进合作并尊重自主发展道路；

（14）鼓励共建和平、安全、开放、合作、有序的网络空间；

（15）鼓励建立多层次交流机制。

资料来源：杨舒，方莉，刘坤.多国共同发起“一带一路”数字经济国际合作倡议[N].光明日报，2017-12-04.

三、构建“一带一路”科技开放创新网络

围绕“一带一路”沿线国家面临的共性科技难题，面向“一带一路”重大科技需求，发挥我国的科技优势，构建“一带一路”科技开放创新网络是提高“一带一路”沿线国家创新发展水平的重大任务。

1. 构建科技开放创新网络是提升“一带一路”沿线各国发展水平的“利器”

“一带一路”倡议提出以来，中国积极推动科技领域的开放创新，在帮助各国提升发展水平上取得重要进展。2013年以来，中国科学院与塔吉克斯坦、斯里兰卡等国家合作共建了9个境外科教机构（数据统计至2017年5月），构建了长效持续科技合作的机制。比如，与塔吉克斯坦等国共建的中亚生态与环境研究中心，重点开展现代农业、生态环境治理、信息技术等研究；中国-斯里兰卡联合科教中心重点开展气候变化、海洋科学、水下考古等研究。同时，在国内设立了5家（数据统计至2017年5月）“中国科学院-发展中国家科学院卓越研究中心”，利用中国科学院已有的科研机构和科技资源，为相关国家解决特定需求、培养专业人才。中国科学院充分利用各类合作创新平台，与相关国家共同组织研究队伍，针对相关国家迫切的科技需求，开展关键技术研发和推广应用，提出系统解决方案，已取得阶段性成效。比如，筛选出适宜非洲种植的杂交水稻品种，在肯尼亚推广种植后平均产量是当地常规品种的4～5倍；在肯尼亚、埃塞俄比亚等国试验种植的甜高粱，每亩增产40%以上。以斯里兰卡不明原因慢性肾病地区的安全饮用水需求为切入点，建立“人才培养＋对外援助＋科技合作＋企业跟进”的新型合作模式，开展水处理和慢性肾病追因等方面的合作研究，为斯里兰卡解决清洁水源和治疗不明原因慢性肾病等问题奠定了科学基础。2016年，中国科学院又发起了“数字一带一路”国际科学计划，通过获取空天地综合数据资源，构建共建共享的地球大数据平台，为应对“一带一路”相关国家和地区生态环境变化提供了科学的决策支持手段。①

2. 中国在推动“一带一路”科技开放创新网络中扮演引领者的角色

近几年，中国在推动“一带一路”科技开放创新常态化机制上不遗余

① 白春礼. 全力推进“一带一路”国际科技合作[N]. 光明日报，2017-05-18.

力。2016年9月，中国出台了《推进“一带一路”建设科技创新合作专项规划》，系统提出了“一带一路”科技创新合作的战略目标和重点任务。2016年11月8日，中国与“一带一路”沿线20所国家科研机构的领导和代表共同发布了《2016“一带一路”科技创新国际研讨会北京宣言》，达成了三点共识：一是“一带一路”沿线国家加强科技合作，促进协同发展；二是搭建协同创新平台，建立科技合作长效机制；三是针对关键科学挑战，组织国际科技合作计划。

2017年，国家主席习近平在“一带一路”国际合作高峰论坛上明确提出：中国愿同各国加强创新合作，启动“一带一路”科技创新行动计划，开展科技人文交流、共建联合实验室、科技园区合作、技术转移4项行动。我们将在未来5年内安排2500人次青年科学家来华从事短期科研工作，培训5000人次科学技术和管理人员，投入运行50家联合实验室。[①]

专栏 7.6

“一带一路”科技创新合作的战略目标

（1）近期目标。用3～5年时间，夯实基础，打开局面。科技人员交流合作大幅提升，来华交流（培训）的科技人员达到150000人次以上，来华工作杰出青年科学家人数达到5000名以上；与沿线国家就深化科技创新合作、共同走创新驱动发展道路形成广泛共识，与重点国家的合作规划、实施方案基本形成，并签署合作备忘录或协议；建设一批联合实验室（联合研究中心）、技术转移中心、技术示范推广基地和科技园区等国际科技创新合作平台，鼓励企业在沿线国家建成若干研发中心，重点项目实施初见成效。

（2）中期目标。用10年左右的时间，重点突破，实质推进。以周边国家为基础、面向更大范围的协同创新网络建设初见成效，形成吸引

① 白羽.习近平在“一带一路”国际合作高峰论坛开幕式上的演讲[EB/OL].新华网，2017-05-14.

"一带一路"沿线国家科技人才的良好环境，重点科技基础设施建设、联合实验室（联合研究中心）、平台网络建设等投入使用并发挥成效，重大科技合作项目取得重要成果，重点产业技术合作推动下的国际产业分工体系初步形成，"一带一路"创新共同体建设稳步推进。

（3）远期目标。到21世纪中叶，"一带一路"两翼齐飞，全面收获。科技创新合作推动"五通"目标全面实现，建成"一带一路"创新共同体，形成互学互鉴、互利共赢的区域协同创新格局。

资料来源：中华人民共和国科技部、发展和改革委员会、外交部、商务部关于印发《推进"一带一路"建设科技创新合作专项规划》的通知[EB/OL]. 中华人民共和国科学技术部网站，2016-09-14.

3. 多种方式推进"一带一路"开放创新网络建设

（1）发挥中国科学院的突出优势。牵头启动一批"一带一路"重大国际合作计划，共建科技创新合作中心，积极探索开展集"科学研究、技术创新、人才培养和成果转化"于一体的战略合作，到2020年，使一批重大国际合作计划在引领"一带一路"沿线国家科技创新中发挥重大作用。

（2）深化科技人文交流。与"一带一路"沿线国家合作共同培养科技人才，扩大杰出青年科学家来华工作计划规模，建设一批不同类型的培训中心和培训基地，广泛开展先进适用技术、科技管理与政策、科技评估、科技创业等培训。

（3）搭建"一带一路"产学研开放创新平台。鼓励我国科研机构、高等学校和企业与沿线国家相关机构合作，围绕重点领域共建一批联合实验室（联合研究中心）、技术转移中心、先进适用技术示范与推广基地。

（4）促进科技资源互联互通。促进科研仪器与设施、科研数据、科技文献、生物种质等科技资源互联互通。以先期面向国际试点开放共享的大型研究基础设施为基础，推动数据、文献等科技资源共享。

（5）共建科技创新中心。推动我国的中关村等科技创新中心与“一带一路”沿线国家对接，围绕各国科技创新和产业变革的共性难题进行联合攻关，促进科技同产业、科技同金融深度融合，优化创新环境，集聚创新资源。

第四节　开放创新的人才政策

无论从国际经验看，还是从我国发展的实践看，人才是实现创新发展的基石。未来10～20年，我国由科技大国走向科技强国，需要实施更加开放的人才政策，形成“聚天下英才而用之”的体制安排。

一、开放创新重在实现“聚天下英才而用之”

随着经济全球化的加速，人才的跨国流动在加速，各国围绕创新型人才的国际竞争也在加剧。当今世界各国的开放创新，都有一个共同的特征，就是形成了具有比较优势的人才制度，能够吸引全球人才“为我所用”。

1. 面向全球选人、用人

（1）全球范围内人才竞争加剧。以美国、德国、日本为代表的人才强国，都把人才问题上升到国家战略的层面谋划，竞相采取各种手段来吸引、集聚和留住掌握先进知识技术、具有发展潜能的高素质人才。经济全球化从表面上看是经济贸易的竞争，背后更具有深远意义和影响的是国与国之间的人才竞争。

（2）人才集聚呈现“两极分化”趋势。美国仍然是最大的人才流入国，全世界所有受过高等教育的移民一半流向了美国[①]；除了少数新兴国家出现了一定程度上的“人才回流”外，人才大量流失现象在发展中国家比较普遍。

（3）移民制度成为吸引高层次人才的重要手段。“绿卡”和入籍制度成为引进并留住高层次人才的根本保障，比如欧美发达国家都规定优先考虑高科技人才和经济移民，移民制度完全服务于人才战略。

① 王辉耀. 全球人才争夺的新趋势[J]. 当代社科视野，2010（09）：60.

（4）人才竞争手段和方式更加多样化和制度化。这其中，针对顶尖人才的签证、“绿卡”以及入籍制度的转变最为突出。比如，2000年德国正式实施“绿卡工程”，2007年法国实施“优秀人才居留证”，2008年英国正式实施“记点积分制”移民制度。

专栏 7.7

21世纪以来几个大国的人才战略

1.美国：以提升国家竞争力为目标面向全球开发、利用人才

——2006年1月，布什宣布实施《美国竞争力计划》，强调美国的优势必须通过在人才和创造力上处于领先位置来保持，通过加大对科研和教育的投入，以科研促进创新能力的提高。随后，布什政府制定了几个配套的改革计划，如《高中改革计划》《国家安全语言计划》《教师培训计划》《建立国家数学小组》《小学数学行动》和《中学数学行动》。

——美国对于科学（Science）、技术（Technology）、工程（Engineering）、数学（Mathematics）（简称STEM）方面的人才更加重视，更注重加大吸引和保留STEM外国人才的力度。美国国土安全部于2012年出台政策，用于吸引和保留外国人才，将拥有STEM学科学士、硕士或博士学位的学生签证持有人的毕业后实习期签证延长17个月。美国国家科学与技术顾问委员会在2013年提交《STEM教育战略规划（2013—2018年）》，加强美国STEM领域的后备人才的培养和储备，保持美国在国际中的竞争力。

——奥巴马政府2011年的《美国创新战略》指出人才、科研、基础设施是美国创新、创业的重要基石，在教育和人力资源方面，要培养一批世界一流的人才队伍，实施STEM提升计划。

——美国的移民制度是典型的为人才竞争服务的移民制度，根据人才的层次设有不同的待遇。早在1965年，美国国会通过《移民和国籍

法》，废除了关于国籍来源配额的种族歧视条款，向亚洲移民打开了大门。移民制度的改革为外籍人才的大量流入扫清了障碍。同时，美国依托优质的高校教育资源，吸引全球优秀学生，而他们毕业后大多留在美国生活、就业，并成为美国重要的人才资源。

2.日本：广泛延揽国际人才

——2012年，日本法务省制定了“高级人才积分制度”，吸引高级学术研究人员、高级专业技术人员、高级企业经营管理人员三个领域类别的高级人才，以百分制从学历、工作经历、年收入等方面评价人才，满70分5年就可以获得原本需要10年才能拿到的永久居住权并享受相关政策优惠待遇。

——2013年12月，日本开始计划建设“国家战略特区”，吸引和留住海外人才，并计划实行留学生毕业包分配政策；并公布新计划，旨在通过提高英语教学比例、增加外籍教师数量等，提高日本的高等教育国际化，以培养更多的国际人才。

——2014年6月，日本通过了《出入境管理及难民认定法》修正案，将外国高级人才获得永久居留权所需要的居留时间，从5年降低到3年。

3.德国：开放劳动力市场，吸引高级专业人才

——2005年1月1日，随着德国《新移民法》的颁布和实施，德国规定了“拥有高级专业水平”的三类人才的具体条件，同时决定给予信息技术专业高级人才直接居留许可。

——2011年3月，德国联邦政府通过了《外国人居留法（草案）》，将给予从事科研工作的外国人配偶充分的就业权，以加强对外国科研人员的吸引力。

——2012年4月27日，德国议会表决通过旨在吸纳欧盟以外第三国专业人才来德的《欧盟蓝卡法案》，简化了高级技术人才申请居留许可的手续，降低了高级技术人才留在德国的门槛，从而满足了关于吸引外来专业人才进入欧盟的相关规定。

——从2013年7月开始，德国劳动力市场在对高级专业人才开放的基础上，进一步对非欧盟国家的职业技术人才放开。

资料来源：根据公开资料整理。

2. 注重确立并实现人才价值

美国、日本、德国等国家的开放创新有一个共同的特征，就是人力资本在本国的价值实现比较充分，而且能够吸引国外的人才移民到本国。以美国为例，之所以能够超越英国成为全球第一经济大国，很重要的原因在于美国比英国更能够充分实现人力资本价值。在美国超越英国之前的殖民时代，美国就奉行高工资政策，美国的工资比欧洲大陆高1/3以上。在英国普遍将劳动力看成成本的时候，美国已经将劳动力看成是一种资本，采取更能够充分激发人力资本潜力的政策。这不仅有效激励了本国人才的充分利用，还吸引了全球人才向美国集聚。在这个前提下，世界科技创新中心由英国转移到美国，成就了美国第一经济大国和第一经济强国的地位。

专栏 7.8

重视人才价值造就美国开放创新强国地位

美国的经济实力之所以强大，很大程度上是由于他们善于利用人才，善于从别的国家引进人才，争夺人才。为了争夺21世纪科学技术的领先地位，美国正瞄准新的科技，在世界范围内大力吸引高科技人才为己服务。1945年美国攻克柏林后，随即派了3000名科技专家来到德国进行调查，然后又派了100 架飞机将在德科学家运往美国，高薪录用。美国还竭力以高出原薪10多倍（5000美元）的月薪从苏联收买反弹道导弹专家。目前，美国在世界各个国家和地区，广泛搜罗各类人才，世界权威的诺贝尔奖美国的获得者数量排名第一，而其中相当多人并非出生在美国，而是后来加入美国国籍的，在硅谷休斯敦航天中心等科技人才密集的地方，后移民美国的科技人员占一半以上。美国许多重点科研机构、大公司科研机构的科技带头人，许多重点大学的系主任有60%～70%由非本土美国科学家担任。各大学还以优惠的条件吸引外国留学生。据反映，目前美国的几所名牌大学几乎网罗了世界最优秀的人才，一方面尽量利用他们在校期间的研究成果；另一方面千方百计地留住那些成绩优异者，以使他们在年富力强的黄金时期为美国的科研出力。

资料来源：根据公开资料整理。

二、加快形成开放型人才政策

未来我国作为引领全球化的创新型国家，更需要具有“聚天下英才而用之”的“世界大国心态”。

1. 我国利用全球人才的空间很大

2017年10月，美国《福布斯》杂志发布的一份报告说，中国正在以史无前例的水平吸引着全球人才，到2022年中国将会成为全球人才的主要流动中心。数据显示，仅在2017年，就有来自全球73个国家的90万外国人在中国就业。2015年数据显示，我国已经成为世界第三大最具有吸引力的移民目的国。[①]但我国境内的外籍人员占全国总人口的比例较低。根据联合国的估计，中国境内有接近100万的国际移民，占全部居民的0.07%[②]，远

① 王辉耀，苗绿.2015中国国际移民报告[N]. 光明日报，2015-04-08.

② 田迪迪，苏力.企业“走出去”带动国际化人才需求[N]. 南方日报，2017-04-27.

低于发达国家和地区的平均水平10.8%，低于世界平均水平3.2%，甚至低于发展中国家的平均水平1.6%和最不发达国家的平均水平1.2%。[①]

2. 以人才价值实现为导向形成开放型人才政策

（1）克服人才价值实现的突出短板。与世界上主要的开放创新型国家相比，由于我国的人口是美国的4倍、日本的10倍、德国的十几倍，我国的人才总量优势比较突出，近年来人才和研发投入增加幅度很大。但在人才价值实现上，与这些国家存在着比较大的差距。从国际经验看，凡是人力资源强国，绝大多数优秀人才都集中在企业，在经济领域能够实现“人尽其才”。例如，据统计，美国有80%左右的优秀人才集聚在企业[②]，使得优秀人才能够在引领经济领域的创新中充分发挥作用。尽管我国有全球规模第一的科技人力资本总量，但主要的科技人才集中在机关、高校和科研院所、国有企业，科研人员过多地分布在体制内。例如，我国规模以上工业企业设立研发机构的比例平均仅为12%[③]。全国研发人员中，博士毕业的只有13.4%在企业，占企业研发人员总数的1.1%[④]。现有的人才没有创造出应有的市场效益，是我国走向人力资源强国面临的首要问题。

（2）人才政策构建需要突出人才价值实现。第一，要缩小我国与主要人才强国之间的差距，出台充分实现人才价值的相关政策。第二，人才向人力资本价值实现程度高的国家流动，仍将是全球化的重要趋势，充分实现人力资本价值，才能有效避免高层次人才外流。第三，人才的总量优势，是我国经济转型升级和产业变革的突出优势，把这个优势发挥好，关键是充分实现人才价值。

（3）形成具有全球竞争力的人才政策。以促进人才价值实现为目标，以促进人才优化配置为手段，建立市场导向人才评价机制，引导中高

① 王辉耀，苗绿.2015中国国际移民报告[N].光明日报，2015-04-08.

② 辜胜阻.科技改革要缝合科技经济两张皮[EB/OL].新华网，2013-10-25.

③ 蒋隽.规模以上工业企业研发机构比例仅10%[N].信息时报，2016-07-07.

④ 中华人民共和国科学技术部.国家技术创新工程部际协调小组成立并召开首次会[EB/OL].中华人民共和国中央人民政府网站，2013-06-19.

级人才向企业集聚，到2020年，初步形成与经济转型升级和产业变革相适应的人才制度；到2025年，在国内人尽其才的同时，能够广泛集聚全球人才参与国内经济建设；到2035年，成为全球最具有人才竞争力的国家之一。

3. 建立科学、合理的人才价值评价机制

（1）改变行政主导的人才价值评价机制。科学、合理的人力资本价值评价机制，是引导人力资本价值实现的“指挥棒”。改革开放以来，我国的人力资本价值评价机制已有很大改观，但仍不完善，甚至一些方面仍存在着扭曲现象。以我国高级人才要素为例。多年来，中高级人才要素的人力资本价值评价主要采取行政主导的职称评定，一旦评上较高职称，未来的收入就和其直接挂钩。尽管实现了“评聘分开”，但一般而言，在体制内的工作岗位上，“高评低聘”的现象还比较少。在行政主导的人力资本价值评价机制下，“唯学历、唯职称、唯论文”等现象比较突出，而不少真正对经济社会产生较大影响，学历、职称、论文却还达不到要求的人才难以得到充分的承认。如果仅仅从学历、职称、论文等来评价中高级人才要素的人力资本价值，不仅失之偏颇，而且会让更多年轻人把追逐学历、职称、论文等作为主要追求目标，从而使国家珍贵的人力资本用在脱离经济社会效益的环节，导致人力资本配置的低效率。

（2）加快人力资本价值评价机制改革。2016年3月，中共中央《关于深化人才发展体制机制改革的意见》的出台，使我国新时期人力资本价值评价机制改革步入快车道。该文件对创新人才评价机制的顶层设计，充分体现了人力资本价值实现的客观规律。第一，从突出品德、能力和业绩评价的角度改进评价标准，能够有效遏制唯学历、唯职称、唯论文等倾向；第二，强调发挥政府、市场、专业组织、用人单位等多元评价主体作用，为改变行政主导的传统评价方式指明了方向；第三，明确提出改革职称制度和职业资格制度，在人力资本价值评价上充分考虑到了用人单位的现实需求。

专栏 7.9

创新人才评价机制

2016年3月，中共中央印发了《关于深化人才发展体制机制改革的意见》，对创新人才评价机制提出三点要求。

（1）突出品德、能力和业绩评价。制定分类推进人才评价机制改革的指导意见。坚持德才兼备，注重凭能力、实绩和贡献评价人才，克服唯学历、唯职称、唯论文等倾向。不将论文等作为评价应用型人才的限制性条件。建立符合中小学教师、全科医生等岗位特点的人才评价机制。

（2）改进人才评价考核方式。发挥政府、市场、专业组织、用人单位等多元评价主体作用，加快建立科学化、社会化、市场化的人才评价制度。基础研究人才以同行学术评价为主，应用研究和技术开发人才突出市场评价，哲学社会科学人才强调社会评价。注重引入国际同行评价。应用型人才评价应根据职业特点突出能力和业绩导向。加强评审专家数据库建设，建立评价责任和信誉制度。适当延长基础研究人才评价考核周期。

（3）改革职称制度和职业资格制度。深化职称制度改革，提高评审科学化水平。研究制定深化职称制度改革的意见。突出用人主体在职称评审中的主导作用，合理界定和下放职称评审权限，推动高校、科研院所和国有企业自主评审。对职称外语和计算机应用能力考试不作统一要求。探索高层次人才、急需紧缺人才职称直聘办法。畅通非公有制经济组织和社会组织人才申报参加职称评审渠道。清理减少准入类职业资格并严格管理，推进水平类职业资格评价市场化、社会化。放宽急需紧缺人才职业资格准入。

资料来源：范云波.中共中央印发《关于深化人才发展体制机制改革的意见》[EB/OL].新华网，2016-03-21.

（3）区分不同类别的人力资本，形成多元化的价值评价标准。例如，在基础研究领域，可以以同行学术评价为主，强调论文质量而不是数量；对于应用研究和技术开发人才，以科技成果普及推广为主，需要追求实效，追究现实的业绩，应当突出市场评价；对于哲学社会科学人才，应当突出在经济社会变革中的影响，突出地强调社会评价。

（4）将人力资本价值评价权力下放到专业组织和用人单位。从多年来的实践看，行政部门不宜作为职业资格的评价和认定的主体：第一，行政部门缺乏应有的专业知识，加上信息不对称，容易将职业资格的评价和认定程序化，不能因人而异；第二，行政部门直接干预职业资格评价和认定，容易导致寻租腐败，由此降低政府公信力；第三，经过行政程序评价和认定出来的人才，往往不是用人单位真正需要的，反而加大了用人单位在人力资源配置上的难度。

为此建议：第一，着眼于充分发挥中高级人才在经济转型升级和产业变革中的重大作用，把职业资格的评价和认定权力下放作为新阶段简政放权的重要任务；第二，对于中高级人才的职业资格认定，没有必要反复设置各种头衔的评比和审查，尽可能取消不必要的行政审查程序，取消不必要的重复评比等；第三，充分发挥各类专业性的行业组织作用，尽可能将职业资格的评价和认定权力下放到专业化的社会组织；第四，为突出实用性，允许用人单位直接作为职业资格的评价和认定主体，在推动高校、科研院所自主评审的同时，尽快让各类企业成为中高级人才职业资格自主评审的主体。

4. 推动中高级人才资源配置市场化

（1）中高级人才资源配置效率低的主要原因是市场价值实现不充分。从实践看，人才价值实现主要不由市场决定，是导致我国中高级人才不愿意到企业工作、科技成果转化率低、产业处于中低端等问题的重要体制根源。

（2）经济转型升级与产业变革要求中高级人才资源配置市场化。从发达国家的经验看，大量的中高级人力资本走向企业，面向市场开展科技创新，是一个国家快速实现经济转型升级和产业变革的“秘诀”。以美国的硅谷为例，依托斯坦福大学，从教育、科研机构走出了大批人才，他们带着大量世界领先的科技成果进入了大大小小的企业，帮助企业生产出最具竞争力的产品，成就了惠普、英特尔、苹果、谷歌、Facebook等一大批知名企业。一个国家的科技成果转化能力，在很大程度上取决于中高级人力资本配置的市场化程度。

（3）推动中高级人才向企业集聚。国际国内经济转型升级的经验都表明，中高级人力资本主要配置在企业，有利于科技成果转化，有利于成就引领产业变革的伟大企业。以美国的惠普公司为例，短短数十年间便成为美国十大电子公司之一，其成功的秘诀就在于创始人休利特吸引大量中高级人力资本到企业创业的两条管理公式：“人才＋资本＋知识=财富”以及“博士＋汽车库=公司”[①]。

① 田耕.惠普的公式[J]. 企业改革与管理，1998（05）：28.

第八章

积极应对经济全球化新变局

在经济全球化面临严峻挑战、外部环境发生明显变化的背景下，作为一个近14亿人口的大国，释放巨大内需潜力成为我国应对内外挑战的最大底气与最突出的优势。这需要我国：一方面，继续坚持对外开放的基本国策，积极主动扩大开放，推动贸易和投资自由化、便利化，维护全球多边贸易体制，以赢得国际竞争的主动；另一方面，继续深化改革，实现经济转型升级的重要突破。

第一节　以改善营商环境为重点形成对外开放新举措

“开放带来进步，封闭必然落后。”尽管外部形势发生复杂变化，我国仍将坚持“打开国门搞建设”。习近平主席在博鳌亚洲论坛2018年年会开幕式上的主旨演讲中提出：“在扩大开放方面中国将采取以下重大举措。第一，大幅度放宽市场准入。第二，创造更有吸引力的投资环境。第三，加强知识产权保护。第四，主动扩大进口。”如果能尽快做到这些，我国对外开放就会打开一个全新的局面。

一、以扩大金融业开放为重点大幅放宽市场准入

当前，既要通过金融业开放加强参与全球金融体系和货币体系的能力，又要防止因扩大金融业开放引发系统性金融风险。

1. 放宽金融业市场准入的现实需求明显增强

在世界经济缓慢复苏和我国经济转型升级的双重挑战下，金融业市场双向开放的现实需求越来越强。一方面，我国释放近14亿人消费潜力，需要大量的金融服务作为支撑。例如，医疗、健康服务业发展对保险业的需求全面增强，这对外资而言是一个巨大的机遇。另一方面，我国已成为世界第二大贸易融资货币国、第五大支付货币国和第六大外汇交易货币国，这就需要我国积极参与全球经济金融治理体系。从现实情况看，金融业等领域仍面临一系列不合理的限制。以银行业为例，目前，无论是民营银行还是外资银行，在批设时相当程度上是为了弥补现有银行体系的空白，与国有银行相比仍存在不合理的限制。如对非国有银行的监管更为严格，门店设立遵循“一行一店”的原则等。另外，我国银行业对外开放明显滞后，外资银行、民营银行占比相对较低。其中，外资银行自20世纪90年代

以来，资产占比一直在2%左右，2017年进一步降至1.3%，远低于OECD国家平均高于10%的水平。[①]在这个大背景下，我国金融业市场开放必须适应国际国内发展的大趋势，不断降低市场准入，适时取消“一行一店”、资金来源等歧视性限制规定，进一步扩大开放水平。

2. 稳步扩大金融业开放

（1）扩大银行、证券、保险等市场准入。2018年4月，中国人民银行行长易纲在2018年博鳌亚洲论坛“货币政策的正常化”分论坛上宣布了包括取消银行和金融资产管理公司的外资持股比例限制等金融领域开放的六大措施。这意味着未来一段时间，我国银行、证券、保险等金融业市场对外开放步伐将明显加快。

（2）鼓励支持具备条件的金融机构到境外开展业务。扩大国内金融机构在境外发行人民币债券的主体类型和地域范围；支持金融机构在风险可控的条件下到海外并购；加快银行卡清算机构“走出去”开展业务，提升银行卡清算机构的国际竞争力；鼓励金融机构“走出去”为实体经济提供服务。

专栏 8.1

我国开放六大金融领域

2018年4月11日，在2018年博鳌亚洲论坛“货币政策的正常化”分论坛上，中国人民银行行长易纲表示，六点金融开放措施几个月内落实，具体内容如下。

第一，取消银行和金融资产管理公司的外资持股比例限制。内外资一视同仁，允许外国银行在我国境内同时设立分行和子行。

第二，将证券公司、基金管理公司、期货公司、人身险公司外资持

① 任泽平，贺晨，甘源. 中国对外开放的进展评估与变革展望——中美贸易战系列研究[R].2018-05-29.

股比例的上限放宽到51%，3年以后不再设限。

第三，不再要求合资证券公司境内股东至少有一家证券公司。

第四，为进一步完善内地和香港两地股市互联互通的机制，从2018年5月1日起把互联互通每日的额度扩大4倍，也就是说沪股通和港股通每年由130亿元调整到520亿元。

第五，允许符合条件的外国投资者来华经营保险代理业务和保险公估业务。

第六，放开保险外资经纪公司经营的范围，与中资机构一致。

资料来源：任明超，王林.易纲：几个月内落实六大金融业开放措施[OB/EL].中青在线，2018-04-11.

3. 推进资本市场有序开放

（1）有序扩大资本市场对外开放。以“深港通”为基础加快推进与亚洲其他国家资本市场互联互通；加强内地与香港资本市场互联互通，探索新股通、债券通，适时推出商品通；适时推出“沪伦通”，着力推进中国与欧洲资本市场的共同发展；鼓励支持优质的金融机构在境内发行人民币债券；扩大期货市场对外开放，支持境外投资者以特定品种的方式参与国内商品期货交易。

（2）鼓励支持金融机构参与国际资本市场。扩大境内机构境外发行债券的主体类型和地域范围；加强与国际金融机构合作，推动我国金融资产全球布局；加快推进A股加入明晟指数（MSCI）①。

（3）稳妥推进人民币资本项目可兑换。截至2016年10月，我国资本项下部分可兑换项目已达37项，不可兑换项目仅余3项②。在外部形势深

① MSCI英文全称为Morgan Stanley Capital International，摩根士丹利资本国际公司（MSCI）（又译明晟），是美国著名的指数编制公司。MSCI是一家股权、固定资产、对冲基金、股票市场指数的供应商，其旗下编制了多种指数。

② 谭志娟.中埃两国央行签署双边本币互换协议　人民币国际化再进一步[N].中国经营报，2016-12-31.

刻复杂变化的大背景下，人民币资本项目自由可兑换不可操之过急，需要循序渐进。建议扩大人民币在周边国家区域化使用的便利性，加强双边、多边货币合作，以“一带一路”为重点推动跨境人民币投融资业务持续发展，支持境内的人民币优质机构到境外发行人民币业务等，待时机、条件成熟时再实施人民币资本项目可兑换。

二、创造更有吸引力的投资环境

当前，全球经济竞争的焦点在于投资环境。哪个地区投资环境较好，哪个地区吸引外来投资就多。反之亦然。正如习近平主席所强调的，“过去，中国吸引外资主要靠优惠政策，现在要更多靠改善投资环境”。从这个意义上说，我国应该把吸引外来投资的着力点放在改善投资环境上，努力打造国际化、法治化的营商环境。

1.全球投资环境竞争日趋激烈

（1）全球直接投资供不应求。2008年国际金融危机以来，全球直接投资大幅下降。虽然近年来出现恢复性增长，但仍未达到金融危机前的水平。联合国贸易和发展组织的相关数据显示，2016年，全球FDI流出不足1.5万亿美元，仅为2007年的67%（见图8.1）。

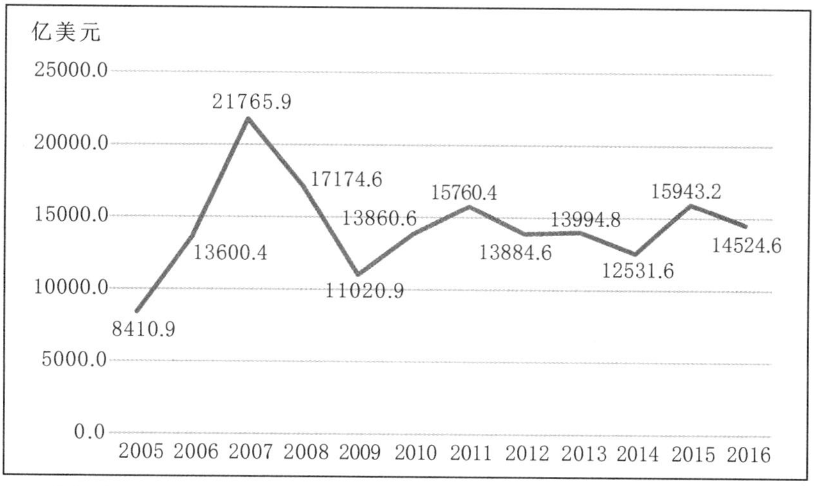

数据来源：UNCTAD统计数据库。

图8.1　2005—2016年全球FDI流出额变化

（2）以自由化、便利化为导向的投资环境竞争日益激烈。在全球直接投资不足的情况下，各国纷纷出台促进投资自由化和便利化的相关政策，以增强对外商投资的吸引力。数据显示，自由化、便利化的投资政策出台数量由2005年的51条提高至2017年的93条；投资自由化、便利化措施占相关投资措施的比例由75%左右提高至2017年的84%[①]。各方以自由化、便利化为导向的全球投资政策竞争不断加剧。

（3）我国吸引外资面临双重挤压。一方面，发达国家改变过去鼓励资本“走出去”政策，纷纷制定更加优惠的税收等政策，吸引制造业、资本回流。例如，2017年，美国将企业所得税从35%大幅降至20%，对跨国企业为避税而囤积在海外的2.6万亿美元利润，只需一次性缴纳14%便可合法汇回美国，由此导致新兴经济体中的大量资本回流至美国。另一方面，东南亚等发展中国家利用低要素成本的比较优势，积极承接国际产业转移，成为全球重要的投资目的地。在双重挤压下，我国不仅要实施大规模的减税计划，更重要的是要大幅降低制度性交易成本。

2. 我国投资环境仍有提升空间

近年来，我国通过简政放权、优化服务等一系列改革举措，大幅改善了营商环境。世界银行发布的《2017年全球营商环境报告》显示，我国营商环境便利度全球排名跃升至第78位，提高了18个位次，[②]但与发达国家相比，仍有较大的提升空间。数据显示，2017年，我国开办企业便利化指数为85.47，比上一年提高了1.8%；全球排名第93位，比上一年提高了43位。但与部分发达经济体相比，我国营商环境仍有较大提升空间。例如，从开办企业所需程序来看，我国平均需要7项，OECD高收入国家平均为4.9项，韩国仅需2项；从开办企业所需时间来看，我国平均需要22.9天，OECD高收入国家平均需要8.5天，韩国仅需4天（见表8.1）。

---

① 数据来源：联合国贸易和发展会议.世界投资报告2018[R].2018-06-06.

② 李心萍.营商环境好　招财又引才[N].人民日报，2017-10-12.

表8.1 我国与OECD部分国家开办企业便利化对比

	开办企业便利化指数	开办企业便利化排名	开办企业所需程序（项）	开办企业所需时间（天）	开办企业所需成本占收入的比重（%）
OECD高收入国家	91.45	47	4.9	8.5	3.1
中国	85.47	93	7	22.9	0.6
英国	94.58	14	4	4.5	0
美国	91.23	49	6	5.6	1.1
新加坡	96.49	6	3	2.5	0.5
法国	93.28	25	5	3.5	0.7
瑞士	92.3	37	4	12.5	2.2
韩国	95.83	9	2	4	14.6

注：OECD高收入国家的相关数据为OECD高收入国家平均数据。
数据来源：OECD Doing Business 统计数据库。

3. 全面落实准入前国民待遇加负面清单管理制度

（1）进一步缩减负面清单数量。近年来，我国已先后两次修订《外商投资产业指导目录》，并于2017年首次提出全国统一的外商准入负面清单，对外资的限制性措施削减了65%；2018年对此进行进一步修订，限制性措施数量由63项缩减至48项。但问题在于，负面清单数量的缩减并未实现扩大开放的重要突破。例如，删除的部分限制性措施并不意味着开放水平的提升，而是采取将清单中与现行法律法规重叠的部分进行删除，以及对部分项目进行同类合并的做法。为此，不仅需要进一步缩减负面清单数量，更重要的是提高开放水平。

（2）创新负面清单制定思路。目前，我国实行全国统一的负面清单，地方在负面清单制定中的自主权相对较小。这种“全国一盘棋”的开放模式在保证开放整体性的同时，忽略了各地的特殊性，减弱或束缚了地方在开放方面的积极性。为此，建议在制定全国统一负面清单的基础上，允许地方根据特定地区产业发展特点，制定更优惠、更具针对性的负面清单。

（3）建立与负面清单相适应的服务体系。目前，负面清单主要集中在如何降低准入门槛，在准入后的服务体系、指导体系等方面建设仍显得滞后。例如，无论是自贸试验区内的负面清单，还是全国统一的外商准入负面清单，仅仅列出了限制性措施，而在限制背后的法律依据、允许进入的指引服务等方面仍属空白，使得外商在进入负面清单之外的领域的过程中显得无所适从。2017年6月，上海率先发布了《中国（上海）自贸试验区金融服务业对外开放负面清单指引（2017年版）》，详细列明外资进入金融业的条件和要求，进一步梳理汇总了金融领域有关外资准入的规定，为外资了解、进入我国金融领域提供了便利。建议总结上海经验，在全国推广负面清单指引的制定工作，进一步完善准入后服务体系。

4. 全面扩大企业自主权

（1）全面实施企业自主登记制度。进入“互联网+”时代，实现企业自主登记注册的技术条件和时机已经成熟。例如，新加坡的企业注册登记只需3小时就能在网上完成，而我国实施商事登记制度改革后，在注册登记资料齐全的情况下，企业完成注册登记仍需3个工作日左右。建议借鉴新加坡的经验，全面实施企业自主登记制度，充分运用大数据，最大限度地实现企业注册登记便利化，进一步缩短企业注册登记时间，切实降低企业制度性交易成本，使企业集中精力开展生产经营活动。

（2）适时取消企业一般投资项目备案制。我国实行备案制的初衷是尽可能减少行政审批环节，缩短企业到政府相关部门的办事时间，提高政府办事效率。从实践看，企业一般投资项目备案制仍属于前置性的行政控制，并不能有效减少企业的不正当竞争和违法行为。在政府严格管理城乡规划、土地利用、环境保护等事项的前提下，除涉及国家安全、某些重大国有投资项目之外，建议企业的一般项目一律由企业依法依规自主决策，不再要求备案。此外，加快出台各级政府的权责清单，真正把权力关进制度的“笼子”里，而不是把市场关进权力的“笼子”中。建议在全面推进负面清单管理的同时，尽快出台各级政府的权力清单和责任清单，规范、减少政府干预企业的自由裁量权。

（3）组建国家中小企业发展促进机构。从国际经验看，促进中小企业发展是现代市场经济条件下政府的重要职责。2017年，我国对2003年实施的《中小企业促进法》进行了修订。从改革的实践看，促进中小企业发展相关政策的落实，涉及众多部门，如果没有一个政府部门牵头推进落实，中小企业发展很难取得预期效果。为适应中小企业发展对公平竞争市场环境的现实需求，建议在市场监管部门组建国家中小企业发展促进机构，主要职能是依据《中小企业促进法》，制定和实施改善营商环境的监管规则，形成并维护中小企业发展的公平竞争市场环境。

三、加强知识产权保护

严格保护知识产权既有利于加快经济转型升级，也有利于形成全社会保护创新的大环境。据统计，2017年，人民法院共新收一审、二审、申请再审等各类知识产权案件237242件，比2016年上升33.5%。[①]应适应知识产权保护国际化的大趋势，实施严格的知识产权保护，全面提升知识产权对外合作水平，推进知识产权保护制度化、法治化，为企业创新创业提供法治保障。

1. 实施严格的知识产权保护

（1）加大服务业知识产权犯罪打击力度。与工业相比，服务业更依赖知识产权保护。从现实生活来看，服务业知识产权保护更难。应依法严厉打击侵犯知识产权的犯罪行为，加强知识产权行政执法与刑事司法衔

① 于子茹.2017年全国法院新收各类知识产权案件237242件　比上年升33.5%[EB/OL]. 新华网，2018-04-19.

接，加大涉嫌犯罪案件移交工作力度；提高知识产权法定赔偿上限，针对情节严重的恶意侵权行为实施惩罚性赔偿；完善涉外知识产权执法机制，加强刑事执法国际合作，加大涉外知识产权犯罪案件侦办力度。

（2）建立健全知识产权保护预警机制。将故意侵犯知识产权的行为纳入企业和个人信用档案；运用大数据、云计算等信息手段加强知识产权保护，提升预警防范能力；加大对中小企业知识产权的保护援助力度，构建公平竞争的创新创业环境。

（3）加强服务业领域新业态的知识产权保护。加强互联网、电子商务等领域知识产权保护规则研究，完善相关法律法规；加快制定众创、众包、众筹的知识产权保护政策。

2. 提升知识产权对外合作水平

（1）积极参与国际知识产权规则制定。适应服务业市场对外开放的需要，积极推动《TRIPS协定与公共健康多哈宣言》落实和《视听表演北京条约》生效；主动参与《专利合作条约》《保护广播组织条约》等国际规则修订的国际谈判；加快推进加入《工业品外观设计国际注册海牙协定》和《马拉喀什条约》的进程。

（2）完善知识产权对外合作机制。加强与世界知识产权组织、世界贸易组织、亚太经合组织等国际和地区性组织的交流与合作，提升我国知识产权保护水平；深化与发达国家的知识产权、经贸、海关等部门的合作，推动国内服务机构与国外相关组织的合作与交流；推动相关国际组织在我国设立知识产权仲裁和调解分中心；探索建立“一带一路”沿线国家和地区知识产权合作机制。

3. 推动知识产权保护法治化进程

（1）出台《知识产权法》。建议将现有的《著作权法》《专利法》《商标法》等纳入《知识产权法》中；参考《建立世界知识产权组织公约》和《与贸易有关的知识产权协定》，明确我国知识产权保护的范围；对侵犯知识产权行为的惩治做出具体规定，做到有法可依。

（2）加强知识产权行政执法。建议赋予知识产权局行政执行权，加强重点领域知识产权行政执法，加强知识产权刑事执法和司法保护，积极营造良好的知识产权法治环境和市场环境；加强知识产权审查，实施重大经济活动知识产权评议，引导企业加强知识产权管理。

（3）加快建立知识产权法院。目前，北京、上海和广州已经相继设立了知识产权法院。建议尽快在最高人民法院下成立知识产权法院，并在北京、上海、广州等试点的基础上，加快向全国其他地区推广试点经验；增加刑事判决、裁定的上诉案件，实现民事、行政、刑事案件“三审合一”；加强人才培养与引进，通过教育、培训、引进等多种途径，培养一批专业化的法官队伍。

专栏 8.2

关于成立知识产权法院的建议

（1）成立知识产权法院。成立知识产权法院，促进知识产权的创作、保护和运用，是“以知识产权为基础的国家”的体现，其首要职责是通过诉讼解决有关知识产权的纠纷，并且通过高水平的专家做出公正高效的判决，以合理地保护知识产权并提供相关的司法判决等司法信息。比如，英、美、日、韩等发达国家，都建立了相应的知识产权法院以解决知识产权纠纷。建议我国在最高人民法院下成立知识产权法院，并在各省（直辖市、区）高等法院设置知识产权法院分院。

（2）设置两级知识产权法院。最高人民法院知识产权分院负责全国知识产权民事、行政和刑事案件的最终审判，负责全国各高级人民法院作出的知识产权民事、行政和刑事案件判决的复查和再审；负责对各省高级人民法院知识产权法院民事、行政和刑事审判业务的指导和监督。各省高级人民法院知识产权分院负责辖区内知识产权民事、行政和刑事二审案件的审理。

（3）设置专家委员会。在全国范围内任命各个领域中高水平的技术专家，包括大学教授、公共研究机构研究人员、专利律师等，他们作为兼职官员每两年选聘一次。将专家委员的名单存放在专家库中，根据案件情况指定最适合的专家来处理相关的技术纠纷案件，尤其是难以理解并且需要专业知识进行解释的案件。

资料来源：迟福林.转型抉择——2020：中国经济转型升级的趋势与挑战[M].北京：中国经济出版社，2015.

四、主动扩大进口

从现实情况看，主动扩大进口，不仅是新时代满足人们日益增长的美好生活需要的务实选择，而且是新时代扩大开放的重大举措，将对我国打开对外开放新局面产生重要影响。

1. 新时代人们对美好生活需要的新需求

（1）公共需求全面增长。经过40多年的改革开放，城乡居民私人产品需求总体得到满足，城乡居民的公共需求全面增长，尤其是对社会保障、医疗和养老、生态环境、教育公平、公共安全等问题的关注度不断提升，医疗、教育、社保等改革连续多年成为人民群众关注的热点问题。例如，随着人口老龄化进程的加快，我国居民对健康养老的需求快速增加。预计到2020年，我国老年产业的市场规模将达到8万亿元，到2030年将达到22万亿元①。居民的公共需求全面增长不仅体现在数量上，还体现在公共产品和公共服务供给的多样化、精准化上。

（2）新型消费需求明显增多。我国进入“消费新时代”，突出表现在个性化、体验式等新型消费模式快速兴起，信息消费、数字消费等新的

① 鲍学全.2030年中国老年产业规模将达到22万亿[EB/OL].中国新闻网，2014-12-07.

消费需求快速释放，“90后”“00后”等更具消费意愿的消费主体逐渐成为消费的新主力。新型消费需求的形成与释放，将为建设现代化经济体系、跨越经济转型升级的关键节点、实现高质量发展提供重要动力。

（3）人们对良好生态环境的需求日益增强。进入新时代，人民对清新空气、干净水质、优美环境等绿色发展的需求日益增强，转向高质量发展，因而既要创造更多物质财富和精神财富以满足人民日益增长的美好生活需要，也要提供更多优质生态产品以满足人民日益增长的优美生态环境需要。

2. 主动扩大优质产品与服务进口

（1）主动扩大优质服务进口。从现实情况看，服务型消费需求快速增长已成为人们对美好生活需要的突出特征。建议加快推进医药和康复养老等优质服务的进口力度，取消服务进口领域不合理的限制措施，不断提高服务进口的自由化、便利化水平，更好地满足人们的服务型消费需求。

（2）主动扩大优质商品进口。目前，我国居民的消费能力明显提升，成为全球关注的焦点之一。世界旅游组织的相关数据显示，2016年中国游客境外旅游消费达到2610亿美元，同比增长12%①。中国游客是世界上境外旅游消费最多的游客，购物品种既包含日用消费品，也包含奢侈品。其中，2016年中国人在境外消费的奢侈品高达6300亿元人民币，连同国内市场，中国人一共买走了全球46%的奢侈品，但这里面77%发生在国外②。预计至2020年，中国消费者境外奢侈品消费将惊人地达到1万亿元人民币。建议主动扩大优质商品进口，推动国内制造企业参与国际竞争，从而倒逼国内制造业企业转型升级。

（3）加快加入世界贸易组织《政府采购协定》进程。加快加入WTO

① 毕磊，董菁.三年四降消费品进口关税　百姓买东西能便宜多少？[EB/OL]人民网，2018-06-01.

② 刘博雪.中国人买走全球46%奢侈品　消费外流持续严重[EB/OL].人民网，2017-03-10.

《政府采购协定》，不断扩大政府采购领域的开放程度，不仅有利于提高我国政府采购产品与服务的质量，也有利于我国企业和产品在其他国家的政府采购市场中获得国民待遇。近年来，我国政府采购规模快速增长，但与发达国家相比，我国政府采购占比仍然偏低。2016年，我国政府采购同口径规模为25731.4亿元，较上年增加4660.9亿元，增长22.1%，占全国财政支出和GDP的比重分别为11%和3.5%，而发达国家政府采购规模占GDP的比重为15%～20%。[①]如果我国经济总量82万亿元人民币（2017年）中的10%能够作为政府采购向全球开放市场，那么这对整个世界经济而言将是一次再增长，对中国来说是一次更深层次的开放。

3. 建立与扩大进口相适应的政策体系

（1）进一步降低高端消费品关税水平。加入WTO以来，我国积极履行入世承诺，实现了关税水平的大幅下降。2016年中国平均关税由入世前的15.3%降为9.8%，而加权平均税率4.4%[②]，不仅低于其他发展中国家，且十分接近发达国家。例如，2018年，美国贸易加权的实际进口关税是2.4%，欧盟是3%，澳大利亚是4%[③]。也就是说，我国总体关税水平已降至国际公认的适宜水平。2018年，我国进一步大幅降低汽车等关税水平，将汽车整车税率为25%的135个税号和税率为20%的4个税号的税率降至15%，将汽车零部件税率分别为8%、10%、15%、20%、25%的共79个税号的税率降至6%。[④]但总的来看，我国在高端消费品等领域的关税水平仍然较高。建议适应新时代人们对美好生活需要全面提升的趋势，进一步降低奢侈品、日用消费品进口关税水平，让更多消费留在国内。

（2）取消部分进口药品和医疗产品的增值税。根据财政部2017年最新关税税率调整，我国进口药品最惠国税率为2%～4%，而进入销售还需

① 董碧娟.2016年政府采购规模增长22.1%[EB/OL].中国政府网，2017-12-09.

② 王珂.希望美方不要一意孤行[N].人民日报，2018-03-30.

③ 任泽平，贺晨，甘源. 中国对外开放的进展评估与变革展望——中美贸易战系列研究[R].2018-05-29.

④ 财政部. 国务院关税税则委员会关于降低汽车整车及零部件进口关税的公告.2018-05-22.

要在此基础上征17%的增值税，较高的药品税赋使得进口药品价格上升30%左右。根据国际惯例，2018年大部分发达国家对药品进口增值税进行减免，欧洲的平均水平为8.8%，美国和澳大利亚、英国、瑞士等国家将药品增值税降低为0[1]。建议适时取消药品及常见病所使用的医疗器械进口增值税，为解决老百姓看病贵提供重要条件。

---

① 任泽平，贺晨，甘源. 中国对外开放的进展评估与变革展望——中美贸易战系列研究[R].2018-05-29.

第二节　立足内需形成“二次开放”新优势

我国进入“消费新时代”，释放近14亿人的消费潜力，不仅是我国经济转型升级的突出优势，更是“二次开放”的最大优势。尤其是在外部形势发生复杂变化的情况下，以立足内需形成对外开放新优势，将为我国实现高质量发展拓展新的空间。

一、近14亿人的消费大市场是我国扩大开放的突出优势

消费结构升级与近14亿人服务型消费大市场的形成，将创造全球最大、成长最快的新兴市场。这个大市场潜力的释放，不仅为我国经济增长提供内生动力，而且其与全球市场的对接，将为推动经济全球化注入强大的正能量。

1. 近14亿人的消费升级是“二次开放”的最大优势

如果说过去“一次开放”，我国的最大优势是廉价劳动力成本优势、制造业低成本优势的话，“二次开放”最大的优势是我国拥有一个全球大市场。一是我国可以依托这个大市场实现自身的经济转型升级；二是我国从生产大国走向消费大国，将使经济发展建立在本国居民生活水平提高的基础上，并成为拉动全球经济增长的重要力量；三是走向消费大国，为全球经济增长提供巨大空间，是我国推动经济全球化进程最大的优势所在；四是如果“二次开放”能够充分发挥自身的内需优势，我国就能在应对贸易摩擦上把握主动权。

2. 我国将成为全球最重要的消费市场之一

（1）到2020年，我国消费总规模将达到45万亿～50万亿元人民币。数据显示，2013—2017年，我国社会消费品零售总额年均复合增长率达到10.8%。2017年，我国社会消费品零售总额达到36.6万亿元人民币，消费品市场规模稳居世界第二。预计在服务型消费的拉动下，到2020年，我国的消费规模将达到45万亿～50万亿元人民币。

（2）多项服务消费市场规模达到或即将达到全球第一。未来5～10年，服务型消费有望推动我国成为全球第一消费大市场。我国服务型消费尽管起步晚，但绝大多数领域呈现爆发式增长，不少领域通过2～3年就达到市场规模全球第一。旅游市场、教育市场属于传统领域，与人口规模和经济发展水平有很大关系，只要市场一开放，很快就成为全球规模第一的大市场。就养老、医疗市场而言，许多市场尚未全部开放，如果一旦全部开放，会很快达到全球第一的规模。而新型服务消费，如电子商务、手游市场、机器人等，规模达到全球第一的时间将越来越短，预示着我国正在成为全球新型消费的领跑者。

3. 我国消费升级将对全球经济增长做出重要贡献

近几年，我国最终消费对世界消费增长的年均贡献率已经是世界第一。2013—2016年，按照不变美元价格计算，我国最终消费对世界消费增长的年均贡献率为23.4%，而美国、欧元区、日本分别为23%、7.9%和2.1%（见图8.2）。相关方面预计，2016—2021年我国消费增量将高达1.8万亿美元，相当于2021年英国的消费市场规模[①]。我国在2016—2021年期间的消费

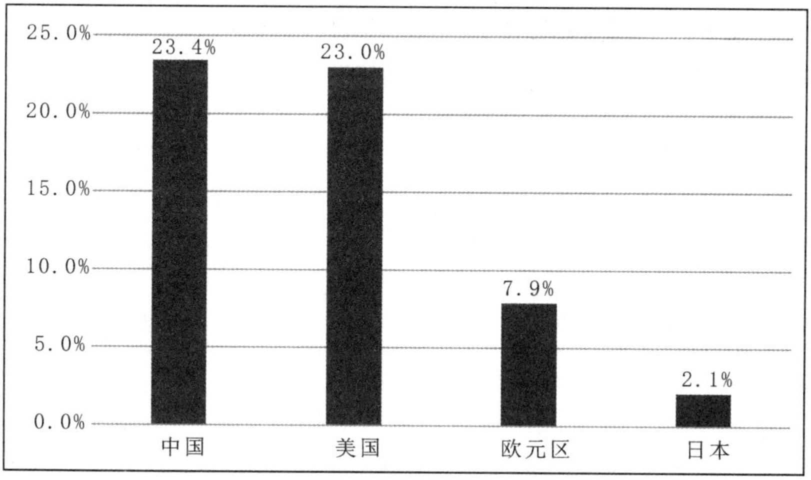

数据来源：国家统计局综合司。

图8.2　2013—2016年我国最终消费对世界消费增长的年均贡献率

① 张程.台媒称大陆消费市场未来井喷：五年增量相当于一个英国[OB/EL].参考消息网，2017-06-30.

增量相当于一个英国市场，这一市场开放将对全球经济增长带来重大影响。

二、以消费结构升级为导向优化供给结构

党的十九大报告强调，“深化投融资体制改革，发挥投资对优化供给结构的关键性作用”。当前，适应消费结构升级的大趋势，扩大内需，重在推进投资转型。

1. 发挥消费结构升级引领供给结构转型升级的基础性作用

（1）消费结构升级先于产业升级。随着人们收入水平的提高，消费需求结构发生变化，并推动工业化进程和产业结构的调整。从国际经验来看，消费结构变化速度也快于产业结构变化速度。以美国为例，1960—1978年，美国恩格尔系数从18.87%持续下降到13.74%，在此期间第一产业的比重只下降了0.8%，而农产品消费的比重却下降了5.7%；第三产业的比重上升了5%，并成为支柱产业，而同期居民服务消费比重却上升了6.7%[①]（见表8.2）。

表8.2　美国消费结构与产业结构变化速度的比较（%）

	1960年	1970年	1978年	结构变动幅度（平均变动率）
第一产业	4	3.6	3.2	−0.8
农产品消费	27.1	23.8	21.4	−5.7
第二产业	38	36.5	34	−4
工业品消费	24.7	24.2	23.7	−1
第三产业	58	60	63	+5
服务消费	48.2	52	54.9	+6.7

数据来源：上海国际问题研究所.现代美国经济问题简论[M].上海：上海人民出版社，1981.

① 数据来源：根据美国经济分析局（Bureau of Economic Analysis）数据整理。

（2）消费结构升级是产业结构升级的重要导向。没有消费需求释放，产业结构调整将成为无源之水。只有围绕消费升级的方向进行投资、创新和生产，才能最大限度地提高投资和创新的有效性、提升产业竞争力，进而实现经济提质增效。未来，需要加大消费对产业升级的引领作用，以消费升级带动产业升级，引导相关领域的科技创新，引领基础设施建设和公共服务等领域的新投资，促进产业结构升级和创新消费供给，进而加快培育形成经济发展的新动力。

2. 重在以满足消费为目标推进投资结构转型

（1）消费新时代的投资需求巨大。进入消费新时代，投资需求将在消费结构升级尤其是服务型消费需求不断增长的趋势下大幅提升。以健康服务业为例，2016年我国大健康产业规模达到5.6万亿元，到2020年国内大健康产业的产值规模有望超过10万亿元，占到GDP的10%以上①。这使得大健康产业成为投资的“热土”。

（2）推动投资转型，提高投资质量与效率。

——对中长期消费需求增长明显放缓的中低端制造业和服务业，加快产能转移和产能退出。

——对改善性住房需求明显上升的地区，加快低端房地产去库存进程，促进房地产行业优化升级。

——对消费需求面临趋势性停滞或滑落的部门，降低国企债务率，加速去杠杆。

——适应城乡居民在健康、医疗、教育、养老等服务业领域快速上升的需求，降低现代服务业的成本尤其是制度性交易成本，加快补齐服务消费供给短板。

3. 优化消费市场环境

（1）树立以消费者为中心的消费监管理念。

——以消费者权益保护为目标和重点，出台国家改善消费市场环境的

---

① 智研咨询集团.2017年我国大健康行业产业结构及市场规模分析[EB/OL].智研咨询，2017-08-25.

总体规划。

——改革市场监管体系，营造消费安全的大环境。加强日常消费领域、新消费领域市场监管；加强老年人、未成年人等重点人群消费维权；加强农村市场监管，健全消费维权机制。

——建立消费市场监管的法律框架。推进市场监管由行政监管为主向法治监管为主的转型，建立以事后监管为主的新体制，形成政府监管与行业自律、社会监管的合力。

——加强消费基础设施建设，以改造物流体系为重点，切实降低消费成本。

（2）健全消费者权益保护的联动机制。

——建立商品和服务质量全程追溯制度，形成从生产到消费全过程的质量监督闭环。

——加快推进网络购物、在线旅游、预付消费、营利性教育培训、个人消费信息保护等重点领域配套政策、制度的出台与完善。

——完善消费品质量检测保障体系，全面推行不合格产品召回制度，加强服务业的品牌、技术等知识产权保护。

（3）营造安全便捷的市场消费环境。

——以建立统一的消费信用体系为突破口，实现消费者快速维权、市场监管信息实时反馈和处理。

——优化服务领域消费环境。完善消费争议化解机制。建立完善非诉讼和诉讼调解渠道化解机制，促进社会调解、行政调解、司法调解的无缝衔接。

——强化消费者个人信息的保护。进一步完善消费者个人信息保护制度，建议在相关部门下设个人信息保护机构，加强外部监管。要求以网络平台为销售主要载体的企业建立消费者个人信息保护机制，强化经营者对消费者的个人信息保护责任。

三、以发展实体经济提升供给质量

一个近14亿人口的大国，无论是扩大内需，还是转向高质量发展，都离不开高水平的实体经济。党的十九大报告提出，“建设现代化经济体系，必须把发展经济的着力点放在实体经济上，把提高供给体系质量作为主攻方向，显著增强我国经济质量优势”。这就需要适应国内经济转型升级的大趋势，把发展高水平的实体经济作为扩大内需、实现高质量发展的根基，实现振兴实体经济的重大突破。

1. 制造业优化升级决定实体经济发展

（1）制造业的优化升级决定实体经济的发展水平。我国的实体经济发展可谓“冰火两重天”。一方面，以数字经济为代表的新经济发展迅猛。2016年，我国数字经济规模达到22.6万亿元，同比增长18.9%，占GDP比重30.3%。①另一方面，传统制造业面临比较大的挑战。“三去一降一补”，更多的是针对传统制造业。2017年12月，习近平总书记在徐州视察徐州重工时明确提出，必须始终高度重视发展壮大实体经济，抓实体经济一定要抓好制造业。

（2）制造业的优化升级决定实体经济的竞争优势。以东北振兴为例，东北地区制造业发展有基础、有条件，问题在于能否抓住机遇。东北的出路在于依托国内巨大的市场，大力发展制造业，大力提升制造业的水平，尤其是装备制造业的优化升级。2015年辽宁装备制造业总产值占工业总产值的比重为32.5%，装备制造业的利润总额占比为49.5%。②装备制造业是东北地区的传统产业，更是优势产业，完全有可能通过优化升级，达到国内领先或国际先进水平。

（3）以制造业优化升级为重点实现振兴实体经济新格局。搭建制造业走向中高端的服务平台，以《中国制造2025》引领制造业走向中高端，推动传统产业改造，形成引领制造业向价值链高端提升的新动力。到2020

① 中国信息通信研究院.中国数字经济发展白皮书（2017）[R].2017年7月.

② 根据《辽宁统计年鉴2016》相关数据计算得到。

年，在基本消化传统产业过剩产能的同时，稳定制造业增长速度，稳步提升制造业创新能力，并推动中国制造向中国创造转变、中国产品向中国品牌转变、中国速度向中国质量转变，为我国迈入制造强国、推动实体经济全面振兴打下具有决定性意义的基础。

2. 推动生产型制造向服务型制造转型

（1）制造业服务化是一个大趋势。从各国发展态势看，服务型制造越是发达，就越能够处于国际领先地位。欧美发达国家之所以能够在“工业3.0”“工业4.0”上处于领先地位，并始终获得价值链上的高额利润，主要在于摆脱了简单加工制造环节，抢占了高技术和高附加值的研发、设计等生产性服务业的制高点。以苹果公司为例，目前苹果公司主要负责品牌和产品设计与销售，基本不介入产品的生产环节，其产品生产环节几乎都是依靠外国的代工厂。每生产一部苹果手机，我国作为组装生产基地仅获取总利润的3.63%，而美国企业获取近50%的利润，日本企业获取30%以上的利润，韩国企业获取10%以上的利润。[①]

（2）以生产性服务业引领制造业服务化升级。针对传统制造业主要处于“微笑曲线”中间低端加工制造环节的现状，重点发展“微笑曲线”两端的高附加值产业链：更加注重通过前端的研发设计、市场研究、咨询服务提升传统产业技术含量和劳动生产率；更加注重通过后端的第三方物流、供应链管理优化、销售服务对接市场，推动传统产业进入大规模定制化新时代；到2020年，显著提升产品附加值。

3. 推动“中国制造”向“中国智造”转型

（1）到2020年初步完成从“中国制造”向“中国智造”的转型。发挥比较优势，以“中国智造”为重点加快推动“中国制造2025”，我国有望到2020年初步完成从“工业2.0”向“工业3.0”的升级，并为“工业4.0”奠定重要基础；2025年，我国将基本完成“工业3.0”的升级，在

① 燕玉.中国制造业为何“大而不强”，如何突围[J].人民论坛，2017（10）：82—83.

“工业4.0”上形成一大批具有国际领先水平的产业集群。

（2）加快推进制造业智能化改造。抓住关键领域、基础领域实现重点突破。比如，以加快布局3D打印为重点推动智能生产。我国具有巨大的市场，有条件率先推进3D打印技术的商用化。从趋势看，我国将成为全球最大的健康医疗市场，预计2020年我国健康产业规模将达到8万亿元①。我国可以依托自身巨大的健康服务需求市场，将3D打印技术在医疗领域的广泛应用作为突破口，这不仅有利于快速提升我国医疗健康服务水平，也有利于加速3D打印技术的产业化。为此，要根据我国国情，借鉴美国等国家的经验，形成3D打印产业的发展目标和技术路线，设立3D打印产业发展基金，开展3D打印相关软件、工艺、材料、装备、应用、标准及产业化的系统性整体性攻关，推进3D打印技术与其他先进制造技术融合的新型数字化制造体系。

四、以强化产权保护激励创新创业

产权保护是激励创新创业的最大动力，是振兴实体经济的最大激励。保护产权就是激励创新创业，鼓励发展实体经济。我国进入经济转型升级的关键时期，以创新引领经济高质量发展，关键在于形成产权保护的制度基础。

1. 以产权保护稳定企业发展预期

（1）稳定企业预期对产权保护提出新要求。产权保护是激励创新创业的根本保障。振兴实体经济，稳定企业发展预期，形成创新驱动的发展模式，关键在于建立产权保护的长效机制，实现产权保护的制度化、法治化。我国进入创新发展新时代，需要有更多具有创新精神的企业家投入创新创业。从实践看，一方面，2015年以来，我国民间投资增速出现大幅下滑；另一方面，我国对外直接投资增速大幅攀升。2016年我国对外直接投

① 苏向杲.大健康产业2020年可达8万亿元[EB/OL].中国经济网，2016-09-08.

资1701亿美元，同比增长44.1%。[1]导致“一降一升”的原因很多，但民营企业家缺乏安全感是非常重要的一个原因。2016年7月国务院对民间投资增速下滑大督查报告中的问卷数据显示，有26.1%的民营企业认为财产更不安全了，影响了企业家在国内长期投资的信心；半数以上受访者认为在民企合法权益保护方面“改善不明显”或“没有改善”，民企没有安全感，人身和财产等合法权益得不到保障[2]。因此，要振兴实体经济，首先要给企业家吃下“定心丸”，让民营企业家有安全感。

（2）实现不同所有制经济产权平等保护。新阶段对公有制产权和非公有制产权进行平等保护，既有非公有制经济进入服务业等领域面临着的各类隐性壁垒，又有企业家创新收益保护等新矛盾和新问题。这就需要：坚持机会、规则、权利平等，废除对非公有制经济多种形式的不合理规定；尽快梳理和消除各种隐性壁垒，支持各种所有制经济依法平等使用生产要素、公平参与市场竞争、同等受到法律保护、共同履行社会责任；扩展产权保护的内涵和外延，尽快建立并完善有利于企业家创新创业的激励约束机制。

（3）实现产权有效激励。强化科技成果产权对科研人员的长期激励，加快实行以增加知识价值为导向的分配政策，如对科研人员实施股权、期权和分红等激励制度，激发广大科研人员的主动性和创造性，加快推动科技成果转化，发挥知识产权对科技创新的长期激励作用。

2. 推动产权保护制度化、法治化进程

（1）以出台民法典为重点完善产权保护法律制度。我国已经形成了产权保护的单项法律体系，但随着我国市场经济体系的逐步完善，现有单项法律已经难以适应产权保护法治化大趋势。在这个背景下，2014年，党的十八届四中全会通过的《中共中央关于全面推进依法治国若干重大问题的决定》提出“编纂民法典”。从现实情况看，民法典越早出台越能赢得

① 冯其予.2016年我国对外投资同比增长44.1%[N].经济日报，2017-01-17.

② 张占斌，孙飞.有效产权保护是民间投资的重要激励[EB/OL].人民网，2017-01-16.

主动，对稳定预期有可能产生决定性影响。在现行民法总则的基础上，需要加快各篇主要内容的编纂，争取在2020年前提请全国人大审议通过，形成统一的民法典。

（2）严格规范涉案财产处置的法律程序。涉案财产处置是否适当，是产权保护的重大现实问题。如果不应当被剥夺的财产权被剥夺，就会导致社会对财产权保护缺乏信心和稳定的预期。近年来，我国司法实践中出现过对经济犯罪案件中的企业家或个人的涉案财产处置不依法依规、行政和司法腐败侵犯企业产权等现象，不仅给企业家和个人的合法财产造成严重损失，而且不利于稳定社会预期。为此，需要尽快规范企业家或个人财产处置的法律规则，形成具体的执法操作程序，使其变成行政实践和司法实践。

（3）纠正一批社会反映强烈的产权纠纷申诉案件。抓紧甄别并纠正一批社会反映强烈的产权纠纷申诉案件，剖析一批侵害产权的案例。对涉及重大财产处置的产权纠纷案件、民营企业和投资人违法申诉案件要依法甄别，确属事实不清、证据不足、适用法律错误等错案冤案，要尽快纠正并赔偿当事人损失①。2017年底，最高法院决定依法再审三起重大涉产权案件②。2018年5月31日，最高人民法院对原审被告人张文中诈骗、单位行贿、挪用资金再审一案进行公开宣判，撤销原审判决，改判张文中无罪。这是一个极为积极的信号，对涉及产权和企业家权益的案件审理有标杆作用，能够有效稳定企业家的预期。

3. 强化产权保护中的政府守信

（1）严格纠正以公权侵犯私权。严防公权力不加限制地介入私权，并加大民营企业家合法财产的保护力度，依法严惩各种侵犯民营企业产权及企业家合法财产权的违法犯罪行为。对于已受理的公权力侵犯私权的冤

---

① 中共中央国务院.中共中央　国务院关于完善产权保护制度依法保护产权的意见[EB/OL].中国政法网，2016-11-27.

② 罗书臻.人民法院决定依法再审三起重大涉产权案件[EB/OL].中国法院网，2017-12-28.

错案要依法及时再审，尽快纠正；对民营企业家造成巨大损失的，要及时启动国家赔偿程序，加大赔偿决定执行力度，依法保障民营企业家的合法权益。

（2）新官要理旧账。针对一些地方政府政策不连续、新官不理旧账等问题，需要加快形成“新官要理旧账”的制度约束。一是明确规定对于往届政府做出的决定或签署的合同，只要合法合规，本届政府就必须一以贯之；二是建立健全政府失信责任追究制度及责任倒查机制，加快建立政务失信记录，加大对政务失信行为的惩戒力度；三是建立完善的监督机制，充分发挥社会监督的特殊作用，对政府失信行为进行媒体曝光，有效约束政府官员行政行为。

（3）进一步完善政府守信践诺机制。现实中，一些公私合作的基础设施投资项目，往往会出现因政府领导人员换届而导致政府违约的现象，使一些本来安排好的投资项目难以落实[①]。这就需要加快形成政府信守承诺的制度约束。一是企业与政府合同中更多体现公平，双方均应该按照法律和合同约定履行义务，任何一方违约都应该承担违约责任，承担相应后果；二是对有关政府违反承诺，尤其是因政府换届、领导人员更替等原因违约毁约而侵犯企业合法权益的，要承担法律和经济责任；三是因国家利益、公共利益等事由改变政府承诺和合约约定的，要严格依法进行，并给予企业和投资人相应的财产损失补偿[②]。

4. 大力弘扬企业家精神

（1）依法保护企业家的财产权和创新收益。党的十九大报告提出“激发和保护企业家精神，鼓励更多社会主体投身创新创业”[③]。这就需要增强各类企业家的财富安全感，给企业家一个“定心丸”，关键在于规

① 迟福林.处理好政府与市场关系是深化结构性改革的关键[J].行政管理改革，2017（02）：11—15.

② 中共中央国务院.中共中央 国务院关于完善产权保护制度依法保护产权的意见[EB/OL].中国政府网，2016-11-27.

③ 本书编写组.中国共产党第十九次全国代表大会文件汇编[M].北京：人民出版社，2017.

范和约束行政权力，严格规范行政机关和执法机关的执法行为，让权力在法治下运行。同时尽快出台关于没收或者冻结财产的具体实施细则，使执法机关查封、收缴私产时，对合法财产和非法财产区别对待，防止企业家的合法财产受到侵害。

（2）防止资本炒作对企业家经营的干预。重点是完善股市制度建设，防止恶意收购。一些上市公司频遭恶意收购，给上市公司内部结构治理带来严峻挑战①。为了维护上市公司的自主经营权，需要赋予并完善上市公司相应的防御措施。

（3）形成商业类国有企业企业家产权激励机制。创业型企业家持有企业股权，重点和难点主要在国有企业。在新一轮国有企业改革中，商业类国有企业作为竞争主体，需要与其他市场主体平等竞争，需要形成激励企业家精神的制度安排。在保证国有资产收益的前提下，应当允许商业类国有企业中的企业家进行各种技术创新和探索。

（4）理性处理民营企业家早期的不规范问题。在特定阶段发展起来的民营企业，在多方面客观上存在不规范之处。这就需要以发展的眼光客观看待和依法妥善处理改革开放以来各类企业特别是民营企业的问题，卸下民营企业的包袱，使其积极投身创新创业。若能以民营企业问题的妥善处理为契机，解决好企业家精神的价值认同问题，将可能有效释放我国创新创业的巨大能量。

五、以发展混合所有制拓展民营企业发展空间

在民间投资严重下滑的背景下，处理好国有经济和民营经济发展之间的关系，逐步成为事关全局的重大结构性问题。党的十九大报告指出，“深化国有企业改革，发展混合所有制经济，培育具有全球竞争力的世界一流企业”。从现实情况看，以发展混合所有制为重点破题国有企业改

① 马元月，叶龙超.上市公司防“野蛮人”边界在哪[N].北京商报，2015-04-17.

革，既有利于推动国有企业自身的转型，又有利于拓宽民间投资渠道，是深化供给侧结构性改革获得巨大红利的重要来源。

1. 以发展混合所有制推动国企转型

（1）国有资本应当在推动国家产业结构变革中发挥重大作用。由工业主导走向服务业主导，推动生产型制造向服务型制造的转型升级，都需要国有资本扮演重要角色。国有资本的“进退”应当服务于国家产业结构变革这个大局，建议让国有资本原则上退出高污染、高能耗、高排放的“三高产业”，大幅度降低国有资本在“夕阳产业”中的比例。

（2）推动传统国有大企业向创新型企业转型。无论是制造业服务化，还是发展新经济，都要求国有企业更加注重研发、设计等生产性服务业发展。这就需要把更多国有资本配置在生产性服务业领域，充分发挥国有资本推动新经济发展的作用。为此，建议在国有企业中培育总部经济，充分利用现代信息网络技术及平台，发展一批具备国际竞争力、在国内国际具有强大资源配置能力的专业化研发服务机构。

（3）以发展混合所有制为重点推动国有资本优化重组。一是以提升产业集中度为重点推动国企并购重组；二是推动“国企＋国企”式的并购重组；三是鼓励“民企＋国企”式的并购重组。出台具体政策，鼓励民企通过资本市场并购等方式取得部分商业类国有企业的控股权，对国有企业进行兼并重组，实现国企、民企的双赢。

2. 以发展混合所有制拓宽民营经济发展空间

（1）把扩大民间投资渠道作为国企改革的重点。发展混合所有制，是在保持基本经济制度前提下破除垄断、开放市场、扩大民营经济参与的重要渠道。把发展混合所有制作为遏制民营经济下滑、资本外流的重要途径，争取到2020年初步建立起开放、包容、共享的国有资本管理体制。

（2）全面推进电力、石油、天然气、铁路、民航、电信等领域引入社会资本投资。形成这些领域引入社会资本参与国有企业改革的产业指导目录，除涉及国家安全等的特殊领域之外，国有企业通过出让股权、兼并重组等方式大力吸引非公有制资本投资入股。

（3）大力推动社会资本进入国防科技工业建设领域。从国际经验看，军事领域的高科技往往代表着一个国家最尖端的技术，军民融合式发展有利于快速推动一个国家高精尖科技在工业转型升级中的广泛应用。凡不涉及国家安全的国防科技工业，尽可能引导社会资本参与，形成面向全国、分类管理、有序竞争的开放式发展格局。

（4）推进混合所有制企业员工持股。实行员工持股，有利于发展创新型国有企业，有利于调动员工积极性，有利于员工持之以恒地关心企业命运。尽快形成国有企业员工持股的可操作性方案，形成国有企业员工与企业发展的命运共同体，避免员工的短期行为，形成国有企业长期可持续发展的体制机制。

3. 推动国有资本做强做优做大

党的十九大报告提出，“推动国有资本做强做优做大”，是对党的十八届三中全会提出的“要从‘管企业’向‘管资本’转变”的延伸与提升。落实党的十九大报告精神，一是要改革国有资本的管理体制和运营机制，探索新型的国有经济管理体制；二是要发挥好国有资本投资运营公司的引导性作用，从传统的重资产、高杠杆的行业中逐步转型，将国有资本集中于支柱产业、战略性新兴制造业和信息技术产业，促进国有资本合理流动；三是要加快推动国有企业数字化改造，激活国有企业长期“沉睡”的数据资源，使国有企业数据资源变为重要资本与现实生产力。

六、推进新型城镇化与乡村振兴的融合，释放农村巨大潜力

总的来看，进入发展新阶段，乡村振兴与城乡融合互为条件、相互促进。当前，如果在以新型城镇化带动城乡融合发展方面实现重要突破，带来的新增消费与投资将为高质量发展和扩大内需注入强大动能。

1. 最大的内需潜力在农村

（1）乡村振兴释放近6亿农村人口的巨大消费潜力。农村居民家庭消费水平滞后于城镇居民家庭消费水平约10～12年。2016年，我国城乡居民消费水平比为2.72：1①。加快实施乡村振兴战略，打破城乡二元制度，有利于缩小城乡收入差距，到2020年，如果农村居民消费提高到城市居民现有水平的50%，农村新增消费规模将达到2.3万亿元左右，由此可以进一步增强消费拉动我国经济增长的主动力作用。

（2）我国最大的投资潜力在农村。农业现代化需要大量的资金投入。2012—2016年，我国农业固定资产投资年均增长23%，高出同期全社会固定资产投资增速10个百分点（见图8.3）。②根据《全国农业现代化规划（2016—2020年）》，全国每年公共财政用于农林水事务的支出将达到1.73万亿元以上③，"十三五"将累计超过8.65万亿元。据测算，供水、道路、电力、通信等农村基础设施建设方面，需要投入的资金约为3.4万亿元④。例如，为改善农村生态环境，"十三五"将完成13万个建制村环境整治，保守估计，每个村环境整治需要200万～300万元，那么总投资规模将达到2600亿～3900亿元。

（3）乡村振兴为推进高质量发展注入强大动能。实施乡村振兴战略，并不意味着简单地加大投入，而是加大有利于破解农业发展不充分、培育农业农村发展新动能、推进农业农村现代化的有效投资；加大有利于提高农民收入、缩小城乡基本公共服务差距、满足广大农村居民对美好生活向往的必要投资；加大有利于释放城乡融合发展巨大动能、推进高质量发展的战略投资。

---

① 数据来源：《中国统计年鉴2017》。

② 数据来源：根据《中国统计年鉴2017》相关数据计算得出。

③ 国务院.国务院关于印发全国农业现代化规划（2016—2020年）的通知[EB/OL].中国政府网，2016-10-20.

④ 迟福林.推进以人为核心的新型城镇化[N].经济参考报，2017-04-27.

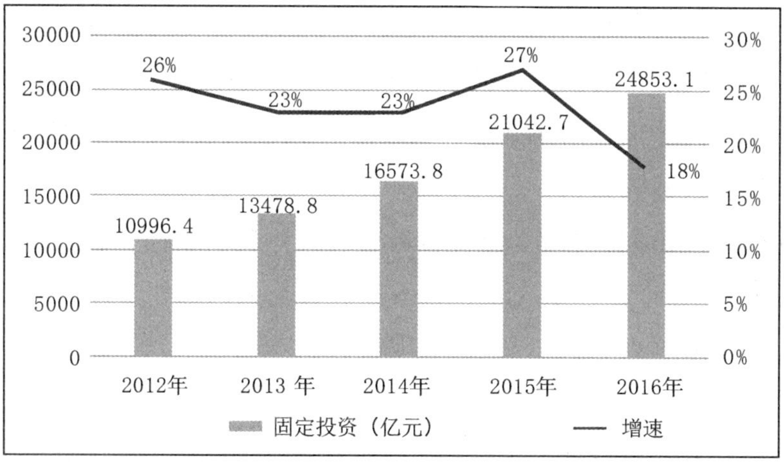

注：农业包括农、林、牧、渔业。
数据来源：国家统计局.2017中国统计摘要［M].北京：中国统计出版社，2017.

图8.3　2012—2016年农业固定资产投资及增速

2. 推进新型城镇化与乡村振兴的融合

（1）以新型城镇化带动更多农民进入中等收入群体。党的十九大报告提出“中等收入群体比例明显提高”的目标。从我国城镇化的历史来看，城市扩张和城镇人口增长为中等收入群体的扩大创造了良好条件。2012—2017年，我国城镇化率从52.57%提高到58.52%，5年时间我国城镇化率提高了近6个百分点，每年约提高1.2个百分点，每年进城人口约1700万人[①]。更多的人口从农村转移到城镇，客观上带来了包括农民在内的整体收入水平的提高。到2020年，人口城镇化格局基本形成，对实现中等收入群体规模倍增将产生重要影响。

（2）乡村振兴和新型城镇化“双轮驱动”高质量发展。按照高质量发展要求，实施乡村振兴战略和推进新型城镇化，不仅将为我国转型发展带来巨大红利，也将为我国实现现代化强国目标注入巨大动力。初步估

① 数据来源：2012—2016年数据来源于《中国统计年鉴2017》；2017年数据来源于《中华人民共和国2017年国民经济和社会发展统计公报》。

算，到2020年，乡村振兴取得重要进展，制度框架和政策体系基本形成，人口城镇化格局基本形成，由此将带来百万亿元的消费需求和投资需求，不仅能确保实现全面建成小康社会的目标，也为2035年基本实现社会主义现代化奠定坚实基础。

（3）以新型城镇化带动城乡社区管理一体化。目前，农村基本公共服务及基础设施水平，与城市相比还有较大差距，例如“如厕难、排污难、垃圾粪便处理难”的“三难”问题并未完全解决，严重影响农村生态环境。要解决这一现实问题，重要的是推进城乡社区管理一体化，把城市排污系统、垃圾粪便处理系统、厕所标准化改造系统等公共服务设施向农村延伸，努力补齐几块影响农民生活品质的短板，让农村居民享受城镇化带来的便利。

3. 关键是落实农民土地财产权

（1）在法律上明确农民土地使用权的物权属性。

——明确农民土地用益物权的主体地位。在严格控制土地用途的前提下，把农村土地使用权的“长期化、物权化、资本化”作为农村土地制度改革及相关法律法规修订的基本原则和立法、修法精神，从法律上明确农民土地用益物权的主体地位。

——从法律层面落实土地承包关系保持稳定并长久不变。《土地管理法》第十四条规定“土地承包经营期限为三十年”，建议修改为“实现农村土地承包关系稳定并长久不变”。

——以“三权分置”改革为契机推进土地承包由合同管理向物权化管理转变。使村集体和农户之间的土地承包经营合同管理，变为物权化的“权证管理”，使其具有更强的法律效力，巩固完善农村基本经营制度，保护农民的土地承包权益，增加农民的财产性收入。

——改变农村土地承包权限于集体成员内流转的相关政策规定。农村土地承包权限于集体成员内流转，既不能反映市场均衡价格，也容易形成“新地主”。在政策上突破农村土地承包权只能在集体成员内部流转的规定，才能在提升农村土地价值、严格保护农民土地使用权的同时，吸引社会资本进入农业农村。

（2）赋予农民宅基地使用权的完整产权。

——实现农民宅基地与城市住房建设用地同权同能。落实《物权法》第三条提出的“国家实行社会主义市场经济，保障一切市场主体的平等法律地位和发展权利”，赋予农村宅基地包括使用、收益、处分、继承等在内的完整的权能，使农村住宅建设用地使用权具有与城市住宅建设用地使用权同等的用益物权。

——探索宅基地的“三权分置”改革。探索推进宅基地所有权、资格权、使用权“三权分置”，落实宅基地集体所有权，保障宅基地农户资格权，适度放活宅基地和农民房屋使用权。

——突破只允许宅基地使用权在本集体经济组织内部流转的限制。在严格规划管理和用途管制的前提下，尽快建立开放竞争、统一有序的宅基地使用权流转（交易）市场，不应限制买方的市场主体；允许农房抵押、担保、转让，并允许因房地不可分离、随房屋流转而必然产生的宅基地使用权流转，结束转让限于本村村民之间的半商品化状况，村民可以继承和有偿退还给集体，也可以在集体经济组织内部和外部出租、转让、抵押、担保。

（3）加快建立城乡统一的建设用地市场。

——不同所有制土地平等参与市场竞争。不同权属的建设用地应统一推向市场，让市场决定其价值高低；对于其受益群体，应按国家相关法律法规均等对待。

——打破地方政府行政独家垄断供地的格局。尽快建立公开、公正、公平的统一交易平台和交易规则，实现市场主体平等，让市场供求关系决定价格形成，实现同一交易平台、不同主体平等供地的局面；进入城乡统一的建设用地市场的农村集体建设用地与国有建设用地“同地同权同价”。

——让增减挂钩后的集体建设用地直接入市。按照建立城乡统一的建设用地市场要求，允许农村集体建设用地指标在村集体之间流转，即通过城乡统一的建设用地市场，使增减挂钩结余土地实现跨市县、跨省域流转。例如，允许偏远地区的村集体将其节省的建设用地复垦后得到的建设用地指标，转让给城镇周边的村集体，或自主开发利用，或通过城乡统一的建设用地市场进行交易[①]。

① 蔡继明.让“增减挂钩”后的集体建设用地直接入市[EB/OL].财新网，2017-06-20.

第三节 有效防范开放中的经济金融风险

在经济全球化深刻复杂变化的背景下，以构建开放型经济新体制形成良好的经济预期，很大程度上取决于政府监管职能的有效性。目前，我国的金融监管转型正处于重要历史关节点。习近平主席在博鳌亚洲论坛2018年年会开幕式上的主旨演讲中明确提出，“放宽外资金融机构设立限制，扩大外资金融机构在华业务范围，拓宽中外金融市场合作领域”。无论是扩大金融业对外开放，还是防范系统性、区域性金融风险，都有赖于通过有效的金融监管变革形成健康、稳定的金融市场，实现金融与实体经济的良性互动。

一、防范经济金融风险的现实性全面增强

2016年10月1日，人民币正式加入SDR（特别提款权）。人民币走向国际化，在推动中国与世界经济联系更为紧密的同时，也使得国际金融风险向国内的传导更加直接、更加迅速。党的十九大报告强调，“健全金融监管体系，守住不发生系统性金融风险的底线”[①]。2017年12月召开的中央经济工作会议明确提出，“打好防范化解重大风险攻坚战，重点是防控金融风险，要服务于供给侧结构性改革这条主线，促进形成金融和实体经济、金融和房地产、金融体系内部的良性循环，做好重点领域风险防范和处置，坚决打击违法违规金融活动，加强薄弱环节监管制度建设”[②]。

1. 人民币汇率贬值风险

（1）汇率贬值幅度大。随着美联储多次加息，美元持续走强，全球主要货币对美元汇率几乎全线下跌，中国人民币也不例外。2016年11

① 习近平：决胜全面建成小康社会　夺取新时代中国特色社会主义伟大胜利——在中国共产党第十九次全国代表大会上的报告[EB/OL]. 新华网，2017-10-27.

② 谢环驰.中央经济工作会议在北京举行[N]. 人民日报，2017-12-21.

月，人民币对美元即期汇率连续12个交易日下跌，逼近6.9关口①，当月人民币对美元汇率贬值1.69%。2016年，全年人民币对美元汇率比上年贬值6.2%②，人民币对美元汇率创下8年来的新低。2017年，全年人民币对美元汇率比上年贬值1.6%③。尤其是2018年4月2日中美贸易冲突以来，人民币对美元汇率已经从6.2785贬值到8月6日的6.8477。

（2）汇率贬值伴随金融市场的不确定性。受汇率贬值影响，国内资本加速外流。中国人民银行数据显示，截至2016年12月31日，我国外汇储备规模为30105.17亿美元，较11月底下降410.81亿美元，降幅为1.3%，连续第六个月缩水。2016年，外汇储备累计下降3198.44亿美元，储备量逼近“3万亿”关口，整体规模降至2011年3月以来最低水平④。我国外汇储备自2017年2月开始连续上升，但是整体规模变化不大，升幅较小。截至2018年3月末，我国外汇储备规模为31428亿美元，较2月末上升83亿美元，升幅为0.27%，连续14个月站稳3万亿美元⑤。同时，由于经济全球化面临的形势复杂多变，金融市场仍面临较大的不确定性。

专栏 8.3

人民币汇率贬值风险与资本外流风险加大

最大的风险应当是我国货币存量居全球最高所导致的资金迅速外流。同时，这种资金外流又会导致汇率的快速下跌、人民币的巨幅贬值。资金外流与汇率下跌形成一个双螺旋式的向下通道，将导致国内金融体系迅速失血，资金周转不灵。而央行所采取的注入流动性的措施又

① 夏宾.连续12日下调人民币对美元中间价逼近6.9[EB/OL]. 中国新闻网，2016-11-21.

② 国家统计局.中华人民共和国2016年国民经济和社会发展统计公报[EB/OL].国家统计局网站，2017-02-28.

③ 国家统计局.中华人民共和国2017年国民经济和社会发展统计公报[EB/OL].国家统计局网站，2018-02-28.

④ 叶映橙.中国12月外汇储备30105.2亿美元[N]. 21世纪经济报道，2017-01-07.

⑤ 向家莹.中国外汇储备连续14个月站稳3万亿美元[N]. 经济参考报，2018-04-09.

将加剧汇率的下滑，从而反过来带动资金的进一步外流，资产缩水。这种金融体系的崩溃，将导致我国经济改革的成果倒退十几年。

按照绝大部分的统计标准来衡量，中国的货币存量（即现金加存款）都是世界上最高的，高达150万亿元人民币，折算成美元超过21万亿；而美国作为最大国际货币美元的发行国，货币存量也仅仅为11万亿美元左右。当前，国内外投资者纷纷看空人民币，在这种背景下，资金外流已经形成波涛汹涌之势，冲击着中国的金融体系。

资料来源：李稻葵. 2017年必须严防资本外流[EB/OL]. 新浪财经，2016-12-30.

2. 房地产泡沫风险

（1）房地产价格过快上涨。2016年以来，北上广深等一线城市房价暴涨，引发了社会广泛关注。数据显示，2016年，主要一线城市新建住宅价格同比涨幅约28%，远超2013年的14%；2016年11月，70个大中城市新建住宅同比上涨10.5%，远超2012—2013年最高9.2%的同比涨幅[①]。在各地相继采取了一系列房地产调控政策后，虽然商品住宅销售价格出现下降趋势，但下降幅度较小。国家统计局2018年4月18日发布的数据显示，与上月相比，3月新建商品住宅销售价格下降的城市有10个，持平的城市有5个，上涨的城市有55个；一线城市新建商品住宅销售价格同比下降0.6%[②]。

（2）房地产投机挤压实体经济。房地产市场的快速升温带动房贷激增。数据显示，2016年前三个季度，全国个人住房贷款增加3.63万亿元，

① 姜超.2016：失望之冬；2017：希望之春[EB/OL]. 第一财经网，2017-01-04.

② 张晶.一线城市新建商品住宅销售价格同比继续下降　二三线城市涨幅回落[N]. 中国证券报，2018-04-19.

同比增加1.8万亿元，尤其是7月份，房贷成为新增贷款的主体[①]。2017年全国的个人住房贷款增长了4万亿元，增长率是22%，人民币整体贷款增长12.7%，个人住房贷款增长了22%；2018年1月份，个人住房贷款同比增长21.4%，人民币各项贷款整体贷款增长13.2%，个人住房贷款比整体贷款的增长多了将近10个点[②]。相反，实体经济贷款却一直疲软，企业融资困难，使得本已经十分困难的实体经济雪上加霜。

（3）房地产泡沫破裂的风险增大。房地产泡沫是典型的系统性风险之一，不仅会导致企业的债务违约，加剧银行债务风险，还会使过度依赖土地财政的地方政府的财政捉襟见肘。

3. 由产能过剩引发的债务违约风险

随着近年来去杠杆、去产能进程加快，一些企业难以偿付债务，一些"僵尸企业"逐步退出市场，债务违约风险将逐步增加。由于实体经济过度依赖债券融资，从而金融机构持有企业债券比例过高。债务违约风险如果得不到有效控制，危机有可能会向多个领域蔓延。

专栏 8.4

我国债务违约风险加大

（1）商业银行面临资产质量恶化的巨大压力。截至2017年末，我国商业银行不良贷款余额1.71万亿元，不良贷款率1.74%；同时，商业银行贷款损失准备余额3.09万亿元，比2016年底增加了4000多亿元；拨备覆盖率是181.42%，比2016年底上升了5.02个百分点；贷款拨备率为3.16%，比2016年底上升了0.09个百分点[③]。

---

① 常艳军，郭子源.前3季度房贷同比多增1.8万亿元：风险总体可控[N]. 经济日报，2016-11-04.

② 刘洁妍，田雪.中国人民银行行长周小川等就"金融改革与发展"答记者问[EB/OL]. 人民网，2018-03-09.

③ 张晗.银监会：2017年末商业银行不良贷款余额1.71万亿元[EB/OL].第一财经，2018-02-09.

（2）债券市场违约增多。据央行网站2018年1月12日消息，初步统计，2017年，企业债券余额为18.37万亿元，同比增长2.5%；非金融企业境内股票余额为6.65万亿元，同比增长15.1%[①]；企业债券余额是非金融企业境内股票余额的2.76倍。企业债券违约事件频发。根据Wind数据统计，从2014年起，截至2017年11月30日，违约债券共计159只，涉及违约主体87家，累计违约金额632.68亿元。尤其是2016年东北特钢4个月内出现7次债券兑付违约[②]，暴露出企业债券市场的信用风险问题。

资料来源：根据公开资料整理。

二、建立综合性金融监管体制

2018年，《党和国家机构改革方案》将中国银行业监督管理委员会和中国保险监督管理委员会的职责整合，组建中国银行保险监督管理委员会，这是一个巨大的进步，有利于银行业和保险业的统一监管。在我国金融业发展明显加快的特定背景下，一方面，加强金融监管的统筹协调，推进由分业监管向综合性监管变革的迫切性日益增强；另一方面，金融风险呈现出新的特点，建立更广范围的综合性金融监管体制才能有效防范和应对。

1. 汇市、债市、楼市、股市风险“交叉感染”的特点突出

（1）汇市、债市、楼市、股市出现风险叠加。虚拟经济与实体经济的风险同步出现、各个金融市场的风险同步出现的特点十分突出。

（2）汇市、债市、楼市、股市风险相互传导。以汇率贬值为例，人民币汇率贬值直接导致以人民币计价的资产贬值，传导到债市、楼市、股

① 李先飞.央行：2017年社会融资规模存量为174.64万亿元　同比增长12%[N]. 中国证券报，2018-01-12.

② 王灿.东北特钢4个月七次债券违约[N]. 东方早报，2016-07-20.

市的时间越来越短。

（3）汇市、债市、楼市、股市风险“交叉感染”。以楼市为例，抛售国内房地产到国外购房的套利空间巨大，会加剧人民币贬值压力。抛售其他国内资产到国外套利，也会加剧资本外流和汇率贬值。

2. 分业监管格局需要完全改变

（1）各监管机构目标不同，难以对全局性、系统性风险负责。中国银行保险监督管理委员会、中国证券监督管理委员会既是行业准入的审批机构，又是各自领域的监管机构；既肩负着本行业发展扩张的任务，又肩负着本行业的监管职责。“谁审批、谁监管”很大程度上相当于“自己生的孩子自己管”，监管机构难以保持利益超脱，难以独立公正行使监管权；各监管机构更为关注单体或单一行业内部金融机构的风险问题，而非整个金融体系乃至经济系统的稳定。

（2）监管信息分布在不同部门，信息难以实现共享，难以有效识别系统性风险。全局性、系统性风险是长期积累的结果，很重要的原因在于跨行业、跨部门、跨区域的风险识别超出了单个监管机构的能力范围，单个监管部门缺乏应有的主动性去识别系统性风险并形成应对风险的前瞻性预案。

（3）部门法律法规分散，信息沟通协调不畅，缺乏一致行动的决策和执行机制。综合型金融机构涉及多种业务，需要接受多个部门监管。但各个监管机构囿于自己的监管范围和监管职责，都难以对最终结果负责。

3. 加快建立统一的综合性监管体制

（1）时机条件成熟。从国内看，金融混业经营已经普遍化，过去几年来的股灾、P2P问题频发等现象表明，我国需要通过建立综合性监管体制应对内部金融风险；从国际看，随着我国金融业对外开放步伐加快，人民币汇率贬值引发的国内金融业一系列连锁反应，更凸显建立综合性监管体制的迫切性。

（2）有效识别系统性金融风险。以汇率风险为例，风险本身并不可怕，值得担忧的是现行分业监管体制下监管不能有效识别风险。以防范人民币汇率风险为重点，尽快建立与国际接轨的跨境资金流动统计监测体系，建立立体化的跨境资本检测系统，加强跨境资本流动检测与风险评估。

（3）形成强有力的危机应急机制。建立境内外联动的风险预警机制，尽快形成汇市、债市、楼市、股市风险“交叉感染”的危机预警系统、危机应对预案和危机指挥系统。

（4）形成治理系统性、区域性金融风险的长效机制。制定标本兼治的改革方案，着力解决行政审批与监管不分的体制性矛盾，以审批取代监管、重审批轻监管的矛盾，建立独立的监管框架。

三、形成独立性、专业化的金融监管体制

从近些年的实践看，因审批权与监管权不分导致的监管体制缺乏独立性，是我国金融监管领域的一大“顽疾”。适应我国金融治理的实际需求，只有以解决行政审批与监管不分为前提，金融监管的转型与改革才有可能取得实质性突破[①]。

1. 审批权与监管权不分是现行金融监管体制面临的突出矛盾

尽管这几年监管部门简政放权在加快推进，但审批权不愿放、不敢放的现象仍不同程度地存在，审批权与监管权不分的格局尚未根本改变。在这个背景下，监管部门往往把相当大的精力放在审批上，以审批取代监管、重审批轻监管的矛盾比较突出。这使得监管机构难以保持利益超脱，难以独立公正地行使监管权。

2. 以强化独立性为目标推进金融监管变革

从国际经验看，独立性是现代金融监管体系的“精髓”，任何有效的金融监管制度设计都需要确保金融监管的独立性。监管者的利益独立于监管对象，不被监管对象所掣肘，是保障监管有效性的基本前提。拥有独

① 中国（海南）改革发展研究院课题组.建立现代金融监管框架的12条建议[N]. 深圳特区报，2016-07-26.

立性，监管者才能有责任、有激励、有动力改善监管，才能对监管结果负责。独立性与专业化是监管机构的两大基本要求，拥有独立性，监管者才会主动地去识别风险和预防风险。

3. 推进审批权与监管权尽快分离

建立独立的监管体制，关键在于改变审批权与监管权不分的传统体制，使监管机构独立公正地行使监管权。2017年，为了加强金融监管机构的协调，设立国务院金融稳定发展委员会。在新的背景下，尽管将中国银行业监督管理委员会和中国保险监督管理委员会的职责整合，形成了统一的监管体制，但仍难以解决审批权与监管权分离的问题，难以确保监管机构独立行使监管权。从我国的基本国情看，建立独立的现代金融监管框架，重要的前提是加快推进审批权与监管权相分离。例如，考虑到未来证券市场注册制的实施，股票发行审核权应当下放给证券交易所；尽快研究推出银行、保险行业审批权与监管权相分离的改革方案。在这些改革推进的前提下，监管机构才能真正成为独立、专业的监管者。

四、强化金融监管的专业性

因专业性不足导致的金融监管能力低下，成为制约金融监管效果的一大短板。从解决体制机制问题入手，适应金融创新、金融业扩大对外开放的趋势，形成进一步强化金融监管专业性的体制保障。

1. 在理顺体制机制中提高金融监管的专业能力

第一，在重审批、轻监管的体制下，监管机构的职能和人力资源配置没有向监管倾斜。市场上违法案件越来越多，执法资源相对紧张。第二，在分业监管体制下，监管部门之间信息阻碍情况比较突出，直接制约了监管能力的提升。第三，金融监管的基础制度不完善，社会信用体系不完善，由此削弱了监管的专业性。第四，在现有体制框架下，监管政策制定和金融风险应对中的专家咨询机制不健全。

2. 着力改善金融监管基础设施

（1）尽快制定并实施国家金融监管基础设施建设的行动方案。适应混业监管的新形势，加快金融业综合数据体系建设，形成全行业、全业务、全流程的大数据库。

（2）建立央行与国家金融监管机构的金融信息共享机制。加强对各类金融信用信息的互联、互通、互认，形成联合惩戒机制，使企业、个人“一处失信、处处受限”。

（3）强化信息共享与联动监控。建设集中统一、信息共享的中央监管信息平台，启动中央监控系统建设，强化信息采集和分析研判，全面提高监管信息化水平。

（4）推动清算结算机构跨境合作。加强与国外金融监管基础设施互联互通，实现监管信息共享。